한국어 관형어 연구

한국어 관형어 연구

김 선 효

역락

저자의 말

이 책은 2002년 8월 서울대학교 박사학위논문 '현대국어의 관형어 연구'를 전체적으로 다듬고 보완한 것이다. 그 과정에서 글의 논지는 제2장과 제4장에서 많은 변화를 보였고 글의 구성은 관형사절 대신에 제6장을 보충하였으며 문장과 표현을 전반적으로 수정하였다. 다만, 박사학위논문 이후에 발표된 우수한 연구들을 거의 반영하지 못한 것이 못내 아쉬울 따름이다.

필자가 처음에 관심을 둔 박사학위논문의 주제는 부사였으나 연구를 진행해 갈수록 난관에 부딪혀서 차기 주제였던 관형어로 바꾸었다. 초기에 관형어를 학위논문의 주제로 망설였던 이유는 하위 범주별로 연구 대상과 연구 방법이 상당한 편차를 보여 부담감이 컸기 때문이었다. 그러나 그것이 얼마나 무의미한 것이었는지는 머지않아 깨달을 수 있었다.

관형사는 국어의 품사 범주로 인정받기까지 긴 시간이 소요되었을 뿐만 아니라 유형도 다양하여 연구자나 사전에 따라 다른 양상을 보였다. 연구의 흔적을 따라가는 과정에서 고민하던 부분이 해소되기도 하고 그동안 보지 못했던 부분을 새롭게 보게 되는 기쁨도 있었다. 그러면서 국어에서 사용하고 있는 관형사의 총목록을 하나씩 세워나갔다. 관형명사는 명사와 관형사의 중간적 성격을 지닌 독특한 범주로서 이들의 특성을 묶어보고 유형을 나누어 보고자 하였으며, 명사구는 'NP$_1$의 NP$_2$' 구성에 중점을 두고 관형격조사 '의'의 격 지위와 기능을 해결해 보고자 하였다. 관형어 확장 구조는 어떤 관형어가 어떤 규칙에 의해 확장되는가에 관심을 가지고 살펴보았으며, 국어의 관형사형 어미는 문법형태소의 결합형이 하나의 어미로 문법화한 '-다는'을 중점적으로 다루었다. 다만, 이 책에서 다루지 못한 관형사절, 관형사형 어미는 후속 연구 과제로 삼고자 한다.

　필자가 학문의 세계에 본격적으로 발을 딛기까지는 남들보다 시간이 더 걸렸다. 창원대학교 국어국문학과에 입학한 뒤에 거의 4년을 삶의 가치를 찾는데 시간을 보냈고 졸업한 뒤에는 인생의 목표를 찾는 데에 1~2년을 보냈던 것 같다. 남들은 젊은 시절로 돌아가고 싶다고 하지만 나는 그 길로 다시 돌아가고 싶지 않을 정도로 긴 방황의 길이었다. 학문의 길은 대학원 석사과정에서 최종적인 답을 내리기로 했는데 좋은 선생님들 덕분에 인생의 지침을 결정할 수 있었고 주변 사람들의 도움으로 서울대학교 국어문학과 대학원에서 공부할 수 있게 되었다.

　'현재의 나'가 있기까지 여러 선생님들께 빚을 졌다. 거친 문장과 엉성한 논증을 세심하게 지적하시고 가르쳐 주신 심사위원이셨던 이상억 선생님, 이광호 선생님, 김창섭 선생님, 이현희 선생님, 민현식 선생님께 머리 숙여 감사를 드린다. 그리고 창원대학교 국어국문학과 선생님들께도 감사를 드린다. 특히 정정덕 선생님께서는 대학원 공부를 시작할 수 있는 용기를 주셨고 학부시절부터 지금까지 마음으로 늘 응원해 주시는 분이시다. 서울대학교 국어국문학과 선생님들께도 감사를 드린다. 고(故) 안병희 선생님, 이익섭 선생님, 이병근 선생님, 송기중 선생님, 최명옥 선생님, 송철의 선생님께서는 학문이 무엇이며 어떻게 접근해야 하는지를 보여주신 분들로서 탁월한 강의와 고고한 인품에 감동하면서 수업을 들었던 것이 생생하다. 고영근 선생님께서는 박사과정 시절에 선생님 연구실에서 편안하게 공부할 수 있는 기회를 주셨고 학문하는 자세를 손수 보여주시면서 위로와 힘이 되어 주셨다. 그리고 이 책이 나오기까지 힘이 되어주신 지도교수이신 임홍빈 선생님의 은혜를 잊을 수 없다. 일본 동경대학교의 객원교수로 계실 때에도 박사학위논문을 전자우편이나 전화로 꼼꼼히 지도해 주시고 문제에 봉착할 때마다 길을 열어주셨다. 감사하다는 말 외에는 떠오르는 단어가 없을 정도이다. 이러한 선생님들의 노고에도 불구하고 필자가 부족한 탓에 탁월한 결과를 도출해 내지 못해 죄송할 따름이며 여러 선생님들께 진 빚은 앞으로의 연구로 보답하고자 하는 마음이다.

대학원 선후배의 배려도 큰 힘이 되었다. 학문은 혼자 할 수 있는 것이 아니다. 내가 판단한 것이 맞는지, 내가 가고 있는 길이 정로(正路)인지 그러한 실타래 속에 있을 때에는 언제나 가까이에 선후배가 있었다. 소그룹 공부나 사적인 공간 등을 통해서 큰 문제뿐 아니라 사소한 문제도 해결할 수 있었다. 궁금한 것이 있을 때에 편안하게 물어보고 토의할 수 있는 선후배가 있다는 것이 지금도 나에게 큰 힘이 된다. 이러한 힘은 필자가 일본 오사카대학교 조선어과 초빙교수로 근 5년간 근무하면서 더욱 뼈저리게 느꼈다. '한국어 연구회'를 결성하여 분기별로 발표회를 진행할 때, 여러 선생님들의 가르침과 선후배들의 학문의 자세가 이 연구회를 지속하는 데에 큰 힘이 되었다.

필자의 현재가 있기까지는 가족의 힘이 무엇보다 컸다. 언제나 나를 묵묵히 지켜봐 주신 아버지, 지혜로운 여인의 표본이시며 스승이 되시는 어머니, 형제의 중심축이 되는 해맑은 언니, 해외에서 봉사의 삶을 살고 있는 진솔한 성호, 긍정적이며 진취력을 갖춘 어른스러운 막내 정호, 이들이 있기에 지금의 내가 있는 것은 확실한 것 같다.

끝으로 출판을 맡아 주신 역락 출판사와 정성스레 편집해 주신 박선주 님과 편집부 직원들에게 감사를 드리며, 꼼꼼하게 교정을 도와준 박지용 선생, 김주상 선생, 김소영 선생에게 고마움을 전한다. 그리고 이 책은 새벽마다 낙타무릎으로 묵묵히 기도하시는 존경하는 부모님께 바친다.

2011년 5월
김선효

차 례

제1장 서론

1.1. 연구 목적

이 책은 한국어의 관형어가 지닌 특성을 살펴보고 그 유형을 하위 범주별로 검토하는 것을 목적으로 한다. 관형어는 명사구의 머리 명사를 수식하는 모든 성분으로서 관형사, 관형명사, 명사구, 관형격 조사구, 관형사절이 있다. 명사구 내적 구조와 밀접한 관형어의 하위 범주들은 형태·통사적 특성이 범주별로 뚜렷한 차이를 지니고 있으므로 지금까지는 아울러서 논의하지 않았다.[1] 이 책에서는 하나의 구조가 가지는 현상들을 거시적으로 연구하는 태도도 필요하다고 판단하여 관형어의 특성과 유형을 전체적으로 살펴보고자 한다. 앞으로 논의할 관형어의 하위 범주는 관형사, 관형명사, 관형격 조사구, 명사구, 관형사형 어미이며, 관형사절은 다른 연구 방법으로 접근해서 연구하고자 하므로 여기에서는 다루지 않는다.

---

[1] 명사구 내적 구조는 임홍빈(1987/1998 : 474)에서 제시한 개념으로 '표제 전 요소 + 표제 + 표제 후 요소' 중에서 표제 전 요소와 표제가 이루는 명사구 구조를 '명사구 내적 구조'라고 한다.

관형사는 품사의 자격을 논의한 다음에, 타 범주의 경계에 있어 논란이 되는 'X적', 수 관형사, 한자어 관형사, 어휘화된 관형사들을 형태·통사적 특성에 근거하여 특성과 유형을 밝히고자 한다. 관형사는 형용사의 일부분으로 처리되다가 주시경(1910)에서부터 논의되기 시작한 범주이다.[2] 전통문법 이후 관형사에 대한 주된 논의는 관형사가 국어의 품사로 인정될 수 있는가, 인정된다면 관형사에는 어떤 유형이 있는가 하는 것이었다. 주시경(1910), 김두봉(1916), 박승빈(1935), 최현배(1937/1961) 등은 관형사를 독립된 품사 단위로 인정하였지만 안확(1917), 계봉우(1947), 홍기문(1947) 등은 독립된 품사 단위로 인정하지 않았다. 물론 현대 문법 체계에서는 관형사를 하나의 독립된 품사 단위로 인정하고 있지만, 일부 학자들은 여전히 관형사를 품사로 인정하는 데 회의적이다.[3]

관형사가 품사의 자격을 인정받았다면 다음에는 어떤 어휘 요소를 관형사로 인정할 것인가 하는 문제가 남는다. 근대에 와서 활성화된 접미사 '-적(的)' 결합형은 관형사인지 명사인지 어근인지 불투명하고, '한, 두, 세(서, 석)' 등도 수사인지 수 관형사인지 구분하기가 쉽지 않다. 한자어 관형사와 한자어 접두사는 대개 1음절로 구성되어 있어 그 경계를 명확히 하기 어렵고, 용언의 활용형이 굳어진 관형사도 어휘화의 정도를 어떻게 설정하느냐에 따라 관형사로 인정할 수도 있고 용언으로 인정할 수도 있다. 따라서 관형사의 기준을 정립하고 그 유형들을 명확히 할 필요가 있다.

관형명사는 국어의 한자어 명사 중에서 관형사적으로만 쓰이는 '국

---

2) 전통문법의 문법 체계에 대한 비교 검토는 이희승(1955 : 358-61) 참조.
3) Martin(1992 : 142-151)은 국어의 관형사와 접두사를 합하여 'Adnoun'으로 처리하고 있다.

제 기구'의 '국제'와 같은 것으로 고영근(1987/1999 : 35-60)의 불완전계열을 바탕으로 하여 김영욱(1994)이 명명한 개념이다. 김창섭(1999), 이선웅(2000) 등에서 관형명사에 대해 진전된 연구 성과를 보여 주었지만 한자어 수용성에 대한 개인 편차가 심하고 관형사와 명사의 중간 범주이므로 설정 기준이 중요하다고 할 수 있다. 그리하여 관형명사의 설정 기준을 제시하고 그 기준에 준하여 관형명사의 목록을 제시한 뒤에 유형을 분류하고자 한다.

다음으로는 관형격조사 '의'의 문법적 지위와 격 기능을 검토한 뒤에 'NP₁의 NP₂' 구성의 유형을 살펴보고자 한다. 조사 '의'가 격의 자격을 가질 수 있는가, 격의 지위를 얻게 된다면 무엇으로 처리하고 어떤 기능을 가지는가를 우선적으로 논의하고자 한다. 최현배(1937/1961)에서는 '의'가 '소유(所有), 소산(所産), 소재(所在)' 등의 여러 의미를 지닌다고 하였고, 김광해(1981)는 '불확실성'의 의미를, 임홍빈(1981)은 '존재 전재'의 유기적(有機的) 속성을 지닌다고 보았는데 관형격조사 '의'의 기능이 무엇인지 검토해 볼 필요가 있다. 한편 최경봉(1995), 신선경(2001) 등에서는 NP₁과 NP₂의 의미 관계에 따라 명사구 구조를 해결하고자 하였다. 'NP₁의 NP₂' 구성과 'NP₁ NP₂' 구성은 외현적으로 뚜렷한 차이를 보이지만 통사·의미·화용적으로 어떠한 차이를 가지는지 검토하고자 한다.

관형어의 확장 구조는 관형사의 겹침 현상, 용언의 관형사형의 겹침 현상, 복합적 겹침 현상 등의 어순구조와 특성에 대해 살펴보고자 한다. 국어의 관형어는 여러 하위 범주가 겹쳐서 실현될 수 있다. 관형사가 겹쳐서 나타날 수도 있고 용언의 관형사형과 겹쳐서 나타날 수 있다. 그러나 관형어의 겹침 현상은 무작위적으로 실현되는 것이 아니라 기본적인 규칙에 의해 실현된다. '저 푸른 새 집'은 허용되지만 '새 저

푸른 집'은 허용되지 않는 것처럼 관형어가 겹쳐서 나타날 때에는 내부적인 규칙이 있을 것으로 판단된다.

마지막으로 새로운 관형사형 어미 '-다는'을 인용 구문 '-다고 하는'과 비교하여 검토해 보고자 한다. '-다는'은 '-다고 하는'에서 인용 표지 '고'와 동사 '하-'가 탈락 내지 생략된 '-다는₁'과, 새로운 관형사형 어미 '-다는₂'가 공시적으로 동시에 존재하고 있다. 본고에서는 이들이 통사·의미적으로 어떠한 차이가 있으며, 관형사형 어미의 계열과 어떠한 관계를 형성하는지 살펴보고자 한다.

이상과 같이 관형어는 명사구 내적 구조를 형성하는 필수적 범주들로서 하위 범주들이 제각기 독립적인 성향을 가지고 있다. 이러한 수식 성분들의 특성과 유형을 분류하여 관형어의 세계를 조금이나마 개척하고자 한다.

1.2. 연구 범위와 연구 방법

국어의 관형어는 머리명사를 수식하는 기능을 하므로 단어에서 문장까지 다양한 유형이 있다.

(1) 가. 우리가 새 집을 얻을 때까지 한 달간은 완전한 혼란의 연속이었다.
　　나. 보람이는 아빠랑 할아버지 산소에 절을 하였습니다.
　　다. 개화 할아버지의 무덤 앞에 엉거주춤 무릎을 꿇었다.
　　라. 막 진료에 들어가기 직전, 미국에서 국제 전화가 걸려왔다.
　　마. 실제 당신이 산 물건은 그것을 진열대에서 보기 전까지는 심지어 있는지조차 모르고 있던 것이다.
　　바. 사람에게는 상대가 자신에 대해 관심을 보인다는 사실 하나만으로 자신도 상대에게 관심을 갖고자 하는 경향이 있다.
　　사. 어느 사람과 한 번 만나면 그 사람의 이야기를 들었기 때문에 내가 변화하는 것입니다.

관형어로는 (1가)의 관형사 '새', (1나)의 명사 '할아버지', (1다)의 관형격 조사구 '할아버지의', (1라)의 관형명사 '국제', (1마)의 관계관형사절 '당신이 산', (1바)의 명사구 보문 '상대가 자신에 대해 관심을 보인다는', (1사)의 명사절 '그 사람의 이야기를 들었기' 등이 있다. 이러한 현상은 국어가 핵말 언어(head-final language)임을 반영한다. 이 책에서는 (1)의 유형 중에서 (1가)~(1라)와 (1바)를 중점적으로 검토하고자 한다. 김선효(2002ㄱ)에서는 (1마)의 관형사절도 논의하였으나 새로운 방법론을 이용한 연구가 여기에는 부적합하다고 판단하여 제외하였다. 그리고 (1사)와 같은 구문은 명사절의 일반적 특성이라기보다는 '때문'이 '-기' 명사절을 요구하는 구문이므로 논외로 한다.4)

관형사는 다른 품사에 비해 닫힌 집합이라 할 수 있다. 그리고 명사나 동사처럼 형태가 공통된 양상을 보이는 것이 아니라 다른 품사의 경계에 있는 유형이 많다. 관형사는 명사, 수사, 동사, 형용사 등의 단어가 재구조화하여 관형사의 범주에 들어온 것이 대부분이므로 그 기준과 유형을 결정하는 것이 쉽지 않다. [부록]의 관형사 목록에서 확인할 수 있는 바와 같이 관형사의 복잡한 양상은 사전에서도 확인할 수 있다.5) 관형사 유형 중에서 논란의 중심에 있는 것으로는 접미사 '-적' 결합형, 수 관형사, 한자어 관형사, 어휘화한 관형사라고 할 수 있다.

> (2) 가. <u>논리적인</u> 문제
>   나. <u>논리적</u> 사고
> (3) 가. <u>한</u> 아이

---

4) 명사절에 대한 논의는 이정민(1975), 이홍배(1975), 민현식(1990), 이현희(1992), 이필영(1990, 1998), 임홍빈(1999) 등 참조.
5) 김선효(2002ㄱ)의 [부록2]나 [부록3]에 의하면 관형사 목록 및 한자어 관형사 처리가 연구자에 따라 얼마나 많은 편차를 보이는지 확인할 수 있다.

나. 아이 <u>하나</u>
　(4) 가. <u>본</u> 피고인과 변호인
　　나. <u>본</u>궤도
　(5) 가. <u>갖은</u> 노력
　　나. <u>예쁜</u> 얼굴

　(2)~(5)의 밑줄 친 예들은 관형사를 결정하는 데 가장 많은 혼란을 야기하는 유형이다. (2)의 'X적'이 명사인지 어근인지 관형사인지 판단하기 어렵고 (3가)의 '한'과 (3나)의 '하나'도 같은 품사의 변이형인지 아니면 다른 품사인지 논자에 따라 다르다. (4)의 '본(本)'도 접두사인지 아니면 관형사인지 그 구별이 쉽지 않고 (5)의 '갖은'도 활용이 제약되는 형용사로 처리해야 하는지 아니면 굳어진 표현으로 봐야 하는지 역시 그 구별이 쉽지 않다. 그리하여 본고에서는 이들의 통사 범주를 결정할 수 있는 기준을 제시하여 최종적으로 관형사를 판별하고자 한다.
　관형명사는 이 책에서 다루는 관형어 중에서 가장 불명확한 품사 범주이다. 형태적으로는 명사이고 기능적으로는 관형사인 것처럼 보이는, 즉 관형사와 명사의 중간적 범주 성격을 지닌다. 그리고 관형명사의 특징에 따다 어근으로 규정하기도 한다.

　(6) 가. 계엄 선포(戒嚴宣布)
　　나. 비상 계엄(非常戒嚴)
　　다. 사정 거리(射程距離)

　(1라)의 '국제'는 수식어의 위치에서만 나타날 수 있지만 '계엄'은 (6가)의 수식어와 (6나)의 피수식어 위치에 모두 실현될 수 있다. (6다)의 '사정'은 수식어의 위치에 올 수 있지만 '사정'과 결합할 수 있는 피수식어가 한정되는 유형이다. (6)의 '계엄'이나 '사정'을 명사의 하위 부류

로 처리할 수도 있지만, 문제는 이들이 명사의 일반적인 특성을 공유하지 못한다는 데 있다. 이러한 제 현상에 의하면 어떤 단어들을 관형명사로 인정할 수 있을지 간단히 말하기 어렵다는 것을 짐작할 수 있다. 그리하여 이 책에서는 관형명사의 성립 기준을 제시하고 그 기준에 입각하여 유형을 살펴보고자 한다.

'NP₁의 NP₂' 구성과 'NP₁ NP₂' 구성은 관형격 조사 '의'의 개입 여부에 따라 외현적 차이를 보인다. 두 명사구 구성의 차이를 판별하기 위해서는 관형격조사 '의'의 문법적 격 지위나 기능이 무엇인지 우선적으로 논의가 되어야 하고, 그 다음에 두 명사구 구성의 차이가 무엇인지 검토되어야 한다. 조사 '의'의 격 지위를 확인하기 위해서는 격의 개념을 어떻게 정의내릴 것인지도 중요하다. 인구어의 격 개념이 국어에 동일하게 적용되기 어려우므로 격의 개념과 조사 '의'의 기능을 바탕으로 한 명사구 구성이 논의되어야 한다.

     (7) 가. 할아버지의 냄새
         나. 할아버지 냄새
     (8) 가. 이제 우리는 무엇을 위해 살 것인가의 문제
         나. 자유로부터의 도피

(7가)와 (7나)의 차이점이 단순히 '의'의 생략 내지 탈락으로 인해 형성된다고 논의하는 것도 재고되어야 한다. 관형격 '의'가 (7)에서는 수의적으로 기능하는 것 같지만 (8)에서는 필수적으로 요구된다. 그렇다고 (7)의 '의'와 (8)의 '의'가 다른 것이 아니므로, 관형격 '의'를 논의하기 위해서는 (7)과 (8)의 유형을 모두 참고하지 않으면 안 된다. 이 책에서는 관형격 '의'의 기능을 파악한 뒤에 (7)의 명사구 구성이 통사·의미·화용적으로 어떠한 차이를 가지는지 살펴보고자 한다.

국어의 관형어는 다른 성분들에 비해 여러 개가 나열될 수 있다. 관형사가 여러 개 겹쳐서 나타날 수도 있고 용언의 관형사형과 더불어 나타날 수도 있다.

(9) 가. 이 두 새 집
　　나. 멋진 젊은 남자
　　다. 저 아름다운 노란 집

(9가)는 세 관형사가 나열된 구조이고, (9나)는 용언의 관형사형이 나열된 구조이며, (9다)는 관형사와 용언의 관형사형이 복합적으로 나열된 구조이다. 이들의 구조가 어떠한 어순 현상을 보이며 그 속에 잠재된 규칙은 무엇인지 살펴볼 필요가 있다. 그리하여 관형어의 확장 구조가 보이는 현상과 특징이 무엇인지 살펴보고자 한다.

국어의 관형사형 어미는 명사나 부사에 비해 전성어미가 발달되어 있지 않으므로 관형사형 어미는 다른 품사에 비해 생산성이 떨어지며 닫힌 집합이다. 이 책에서는 기존의 관형사형 어미 '-은/ㄴ, -는, -을/ㄹ, -던' 외에 새로운 관형사형 어미 '-다는'에 대해 논의하고자 한다. '-다는'은 인용 구문 '-다고 하는'에서 인용 표지 '고'와 동사 '하-'가 탈락 내지 생략된 구조가 문법화를 거친 것으로 판단된다.

(10) 가. 신 여사는 의심스럽<u>다는</u> 눈초리로 딸을 쏘아보았다.
　　나. *신 여사는 의심스럽<u>다고 하는</u> 눈초리로 딸을 쏘아보았다.

(10가)의 '-다는'은 (10나)의 '-다고 하는'으로 환원되지 못한다. 이러한 비환원형 '-다는'이 환원형 '-다는'과 어떠한 차이를 가지는지를 검토하여 새로운 관형사형 어미의 세계를 열어 보고자 한다.

본문에서 사용할 예문은 고려대의 150만 어절 코퍼스, 고려대 민족문화연구원 용례추출기,[6] 카이스트 콘코던스 프로그램(KAIST Concordance Program)[7]에 수록된 자료들을 주로 이용하였고, <표준국어대사전>과 <연세한국어사전>도 일부 참고한다. 물론 간단한 명사구는 필자가 임의로 만든 것임을 밝히는 바이다.

1.3. 논의의 구성

국어의 관형어에는 관형사, 관형명사, 명사구, 관형격 조사구 등이 있는데, 공통적으로 머리명사와 의미론적 상관성을 가지면서 머리명사를 수식하는 기능을 가진다. 이 책은 이들 각 성분들의 특성과 유형을 형태·통사·의미론적 기준에 따라 살펴보고자 한다. 각 장의 논의 방향을 제시하면 다음과 같다.

2장에서는 관형사의 품사 자격을 검토한 다음, 관형사의 판별 기준에 따라 주로 문제가 되어 온 'X적', 수 관형사, 한자어 관형사, 어휘화한 관형사들을 식별하고 최종 관형사 목록을 제시하고자 한다.

3장에서는 관형명사의 성립 기준을 제시하고 이에 따라 관형명사를 판별하고자 한다. 관형명사는 대개 2음절 한자어로 구성되어 있어, 형태적으로는 명사와 유사하지만 통사적으로는 관형사의 특성을 지녀 관형명사의 설정 기준이 무엇보다 중요하게 작용한다. 관형명사의 목록이 결정되면 접미사 '-적(的), -성(性), -화(化), -하-'와 결합할 수 있는 관형명사를 제시하고자 한다.

4장에서는 관형격조사 '의'의 격 지위와 기능을 살펴보고 'NP₁의

---

6) http://ikc.korea.ac.kr/cgi-bin/kwic/kwic.cgi
7) http://csfive.kaist.ac.kr/kcp/kcp.html

NP$_2$' 구성과 'NP$_1$ NP$_2$' 구성의 차이점에 대해 논의한다. 조사 '의'가 격의 자격을 가질 수 있는가에 대한 근본적 의문에서 시작하여 '의'의 기능을 살펴보고자 한다. 그리고 'NP$_1$의 NP$_2$' 구성과 'NP$_1$ NP$_2$' 구성이 '의'의 탈락으로 설명될 수 있는지 통사·의미·화용적 관점에서 검토하고, NP$_1$과 NP$_2$의 의미구조에 따라 어떠한 명사구 유형이 있는지 살펴보고자 한다.

5장에서는 관형어의 확장구조에 관해 살펴보고자 한다. 국어는 관형사가 겹쳐서 나타날 수도 있고 용언의 관형사형이 겹쳐서 실현될 수도 있으며, 관형사와 관형사형이 겹쳐서 실현되기도 한다. 그리하여 이 장에서는 이러한 관형어의 겹침 현상을 살펴보고 이들의 특성을 논하고자 한다.

6장에서는 새로운 관형사형 어미 '-다는'이 관형사형 어미의 자격을 획득할 수 있는지 검토하고자 한다. 이 장은 앞으로 좀더 연구되어야 할 부분이지만 '-다는'이 인용 구문 '-다고 하는'과 교체되지 못하는 경우도 있다. 그리고 '-다는'이 문법화한 하나의 문법 단위가 되었다면 소진성의 원리에 따라 어미의 범주에 포함되어야 한다. 이러한 원리에 근거하여 관형사형 어미 '-다는'과 인용 구문 '-다는'이 어떠한 차이를 보이는지 살펴보고자 한다.

7장에서는 앞에서 전개된 논의를 요약하여 결론을 맺고 관형어의 남은 문제에 대한 소략한 견해를 제시하고자 한다.

제2장 관형사의 특성과 유형

2장에서는 관형사의 특성과 유형을 살펴보는 것을 목적으로 한다. 우선 관형사가 어떻게 품사의 자격을 가질 수 있는지 경계 범주에 있는 통사 단위와 비교하여 검토하고 관형사의 전반적인 형태·통사적 특성을 제시하고자 한다. 그리고 관형사에서 주로 논의되는 '-적(的)' 결합형, 수 관형사, 한자어 관형사, 어휘화한 관형사를 중점적으로 살펴본 뒤에 관형사의 최종 목록을 제시하고자 한다.

2.1. 선행 연구

관형사는 주시경(1910)에서 '언'으로 설정한 것을 김두봉(1916)에서 발전시킨 개념으로,[1] 그 이전에는 전혀 논의되지 않았거나 명사의 성질·형상·대소(大小) 등을 나타내는 형용사의 하위 부류에 포함되어 있었다.[2] 김두봉(1916 : 139; 1922 : 95)[3]에서는 "언은 반듯이 임씨나 언씨

---

1) 주시경(1910 : 87-89)의 '언'은 현행 학교문법의 관형사뿐 아니라 관형사형 어미도 포함되어 있으므로 관형어에 근접한 개념이다.

위에만 쓰이는 것이니라. 그러나 언씨 우에 쓰일 때에라도 뜻은 바로 그 언씨에 매임이 없고 다만 그 알에 어느 임씨에 매임이 있나니라."라고 설명하면서 관형사 논의에 불씨를 놓았다.

그 이후 최현배(1937/1961), 김창근(1976), 이충구(1976), 권숙렬(1981), 왕문용·민현식(1993), 김숙이(1998), 21세기 세종계획 전자사전 개발분과 연구보고서(이후 세종보고서 2000, 2001) 등에서 논의되기 시작하였고 주로 관형사 설정 기준과 분류에 초점을 두었다. 최현배(1937/1961)는 '임자씨의 앞에서 그 임자씨가 어떠한 것이라고 매기는 씨'를 '매김씨(관형사)'라 하고, 의미에 따라 '그림 매김씨, 셈숱 매김씨, 가리킴 매김씨'로 분류하였고 관형사가 고유어뿐 아니라 한자어도 있음을 밝혀내었다. 그러나 '緩, 急, 高, 低, 眞, 假, 今, 其, 來, 大, 小'까지 관형사로 확대하여 해석한 점이 아쉽다. 왕문용·민현식(1993 : 180~184)은 '오직, 바로, 겨우, 단지, 한갓, 고작, 다만, 아주, 유독' 등이 부사로도 쓰이지만 후행 명사를 수식하는 관형사로도 쓰인다고 하여 품사 통용을 허용하였다. 관형사는 어떤 요소가 문법화나 어휘화 과정을 거쳐 정착된 단어가 많으므로 범주의 경계가 명확하지 않다. 접미사 '-적(的)' 결합형, 수사와 수관형사, 접두사와 관형사 등과 같이 동일한 형태가 다른 통사 기능도 수행하므로 연구자의 관점에 따라 다양한 해석을 내놓았다.[4]

우선 접미사 '-적'은 국어의 접미사 연구에서 활발히 논의되는 유형으로 '-적'의 의미, '-적' 결합형의 품사에 대한 논의가 주를 이루었다. 여기에서는 의미보다 품사에 중점을 두므로 이와 관련된 선행 연구를

---

2) 최광옥(1908), 김규식(1909) 참조. 목정수(2001)도 국어 품사 분류의 재정립을 시도하면서, 관형사보다 '형용사'의 개념이 더 적절하다고 주장한다.
3) 김두봉의 <조선말본>(1916)과 <깁더 조선말본>(1922)은 내용이 거의 동일한데, 후자는 전자를 수정·보충한 것이다.
4) [부록]과 김선효(2002ㄱ)의 [부록2]와 [부록3] 참조.

정리해 보면 (1)과 같다.

(1) 가. 'X적'은 명사와 관형사로 통용된다 : 최현배(1937/1961), 김광해
　　　(1983)
　　나. 'X적'은 명사이다 : 임홍빈(1982), 김수호(1990), <조선어문법>
　　　(1949), <조선어문법1>(1961), 세종보고서(2000)
　　다. 'X적'은 명사와 부사로 구분된다 : 김재윤(1976), 이상혁(1991),
　　　정희정(2000)
　　라. 'X적'은 명사이지만 형용사적 쓰임을 가진다 : 홍재성(1974), 김
　　　창섭(1984), 조남호(1988)
　　마. 'X적'은 관형사이다 : 양재연・김민수(1955)[5]
　　바. 'X적'은 어근이다 : 세종보고서(2001)

'-적'에 대한 논의는 최현배(1937/1961 : 575-576)에서 처음으로 논의된
것으로 'X적'의 품사를 통사적 기능에 따라 명사와 관형사로 상정하였
다.[6] 명사는 서술어의 보어로 기능하고 관형사는 후행명사를 수식한
다는 것으로 김광해(1983)에서도 맥을 같이 한다. 그러나 임홍빈
(1982/1998 : 20)에서는 (1가)의 통용설을 비판하고 명사설을 주장하였다.
국어 통사론의 일반적 구성 원리에 의하면 'NP+NP'에서 선행명사구가
후행명사구를 수식하는 것은 일반적 원리이므로 'X적'을 관형사로 처
리할 수 없고 명사로 처리해야 한다는 것이다. 북한에서도 <조선어문
법>(1949) 이후 명사로 처리하고 있고, 정희정(2000 : 78-82)에서도 '이다'

---

5) 양재연・김민수(1955)에서 제시한 관형사로는, '계속적, 과학적, 구체적, 국가적,
　국제적, 군사적, 규칙적, 근대적, 근본적, 기본적, 대표적, 도덕적, 문화적, 물리적,
　민족적, 민주주의적, 본격적, 비교적, 비평적, 사회적, 시간적, 자연적, 적극적, 전
　문적, 전통적, 정신적, 정치적, 종교적, 최종적, 화학적, 업적, 역사적, 예술적, 이상
　적, 인적, 인공적, 일반적, 일시적'이며 '비교적'도 관형사로 처리하고 있다.
6) '-적'을 최초로 언급한 것이 양재연・김민수(1955)라는 이상혁(1991 : 4)의 지적은
　시정되어야 한다.

나 '으로'와 결합할 수 있을 뿐 아니라 초점분리 현상도 가능하므로 명사로 처리하였다.

(1다)의 관점은 김재윤(1976)[7], 정희정(2000), 이상혁(1991) 등에서 확인할 수 있는데, 이들이 부사로 처리한 '비교적, 가급적' 등은 이미 굳어진 어휘들이므로 'X적'을 명사로 처리한 논의와 크게 다르지 않다. (1라)의 관점은 홍재성(1974), 김창섭(1984), 조남호(1988) 등에서 논의한 것으로 '-적'이 파생접미사의 기능을 한다는 것이다. 홍재성(1974)은 Kurylowicz의 견해를 원용하여 '-적'이 명사를 형용사처럼 변형시키는 파생접미사의 기능을 한다고 보았고, '-적'과 형용사 파생접미사 '-답-, -스럽-'과의 상관성을 찾아내어 이 부분의 연구에 활력을 넣었다.

둘째, 수사와 수 관형사에 대한 선행 연구를 검토해 보면 '수 관형사 인정설', '수 관형사 부정설' 그리고 '수 관형사 부분 인정설'로 대별할 수 있다.

(2) 가. 주시경(1910), 김두봉(1922), 박승빈(1935, 1937), 최현배(1937/1961), 정렬모(1946), 양주동·유목상(1968), 이인모(1968), 정인승(1968), 유창돈(1968), 남기심·고영근(1987), 임홍빈(1991ㄱ, 1991ㄴ) 등.

나. 홍기문(1947), 이숭녕(1961/1981), 김창근(1976), 이충구(1976), 노대규(1977), 허웅(1983/1995), 이현규(1987), 서정수(1994/1996), 김지홍(1994) 등.

다. 한송화(1999), 구본관(2001)

(2가)는 수 관형사를 인정하는 관점이고, (2나)는 수 관형사를 인정

---

7) 김재윤(1976 : 13)은 명사를 일반적 명사, 상태적 명사, 서술적 명사로 구분하고 'X적'을 서술적 명사로 처리하고 있다. 그것은 'X적'이 표면구조에서나 심층구조에서나 VP의 범주 속에 놓이기 때문이라고 하였다.

하지 않는 관점이며, (2다)는 수 관형사를 인정하되 기능적인 측면이 아니라 형태론적 측면에서 수사와 수 관형사를 구분한 관점이다. 수 관형사 인정설은 주시경(1910)8)에서 처음 논의된 이후 김두봉(1922), 박 승빈(1935), 최현배(1937/1961) 등으로 계승되어 오늘날까지 이르렀다. 수 관형사 부정설은 '하나'와 '한' 등이 상보적 분포를 가지는 이형태이므 로 수사만 인정할 수 있다는 관점이다. 홍기문(1947)에서는 수 관형사를 '접두보조'라 하여 접두사의 일종으로 처리하였고, 이숭녕(1961/1981 : 228) 은 수사를 기수(基數)・한정수(限定數)・서수(序數)로 나누고 수 관형사를 한정수에 포함시켰다. (2다)의 수 관형사 부분 인정설은 통사 기능과 형태를 고려하되 형태를 더 중시하여 품사를 상정하는 것이다. 즉 '한, 두, 세/서/석, 네/너/넉, 닷, 엿, …' 등만 수 관형사이고, '다섯, 여섯…'은 수사로 처리하는 것이다. 이것은 인정설과 부정설의 단점을 보완할 수 있는 점에서 의의가 있으므로 본 연구에서는 이것을 부분적으로 수용 한다.

셋째, 접두사와 관형사의 구별에 대한 논의는 최현배(1937/1961 : 579- 81), 정인승(1968), 이인모(1968), 이충구(1976), 김창근(1976), 한영목(1980), 권 숙렬(1981), 남기심・고영근(1987), 노명희(1998 : 56-60), 김창섭(1999, 2001) 등에서 이루어졌다. 이 중에서 관형사와 접두사의 한계 설정에 대해 중점적으로 연구한 이충구(1976)는 여덟 가지의 기준을 제시하고 있다.

> (3) 가. 형태소가 같더라도 직능과 의미가 서로 다르면 각각 다르게 처 리한다.
> 나. 국어의 형태소 분석상 '접두사+접두사' 구성은 없다고 보므로 형 태소 간의 굳음 정도에 따른 다른 최소자립형을 삽입시켜 본다.

---

8) 주시경(1910)에서는 수사를 대명사의 하위부류로 설정하고, '한, 두, 세, 네, 일곱, 많은, 적은, 흔한' 등을 언(관형사)의 한 갈래로 설정하고 있다.

다. 단어 자격의 여부로 구분한다.

라. 다른 단어와 연결하여, 본 단어의 의미와 다르면 접두사로 처리한다.

마. 형태소 간의 발음의 휴지에 의한 구분으로 설정한다.

바. 접두사는 다른 품사로 대치될 수 없고, 또 문법적 직능에 따른 품사 전성을 피할 수 없다.

사. 용언에서 온 접두사에 시제 어미가 붙어도 그 단어의 본래의 의미를 지니는 경우는 관형사로 처리한다.

아. 체언형의 접두사에 한정격토가 붙어 의미를 지니는 경우에는 관형사로 볼 수 있다.

(3)의 기준 중에서 (3다)는 너무 포괄적이며, (3마)는 개별적 어휘마다 조금씩 차이가 발생하지만 그 외는 관형사와 접두사를 판별하는 데 기준으로 쓰일 수 있다.

그러나 한자어 관형사와 한자어 접두사는 고유어보다 경계를 명백히 하기가 어렵다. 최현배(1961 : 579-81)에서 '성질·상태, 시간·공간, 서로 사이의 관한 것'을 기준으로 총 50개의 한자어 관형사를 제시하고 있지만 통사적 기준보다 의미적 기준이 더 우세하게 작용하였다. 노명희(1998 : 42-74)에서는 분리 가능성, 수식 범위 한정, 의미 굴절, 어기 범주 변화, 고유어 결합 가능성 등을 기준으로 하여 관형사성이 우월한 '각(各), 당(當), 동(同), 별(別), 속(續), 전(前), 전(全), 주(主), 타(他)'만 관형사로 인정하고 그 외는 약활성 어근에 포함시켰다. 김창섭(1999, 2001)은 관형사의 판정 기준으로 통사적 기능인 구 구성의 수식 여부와 분명한 휴지를 들고 있다. 통사적 구 구성은 관형사의 통사적 기능을 중시한 것으로, '각 [가정과 직장]에서'의 '각(各)', '고 [이승만, 윤보선, 박정희] 전 대통령들'의 '고(故)'는 구 구성을 수식하므로 관형사가 될 수 있다는 것이다. 그러나 구 구성의 수식성 기준은 '신여성'과 '신 건

축물'의 '신'을 접두사와 관형사로 각각 처리해야 하는 범주 혼란 양상을 피해가기는 어렵다.

2.2. 관형사의 품사론

2.2.1. 옹호론과 무용론

20세기 초의 문법학자들은 단어의 경계 및 품사 설정에 많은 관심을 가졌다. 그 중에서 논란의 중심에 있었던 것이 조사와 어미 그리고 관형사였다. 조사와 어미는 자립성이 없지만 분리성에서 차이점을 보여 현행 문법에서 조사는 단어로 인정하고 어미는 단어로 인정하지 않는다. 그리고 관형사는 다른 품사와 구별하기 어려워 논의가 되었다.

어떤 단어들의 집합이 하나의 범주를 형성한다는 것은 그들이 일정한 특징을 공유하고 있다는 것이며, 의미·형태·기능에서 공통된 양상을 지니고 있음을 말한다.9) 김두봉(1916 : 139), 최현배(1937/1961)에서는 후행 체언의 수식성을 관형사의 뚜렷한 통사적 기능으로 본다. 그러나 이러한 속성이 오히려 관형사의 독립성을 옹호하지 못하게 하였고 다른 품사의 하위 유형으로 인정하게 하였다. 관형사에 대한 기존 연구들을 살펴보면 관형사 옹호론과 관형사 무용론으로 대별할 수 있다.

(4) 가. 주시경<국어문법>(1910), 김두봉<조선말본>(1916), 박승빈<조선어학>(1935), 최현배<우리말본>(1937), 정렬모<신편고등국어

---

9) 최현배(1937/1961) 이후 남한 문법의 품사 분류 기준은 의미·형태·기능이었고, 북한 문법의 분류 기준은 <조선어문법Ⅰ>(1961)에 명시된 대로 어휘적 의미의 성격의 동일성, 문법적 범주의 구성의 동일성, 문장에서의 문장론적 기능의 동일성, 단어조성의 유형의 동일성 들이 있다. 그리고 임홍빈(2001 : 714-6)은 북한 문법의 분류 기준을 수용하여 국어의 품사분류 기준으로 형태 변화, 의미 범주, 문법 기능, 단어 형성, 체계의 동질성을 제시하고 있다.

문법>(1946), 김근수<중학국어문법책>(1947), 조선어학회<조선
말 큰사전>(1947), 김윤경<나라말본>(1948), 이인모<재미나고
쉬운 새조선말본>(1949), 정인승<표준중등말본>(1949), 이희승
<초급국어문법>(1949), 이숭녕<고등국어문법>(1956),[10] 김민수
외<새고교문법>(1960) 등.

나. 최광옥<대한문전>(1908), 김규식<대한문법>(1908-1909), 김희상
<초등국어어전>(1909), 남궁억<조선문법>(1913), 안확<조선문
법>(1917),[11] 권영달<조선어문정체>(1941), 이상춘<국어문법>
(1946), 정경해<국어강의>(1953) 등.

(4가)는 관형사를 인정하는 관형사 옹호론적 관점이고 (4나)는 관형
사를 인정하지 않는 관형사 무용론적 관점이다. (4)를 통해서 관형사
가 하나의 독립된 품사로 인정을 받기까지 얼마나 팽팽한 대립 속에
있었는지 짐작할 수 있다. 관형사가 처음으로 독립된 품사로 인정받은
것은 주시경(1910)에서부터이며, 그 이전에는 외국의 문법이론에 의존
하여 국어의 관형사를 인정하지 않았다. 관형사가 독립된 단어의 자격
을 가지는가에 대한 이러한 고민은 북한의 문법학자에게도 동일하게
나타남을 (5)를 통해 확인할 수 있다.[12]

(5) 가. 박상준(1947), 원우흠 편(1954), 김병하·황윤준(1957), 박수항
(1959), 조선어문법1(1961), 조선문화어문법규범(1976), 고신숙
(1987), 박상섭(1988)
나. 조선어문법(1949), 홍기문(1947, 1966)

(5가)는 관형사 옹호론적 관점이며 (5나)는 관형사 무용론적 관점으

---

10) 이숭녕(1956)에서는 공시적 관점에서 관형사를 인정하고 있지만 중세국어의 제
반 특성을 설명하는 이숭녕(1961/1981 : 228)에서는 관형사를 인정하지 않고 있다.
11) 김민수(1960) 참조.
12) 북한문법서의 연구는 임홍빈(1997 : 224-230), 고영근(1983, 2001)을 참조함.

로 북한 문법에서도 관형사를 독립된 품사로 인정할 것인가에 대한 고민이 있었음을 알 수 있다. 특히 <조선어문법>(1949)에서는 관형사를 품사 분류에서 제외하였다가 <조선어문법 1>(1961)에서는 다시 포함시킬 정도로 관형사의 범주는 혼란 속에서 정착해 왔음을 확인할 수 있다.

이숭녕(1961/1981 : 149), 심재기(1979 : 111–113, 1982), 이현규(1980 : 75–86) 등에서는 '이 사람'의 '이'가 대명사로 통용되므로 관형사의 범주가 과연 필요한지 회의를 품는다. 심재기(1979)는 어원이 소급 가능한 단어는 어원의 품사에 따르고 그렇지 못한 '어느, 무슨, 웬' 등은 화석화된 관형형 어휘로 처리하고자 하였다.[13] 어원이 불분명한 소수의 단어를 위해 또 다른 품사를 설정한다는 것은 방법론상으로 번거롭다고 보았기 때문이다. 이현규(1980)에서도 중세나 근대 문헌자료를 근거로 하여 관형사를 독립된 품사범주로 설정되기보다는 관형어의 전용 형태로 처리하는 것이 타당하다고 하였다.[14] 그러나 공시적 관점에서 어원의 품사를 그대로 수용한다는 것은 적절한 해결책이 될 수 없으며 해당 어휘의 의미를 차치하더라도 기능에서 뚜렷한 차이점을 보인다면 관형사 범주 결정을 어원에 두는 것은 적합하지 않다.

---

13) 심재기(1979)는 '웬'이 의문대명사 '무엇'의 변이형일 가능성이 있다고 한다.
14) 이현규(1980)는 관형어적 용법을 체언의 관형어적 용법과 용언의 관형어적 용법으로 구분한다.
　　가. 체언의 관형어적 전용법(파생접사, 곡용접사)
　　　　(1) $[N+ø]_D$에 의한 전용
　　　　　　새, 므슴, 년, 현, 이, 그, 뎌, 여러, 몇, 아모, 어느
　　　　(2) $[N+ㅅ]_D$에 의한 전용
　　　　　　뭇, 옷, 아못, 므슷
　　　　(3) 형태변이에 의한 전용
　　　　　　한, 두, 세, 네... 등
　　나. 용언의 관형어적 용법(활용접사)
　　　　모든, 너나믄, 온, 왼, 올흔, 뽄, 군, ㄱ즌, 고론, 엇던

관형사를 독립된 품사로 인정하지 않은 경우에는 형용사의 하위 부류에 포함시켰는데, 형용사처럼 명사의 속성을 드러내기 때문이라는 것이다. 대표적으로 유길준(1897), 김규식(1912 : 18-21), 김희상(1909 : 30-36),[15] 박상준(1932), 신명균(1933), 이상춘(1946 : 74)[16] 등을 들 수 있다. 한편 Martin(1992 : 147-51)은 국어의 접두사와 관형사를 통칭하여 형용사적 명사(adnoun)로 처리하였고 목정수(2001)에서도 관형사를 없애고 형용사의 범주에 포함시키고 있다.[17]

2.2.2. 관형사의 경계 범주

이숭녕(1961/1981), 심재기(1979), 이현규(1980) 등은 '새, 헌, 이/그/저' 등을 독립된 품사 범주로 인정하기보다는 명사, 용언, 대명사로 처리하고 있다. 즉 관형사를 하나의 독립된 범주로 처리하지 않고 기존의 다른 범주에 포함시키고 있다. 물론 모든 언어는 품사 경계가 명확히 구별되지 않고 선상적 구조를 가지고 있다. Ross(1972)는 이러한 선상적 위계(linear hierarchy)를 '스퀴시(squish)'로 명명하고 동사, 형용사, 명사가 각기 단절되고 뚜렷한 경계가 있는 것이 아니라 동사에서 형용사로, 형용사에서 명사로 점차 통사적 특성이 감소되어 가는 것으로 처리하였다(장석진, 1975 참조). 그러나 비록 이들이 선상적 위계를 가진다고 하더라도 관형사를 독립된 품사로 인정하지 않는 것은 좀더 고려되어야

---

15) 김희상(1909 : 30-36)은 지시관형사와 수 관형사를 모두 형용사에 포함시키고 있다.

16) 이상춘(1946)은 형용사를 관형용사, 상태형용사, 비교형용사, 수량형용사, 지시형용사, 변성형용사, 합성형용사로 나누었다. 본고의 관형사와 관련되는 것은 관형용사이고, 수량 형용사에는 수사나 수 관형사가 포함되지 않는다.

17) 목정수(2001)는 '새, 온갖, 유명, 국제' 등 피수식요소에 기대어 명사구를 이루는 공통된 특징을 가지고 있고, 영문법 체계와도 통일성을 가지려면 '형용사'라는 개념이 더 적절하다고 하였다. 그러나 국어의 관형사와 형용사는 범주별로 전혀 다른 양상을 띠므로 같은 범주로 묶기 곤란하다.

한다고 본다. 그리하여 이 절에서는 관형사와 범주 경계를 이루고 있는 접미사, 명사, 동사와가 통사적으로 어떠한 명백한 차이를 가지는지 살펴보고자 한다.

2.2.2.1. 관형사와 접미사

관형사가 접두사나 용언의 활용형과 형태적으로 일치하고, 다른 품사로 통용되는 단어들과 의미가 유사하며, 후행 성분을 수식하는 공통된 기능을 가지고 있으며, 다른 품사 범주에 비하여 자립성이 없으므로 이러한 논란의 중심에 서 있는 것이다. 여기에서는 관형사와 범주 경계에 있는 접두사를 서로 비교하여 관형사의 범주를 확인해 보고자 한다.

첫째, 후행명사의 분리 가능성이다. 관형사는 후행명사와 분리될 수 있으나 접두사는 분리될 수 없다.

　　(6) 가. 새 하늘, 새 책.
　　　　나. 선무당, 선머슴, 선소리

(6가)의 '새'는 분리될 수 있지만 (6나)의 '선'은 분리될 수 없다. (6나)를 후행요소와 분리하면 의미가 변한다. 예를 들어 '선무당'은 '서투르고 미숙한 무당'이지만 '선 무당'의 '선'은 '서다'의 활용형으로 해석되어 전혀 다른 의미를 형성한다.

둘째, 후행명사와의 결합 제약성이다. 관형사는 후행하는 명사 유형에 제약을 받지 않으나 접두사는 일부 한정된 명사와만 결합한다. 물론 일부 관형사는 수식어와 피수식어의 의미적 상관관계에 따라 후행명사의 유형에 제약을 받을 수 있지만 기본적으로 계열관계나 통합관계가 자유롭다.

> (7) 가. 새{하늘/땅/옷/머리핀/가방/신발}
> 나. 선{머슴/무당/잠/웃음/*처녀/*울음}

(7가)에서는 구상명사가 후행명사로 사용되어도 제약이 발생하지 않는 반면, (7나)에서는 제한된 명사만 후행할 수 있다. 이런 현상은 접두사가 단어 형성에 관여하여 새로운 의미를 형성하기도 하므로 제한적 통합관계를 보이는 것이다.

셋째, 동일 범주의 중복 가능성이다. 관형사는 다른 관형사들과 겹쳐서 나타날 수 있으나 접두사는 다른 접두사가 중복되어 실현될 수 없다.

> (8) 가. 이 두 새 집
> 나. *선맏무당, 선숫머슴

관형사는 (8가)와 같이 '지시관형사-수 관형사-성상관형사'의 순으로 세 관형사가 모두 나타날 수도 있고, '두 새 집/이 두 집' 내지 '이 집/ 두 집/새 집'처럼 하나 또는 두 개의 관형사가 실현되어도 무방하다. 그러나 접두사는 (8나)와 같이 한 단어에 동일 범주가 중복되어 실현되지 못한다.

넷째, 수식 범위의 한계성이다. 관형사는 수식의 범위가 구 구성 단위까지 적용될 수 있으나 접두사는 어근에 국한하여 수식할 수 있다.

> (9) 가. [새 [하늘과 땅]]
> 나. *[선[머슴과 무당]]

(9가)의 관형사 '새'는 접속 명사구 '하늘과 땅'을 수식할 수도 있고 명사 '하늘'만 수식할 수도 있는 이중 구조이지만 (9나)의 접두사 '선-'은 '머슴'과 '무당'을 동시에 수식할 수 없다. 접두사는 어휘고도제약을 가지고 있어 독자적으로 통사적인 구성에 참여할 수 없지만,[18] 관형사는 어휘고도제약이 적용되지 않으므로 단어 경계를 벗어나서 구 경계까지 수식할 수 있다.

2.2.2.2. 관형사와 체언

명사는 여러 통사적 특성을 가지고 있으나 여기에서는 조사의 결합성과 접사의 결합성을 기준으로 하여 관형사와의 차이점을 확인하고자 한다.

첫째, 격조사와의 결합 가능성이다. 명사는 격조사와 결합할 수 있으나 관형사는 그렇지 않다.

(10) 가. 새(*의/*가/*를) 정치 구도
　　　나. 새가 날아간다.
(11) 가. 그 음성
　　　나. 그의 음성

(10가)의 관형사 '새'는 격조사와 결합할 수 없으나 (10나)의 명사 '새'는 격조사와의 결합이 자유롭다. 그리고 '그'가 격조사와 결합하면 (11나)처럼 대명사로 기능하지만 격조사와 결합할 수 없으면 (11가)처럼 관형사로 인정할 수 있다.

둘째, 접사와의 결합 가능성이다. 명사는 접사의 결합에 제약이 없

---

18) 접미사의 어휘 고도 제약에 대한 것은 임홍빈(1989/1998 : 40) 참조.

으나 관형사는 결합할 수 없다.

(12) 가. 새들이 날아간다.
　　　나. *새들 정치 구도
(13) 가. 그들의 음성
　　　나. *그들 사람

(12가)의 명사 '새'에는 복수접미사 '들'이 결합될 수 있지만 (12나)의 관형사 '새'에는 어떤 접사도 허용되지 않는다. (13가)의 대명사 '그'에도 복수접미사 '들'이 결합할 수 있으나 (13나)에는 '들'이 실현될 수 없다. 관형사와 명사의 통사적 결합 양상이 이렇게 뚜렷한 차이를 보이는 것은 관형사가 명사나 대명사에서 어휘화한 것들이 대부분이기 때문이다. 어휘화에 대한 논의는 §2.4.4에서 자세히 다룰 예정이다.

2.2.2.3. 관형사와 용언

국어의 동사나 형용사는 그 활용 양상이 다양하고 어간과 어미 사이에 선어말어미가 개입될 수 있으며 종결어미나 연결어미와 결합할 수 있는 등 여러 통사적 특성을 가지고 있다. 반면, 관형사는 동사나 형용사의 활용형이 어휘화한 것이므로 이러한 현상을 보여주지 못한다.

(14) 가. 예쁘{-ㄴ/었던/고/니}
　　　나. 갖{은/*었던/*고/*니}
(15) 가. 예쁘{었/겠/더/시}-
　　　나. 갖{*었/*겠/*더/*시}-

(14가)의 '예쁘-'는 활용이 자유로운 반면 (14나)의 '갖-'은 제한된 활용 양상을 보인다. '갖-'이 중세국어에서는 '곶다'의 어간이었으므로 다양한 활용 양상을 보였으나 현대국어에서는 '갖은'의 형태로만 나타난다. 현대국어에서 '갖다'를 '더불다'와 같은 불완전동사로 처리할 수 있다면 동사의 범주에 포함될 수 있으나 '갖-'의 의미가 다른 불완전동사에 비해 명확하지 못하므로 어휘화한 관형사로 처리하는 것이 더 타당하다. (15)의 경우에서도 '예쁘-'는 선어말어미의 결합에 제약이 없지만 어휘화한 '갖은'은 결합에 제약이 있을 수밖에 없다. 이와 같이 '갖은'은 현대국어에서 더 이상 용언의 활용형으로 쓰이지 못하고 어휘화한 것이다.

지금까지 관형사가 단어의 자격을 가질 수 있는지, 그리고 단어라면 다른 품사와 어떤 차이점이 있는지에 대하여 살펴보았다. 관형사는 분리성과 보편성 원칙에 따라 단어의 자격을 가질 수 있었으며, 용언과 다른 양상을 보이므로 관형사를 독립된 품사 범주로 상정하는 데 전혀 문제가 없음을 확인하였다.

2.3. 관형사의 특성

관형사의 특성은 여러 선행 연구에서 많은 업적을 일구어 놓았지만 관형사 전체에 대한 본격적 논의가 미약하다고 할 수 있다. 이 절에서는 관형사의 형태·통사적 특성을 바탕으로 하여 관형사 고유의 특성이 무엇인지 검토해 보고자 한다. 이들 논의에 앞서 선행 연구에서 제시한 관형사 특성을 요약하여 제시하면 다음과 같다.

(16) 최현배(1937/1961)
① 명사만을 꾸민다. 매김씨가 둘 올 때는 각각 명사를 수식한다.

② 어형의 변화가 없다.

③ 다른 조사와 결합하지 않는다.

(17) 이숭녕·이인모(1960 : 230)

① 반드시 명사만을 꾸민다. 따라서 꼭 수식어로만 사용된다.

② 반드시 꾸미어지는 명사 앞에 쓰인다.

③ 그 어형이 변하지 않는다.

④ 다음에 다른 곡용어미 또는 조사가 다 붙을 수 없다.

(18) 김창근(1976 : 120)

① 형태의 변화를 일으키지 않는다

② 조사의 의지를 받지 않는다

③ 그 뒤에 오는 규정을 받는 말의 수효가 원칙적으로 제한을 받지 않는다.

④ 시제도 가지고 있지 않다.

⑤ 단어로서 자격을 갖추고 있어 띄어쓰기가 가능하다.

⑥ 관형사는 뒤의 명사와 한 단어가 되지 않는다.

(19) 남기심·고영근(1987 : 165-9)

① 고유명사를 수식하는 데 제약이 있다.

② 상태성 명사와의 결합에 제약이 있다.

③ 형태상으로는 불변어, 기능상으로는 수식언이다.

(20) 김창섭(1999)

어떤 접두사적 요소가 구 구성을 수식한다면 관형사로 판정한다.

　　(16)에서 (20)까지의 선행 연구에서 확인할 수 있듯이 관형사의 특성은 모든 관형사에 적용될 수 있는 것과 일부 관형사에만 적용될 수 있는 것으로 나눌 수 있다. 관형사에 대한 논의는 있었으나 이들에 대한 변별적 논의가 없었으므로 여기에서는 전자를 '일반적 특성', 후자를 '상대적 특성'이라 하고 관형사의 형태·통사적 특성에 대해 검토해 보고자 한다.

2.3.1. 관형사의 형태적 특성

관형사는 다른 품사 범주에 비해 일관된 형태적 특성을 찾기 어렵다. 예를 들어, '이/그/저, 새, 헌, 모든, 한, 두, 그저' 등의 관형사들이 형태적으로 어떤 공통된 속성을 가지는지 파악하기가 쉽지 않다. 대명사에서 관형사가 된 '이/그/저', 명사에서 관형사가 된 '새', 수사의 변이형이 관형사가 된 '한, 두' 등은 통사·의미적 기능의 변화로 관형사가 된 것이다. 그리고 일부 관형사는 용언에서 유래한 경우도 있다.

> (21) 가. 그 얼굴에서 보이는 갖은{*갖을/*갖던} 풍상, 거칠어진 손.
> 나. 이들은 법이 모든{*모들/*모던} 사람에게 공평하기를 바란다.

(21)의 '갖은, 모든'은 용언의 활용형이 굳어진 단어이므로 다른 활용 어미와 결합하지 못한다.[19] 물론 중세어에서는 이들이 아래와 같이 활발한 활용을 하였다.

> (22) 가. 사ᄅᆞ미 본래 비록 ᄀᆞᄌᆞ나(人雖本具)<능엄경언해 3 : 111>
> 나. 어버ᅀᅵ 몰 ᄀᆞᄌᆞ 子息은 어딘 이롤 비호디 몯홀ᄊᆡ<월인석보
> 8 : 97>
> (23) 가. 方國이 해 모ᄃᆞ나(方國多臻)<용비어천가 11>
> 나. 그 ᄢᅴ 모돈 中에<석보상절 9 : 29>

(22)는 '갖은'의 소급형이 활용한 것이며 (23)은 '모든'의 소급형이 활용한 것으로 중세국어에서 용언으로 적극적으로 사용되었음을 알 수

---

19) 용언에서 기원한 관형사에 대한 연구는 유창돈(1968), 이현규(1980, 1995 : 420-5), 황문환(2001) 참조. 이현규(1980 : 79)는 현대국어의 관형사 중에서 '-ㄹ' 어미를 가진 것이 없다고 하였으나 현대국어에서는 '몹쓸, 넨장맞을, 빌어먹을' 등과 같은 '-ㄹ'형 어미도 있다.

있다. 그러나 공시적으로 '갖은'과 '모든'은 더 이상 활용할 수 없으며 어휘화한 굳어진 표현이다.

2.3.2. 관형사의 통사적 특성

관형사가 독립된 품사 범주로 인정받을 수 있는 것은 형태적 특성보다 통사적 특성에 기인한다고 해도 과언이 아니다. 그러면 관형사의 통사적 특성에는 어떤 것이 있는지 확인해 보자.

첫째, 관형사는 어떤 조사와도 결합할 수 없다. 수식 성분의 하나인 부사는 보조사와 결합할 수 있지만 관형사는 조사의 결합을 허용하지 않는다.

> (24) 가. *새{가/를/의/으로/는} 정치 구도에서 가장 경계돼야 할 것은
>   정경 유착의 부활이다
>   나. *이 행사는 헌{이/을/의/으로/는} 옷가지와 생활용품 아동용품
>   들을 가져오는 주부들로 성시를 이룬다.
>   다. *세상의 모든{이/을/의/으로/는} 아버지와 아들의 관계는 이렇
>   게 추악한 걸까.
> (25) 가. 기차가 빨리{도/는/만} 달린다.
>   나. *기차가 빨리{가/를/의/으로} 달린다.

관형사와 부사가 문장의 부속성분이며 형태상 불변어이고 기능상으로는 수식성분이지만 조사와의 결합 양상에서는 차이를 보인다. (24)의 관형사는 어떤 조사와도 결합할 수 없는 반면 (25)의 부사는 격조사와는 결합하지 않으나 보조사와는 결합한다. 관형사가 조사의 결합에 이와 같은 소극적 양상을 띠는 것은 일부 관형사가 명사나 대명사에서 전용된 단어가 많기 때문일 것이다.

둘째, 관형사는 명사뿐 아니라 구 구성도 수식할 수 있다.[20] 최현배 (1937/1961), 양재연·김민수(1955), 이숭녕·이인모(1960) 등은 관형사의 수식 범위를 명사에 국한하였으나 김창섭(1999)은 구 구성에서도 확인됨을 제시하였다.

(26) 가. 이 집
     나. 이 새 집
     다. 이 두 새 집

최현배(1937/1961)에 의하면 관형사가 둘 이상 배열되면 관형사가 각각의 명사를 수식한다고 한다. 즉 (26나)의 '이 새 집'은 '[이 집]과 [새 집]'의 수식 구조이며 (26다)도 동일한 구조를 보인다는 것이다. 그러나 '나는 어제 이 새 집을 보고 왔어'라고 하였을 때 화자가 이야기하는 지시 관형사 '이'는 '집'만을 수식하는 것이 아니라 '새 집'을 수식하는 구조이므로 (26)의 수식 구조는 (27)로 보는 것이 더 타당하다.

(27) 가. NP[이 [집]]
     나. NP[이 NP[새 [집]]]
     다. NP[이 NP[두 NP[새 [집]]]]

관형사는 (27)과 같이 명사뿐 아니라 명사구도 수식한다. 그리고 관형사는 다음과 같은 구 구성도 수식하는 특성을 지닌다.

(28) 가. [어떤 [친절과 자유]]
     나. [어떤 [친절]]과 [자유]

---

20) 관형사의 수식 구조에 대한 논의는 §4.4.1. 참조.

(28가)의 성상관형사 '어떤'은 명사구에 따라 명사 '친절'만 수식할 수 있으나 (28가)에서는 '친절과 자유'를 수식 범위로 한다. 최현배 (1937/1961)의 논의대로 따른다면 '어떤'은 (28나)처럼 '친절'만 수식해야 하지만 이것은 정확한 수식 구조가 아니므로 구 구성인 '친절과 자유' 를 모두 수식하는 것으로 보는 것이 타당하다.

셋째, 관형사는 단어이지만 자립성이 없다.21) 일반적으로 단어는 자립성을 가지고 있지만 관형사는 반드시 명사와 함께 실현되어야 하며 그렇지 않으면 비문이 된다.

(29) 가. 오늘은 새 옷을 입고 왔니?
　　나. *아니, 헌.
　　다. 아니, 헌 옷.

관형사가 자립성을 지니지 못하는 것은 (29)과 같은 화용론적 상황에서도 드러난다. (29나)에서와 같이 관형사 '헌'만 실현되면 비문이 되고 (29다)와 같이 후행명사를 반드시 요구한다.

넷째, 관형사는 후행 성분으로 고유명사가 대체로 올 수 없다. 남기심·고영근(1987 : 70)과 임홍빈(1999 : 6)에서는 관형사 뒤에는 고유명사가 실현될 수 없고, 만약 실현된다면 그것은 고유명사가 보통명사화한 것이라 하였으나 이러한 분포적 제약이 필요충분조건을 만족시키는 것은 아니다.

(30) 가. *강강술래는 임진왜란 때 두 이순신 장군이 우리 군세가 강함

---

21) 관형사의 자립성은 음운론적 자립성과 통사론적 자립성에서 차이가 나타난다. 음운론적 관점에서는 자립성이 관형사에 따라 다양하게 나타나지만, 통사론적 관점에서는 자립성이 실현될 수 없다.

을 보이고...

나. [7]이 예수의 기적을 인정한 상태에서 이 소설은 성립되어 있기 때문이다.

다. 이번에 지은 <u>새 성수대교</u>는 안전함을 최우선으로 하였다.

(30가)에서 확인되는 바와 같이 고유명사는 수 관형사와의 결합에서 명백한 제약성을 보인다. 고유명사는 유일성이라는 의미적 특성을 지니고 있으므로 수사나 수 관형사가 잉여적인 요소로 작용한다. 고유명사에 수 관형사나 수사가 결합할 수 있다면 그 고유명사는 보통명사로 의미가 전이된다. (30가)의 '두 이순신 장군'이 성립되려면 '이순신 장군'이 보통명사가 되어 '이순신 장군과 같은 용기와 기백을 가진 사람'으로 해석되면 가능하다. 그러나 (30가)의 '이순신 장군'은 보통명사로 해석되지 않으므로 비문이 되는 것이다. (30나)의 지시 관형사는 화용론적 상황에 따라 문장의 수용성 정도가 달라질 수 있다. 지시 관형사 '이'가 지시성보다 강조의 의미로 쓰였다면 (30가)보다 문장의 수용성이 높아진다. 즉 지시 관형사는 전후 문맥이나 발화상황에 따라 고유명사를 수식할 수 있다는 것이다. (30다)의 성상 관형사는 고유명사에 따라 다른 양상을 보인다. (30다)와 같이 건물과 관련되는 고유명사는 성상 관형사를 수용할 수 있지만, 인물 고유명사는 성상 관형사를 수용하지 못한다. '*새 이순신 장군' 같은 경우는 허용되지 않는다. 그러므로 수 관형사는 고유명사와 분명한 결합 제약을 가지지만, 지시관형사와 성상관형사는 고유명사의 의미자질과 화용론적 상황에 따라 다른 양상을 보인다는 것을 알 수 있다.

다섯째, 관형사는 후행 성분으로 상태성 명사가 대체로 올 수 없다. 피수식어인 명사의 의미자질에 따라 성상 관형사나 수 관형사가 결합 제약을 가지므로, 관형사와 상태성 명사의 결합 제약은 발생할 수밖에 없다.

(31) 가. *세 행복, *네 가난, *한 친절, *두 자유

　　나. 옛 행복, 옛 가난, 때아닌 친절, 때아닌 자유/새 행복, *헌 가난, 갖은 친절, 몹쓸 자유

　　다. 이 행복, 저 가난, 그 친절, 저 자유/??그 성실, ?저 무한, ?이 건 조 등.

　(31가)의 수 관형사는 상태성 명사와 결합에 뚜렷한 제약을 보이지만 (31나)의 성상 관형사는 상태성 명사에 따라 결합의 가능성이 다르며 (31다)의 지시 관형사도 상태성 명사의 의미 자질과 밀접한 상관관계를 가진다. 남기심·고영근(1987 : 70, 166)에서는 상태성 명사가 관형사와 결합하는 것이 곤란하다고 보았지만 (31)에서 확인되는 바와 같이 그것은 부분적인 제약 현상임을 알 수 있다.

　지금까지 관형사의 형태적 특성과 통사적 특성을 살펴보았다. 특히 관형사의 통사적 특성은 모든 관형사에 적용되기도 하고 일부 관형사에 제한적으로 적용되기도 하였다. 그리하여 모든 관형사에 적용되는 일반적 특성과 일부 관형사에 적용되는 상대적 특성으로 구별하여 관형사의 특성을 요약하면 아래와 같다.

(32) 관형사의 형태적 특성

　　관형사는 형태적으로 변하지 않으며 활용하지 않는 불변어이다.

(33) 관형사의 통사적 특성

　　가. 일반적 특성

　　　① 관형사는 어떤 조사와도 결합하지 못한다.

　　　② 관형사는 후행하는 명사나 명사구를 수식한다.

　　　③ 관형사는 자립성이 없다.

　　나. 상대적 특성

　　　① 대체로 관형사는 후행 성분으로 고유명사가 올 수 없다.

　　　② 대체로 관형사는 후행 성분으로 상태성 명사가 올 수 없다.

2.4. 관형사의 유형

관형사는 형태·통사적 특성에 따라 독립된 단어의 자격을 가짐을 앞에서 확인하였다. 관형사의 하위 부류는 개별 유형에 따라 특성을 검토해야 하는데, 이 절에서는 논란이 되는 접미사 '-적' 결합형, 수사와 수 관형사, 한자어 접두사와 한자어 관형사, 어휘화한 관형사를 중점적으로 살펴보고자 한다.

2.4.1. 'X적'[22]

이 절에서는 '-적'의 기원을 살펴본 뒤에 'X적'의 품사 범주와 의미적 특성을 살펴보고자 한다. 접미사 '-적'은 현대국어에서 단어형성에 매우 적극적이지만 그 출현은 20세기 초이므로 그리 오래 되지 않았다. 접미사 '-적'의 기원은 일본어에서 유래되었다고 보는 관점과, 일본어와 중국어의 영향을 모두 받았다고 보는 관점이 있다. 각 관점을 간략히 살펴보면 다음과 같다.

첫 번째 관점은 서재극(1970), 송민(1985)이다. 개화기 자료를 바탕으로 '-적'의 출현을 연구한 서재극(1970 : 23-28)은 <소년>(1908)에서 처음으로 '-적'이 사용된 실례를 발견하였다.

> (34) 가. <u>陸上的</u>遺傳性
> 　　　나. <u>活動的</u>取扱的發明的大國民
> 　　　다. <u>世界的</u>處地　　　　　　　　(서재극 1971 : 96)

초기의 '-적'은 (34)와 같이 매우 불안전한 양상을 띠는데, 이러한 표

---

22) §2.4.1은 김선효(2002ㄱ)와 김선효(2002ㄴ)를 참고하여 보완한 것이다.

현은 일본 유학생들이 일본어의 '적(的)'을 수용하면서 사용하기 시작한 것으로 추정하였다. 송민(1985)에서도 오늘날의 '-적'의 기능과 의미는 19세기 말엽의 일본어에서 비롯되었고, 국어에서 '-적'이 나타나기 시작한 것은 개화기의 국한문 혼용체 문장에서부터 시작된다고 보았다.23) 왜냐하면 <노걸대>나 <박통사>에서도 '이다'에 결합한 '的'이 빈번하게 발견되지만 그 언해문의 '的'은 국어의 형태소로 받아들인 예가 아니기 때문이다. 의존형태소로서의 '-적'이 교과서에 나타나기 시작한 것은 1906년경부터이며 교과서의 보수성을 짐작하면 실제 사용은 19세기 말부터 사용되었으리라 추정하였다.

그러나 김광해(1983/1995 : 63-64)는 '-적'의 기원이 일본어뿐만 아니라 중국어에서도 유래되었다고 주장하였다.24) 그것은 일본의 메이지시대 이전에 이미 중국어의 백화문에서 상당히 생산적으로 사용되었기 때문이다.

(35) 가. 學生的姓名(飜譯老乞大 상 : 7)
　　　　當直的學生(飜譯老乞大 상 : 7)
　　나. 有名的花園(飜譯朴通事 상 : 2)
　　　　衆朋友們的名字(飜譯朴通事 상 : 48)　(김광해 1995 : 63-4 참조)

이 때의 '-적'은 한국어의 관형사형 어미 '의, -은, -을'과 같은 것으

23) 송민(1985 : 286-8)에 의하면 '-적'의 초기 현상은 지금의 통사구조와 조금 다른 면이 있다고 한다. 예를 들어, 접속조사 '과'와 결합하기도 하고 관형격 조사 '의'와 결합하거나 수식어와 피수식어 사이에 형용사가 개입될 수도 있었다.
　　가. 道德的과밋智力的勇敢
　　나. 天然的의各殊혼 句域
　　그러다가 1908년 경에 이르면 오늘날의 'X적'과 거의 유사한 통사현상을 보인다.
24) 중국어의 '-적'에 대한 연구는 Chales N. Li & Sandra. A. Thompson(1981), 王力(1997), 주덕희(1997) 등 참조.

로 추정되며, 중국어의 '-적'은 관형사 'X적'의 '-적'에 영향을 끼치고 일본어의 '-적'은 국어의 명사 'X적'에 영향을 각각 끼친 것으로 주장하였다. 유순희(1999)에서도 한국어의 '-적'은 중국 백화문의 '的'과 같은 관형격의 의미와 일본어 '-적'의 '~의 성질을 가진'의 의미를 공유하고 있다고 보았다. 접미사 '-적'의 기원을 좀더 명확히 밝히기 위해서는 앞으로 두 언어의 자료를 더 검토해 볼 필요가 있다.

2.4.1.1. 'X적'의 통사적 범주

[1] 'X적'과 명사

접미사 '-적' 결합형의 통사적 범주는 크게 관형사, 명사, 부사, 서술명사, 어근 등으로 논의되어 왔다.[25] 이것에 대한 최초의 논의는 최현배(1937/1961 : 575-6)로서 '-적'의 기능에 따라 관형사와 명사로 구분하였고 현행 학교 문법에서도 이러한 관점을 수용하고 있다. 다만, 부사는 일부 형태에서만 발견되고,[26] 서술명사는 '-적' 뒤에 계사 '이다'가 결합한 것이며, 어근도 '-적' 선행요소의 어근과 'X적'의 결합형 전체가 어떤 과정을 거쳐 어근이 될 수 있는지 설명하기가 쉽지 않으므로 본고에서는 크게 논의하지 않겠다. 그렇게 되면 관형사와 명사로 처리할

---

25) 어근의 개념은 연구의 관점에 따라 광의적으로 또는 협의적으로 해석되어 쓰인다. 광의적 개념은 접사를 제외한 형태소 전부를 뜻하는 것으로 Bloomfield(1935 : 240), Gleason(1965 : 59), 허웅(1963) 등에서 수용하였고, 협의적 개념은 굴절접사와 직접 결합될 수 없으면서 자립형식도 아닌 단어의 중심부를 뜻하는 것으로 Hockett(1958 : 241), 이익섭(1968, 1975), 김창섭(1996, 1999), 허철구(1997) 등에서 수용한 개념이다. 한편 남기심·고영근(1987 : 190)에서는 단어형성시의 불변요소인 어근과, 활용시의 불변요소인 어간으로 나눈다. 그러나 이런 관점은 어떤 한 형태소가 동시에 어근도 되고 어간도 될 수 있는 불명확성을 가지게 된다는 문제점이 있다.
26) '-적' 결합형의 대표적 부사로는 '가급적', '비교적' 등이 있다.

수 있는 방법이 남는다.

(36) 가. 논리적 사고
　　　나. 논리적인 사고
　　　다. 아이가 논리적으로 말한다.

관형사와 명사 분리적 관점에 따르면 (36가)는 관형사, (36나)와 (36다)는 명사로 처리한다고 할 수 있는데, 이러한 관점은 명사의 일반적 원리를 무시한 것이므로 적절한 해결 방안으로 보기 어렵다. 임홍빈 (1982)에 의하면 선행명사구가 후행명사구를 수식하는 것은 국어 통사론의 일반적 원리이므로 동일 어휘를 관형사와 명사로 구별할 필요가 없다는 것이다. 본 연구의 흐름도 이와 동일한 관점에서 진행하고자 한다. (36)의 '논리적'을 관형사와 명사로 구별하는 것은 모든 명사를 관형사로 처리할 수도 있는 가능성을 열어 주는 것이므로 적합한 방법으로 보기 어렵다. 그렇다면 'X적'의 통사적 범주가 구체적으로 무엇인지 확인해 보자.

국어의 명사는 인도·유럽어족의 명사와 달리 형태론적으로 격 변화, 수 범주 표지, 문법적 성(gender) 구별이 없으므로, 통사론적 기준에 의해 명사를 구별할 수밖에 없다. 홍재성(2001ㄱ, 2001ㄴ)은 국어의 명사가 가지는 통사적 특징을 다음과 같이 제시하였다.

(37) 가. 반드시 격조사가 후치될 수 있다.
　　　나. 관형사를 비롯한 여러 유형의 수식 성분이 선행할 수 있다.
　　　다. 주어 또는 보어와 같은 문장 구성의 필수적 통사 논항의 기능을 하는 구의 핵심적 요소가 된다.
　　　라. '-이'와 결합하여 서술어로 기능할 수 있다.

(37가)와 (37나)는 구 구성의 차원에서 관찰되는 통사적 속성이라면, (37다)와 (37라)는 문장 구성의 차원에서 명사가 지니는 통사적 속성이다.[27] 문제는 (37)의 명사적 속성이 '-적' 결합형에 존재하느냐 하는 것이다. 우선 '-적' 결합형이 명사적 속성을 가지는지 확인해 보도록 하자.

첫째, 명사는 반드시 격조사를 후치할 수 있어야 하지만, '-적' 결합형은 일부 격조사만 후치할 수 있다.

(38) 가. 학생{이/을/의/에게/으로}
    나. 학생{만/도}
(39) 가. 논리적{?이/*을/*의/*에/으로}
    나. 논리적{*만/*도}

(38)의 명사 '학생'은 격조사도 자연스럽게 실현되고 보조사도 자연스럽지만, (39)의 '논리적'은 격조사 중에서 '이'와 '으로'만 실현되고 보조사는 실현될 수 없다. '-적' 결합형이 부사격조사 '으로'와 결합한 예는 (36다)에서도 나타났지만 보격조사 '이'와 결합한 예는 소수의 동사 앞에서만 발견된다.

(40) 가. 기영이는 그 일 이후로 더욱 {소극적/이기적/호의적}이 되었다.(홍재성, 2001ㄱ 인용)
    나. 여자친구와 헤어진 뒤 그는 오히려 적극적으로 바뀌었다.

---

27) (37라)는 단어 이상의 층위도 올 수 있으므로 필수적 속성이라 보기는 어렵다. 즉, '이다'에 선행하는 성분은 명사뿐 아니라 구 구성 내지 문장까지 올 수 있기 때문이다.
    가. 그가 말하기 시작한 것은 해가 지면서이다.
    나. 그가 말하기 시작한 것은 해가 지면서가 아니라 해가 뜨면서이나.

(40가)는 보격조사 '이'가 사용되었고, (40나)는 부사격조사 '으로'가 사용된 경우이다. 이처럼 '-적' 결합형은 소수의 격조사와만 결합한다.

둘째, 명사는 수식 성분인 관형어가 선행하여 수식할 수 있지만 '-적' 결합형은 어떤 수식 성분의 수식도 받지 못한다.

    (41) 가. [그 [학생]]
        나. [서울의 [학생]]
        다. [착한 [학생]]
    (42) 가. *[[그 [논리적]] 사고]
        나. *[[그의 [논리적]] 사고]
        다. *[[명석한 [논리적]] 사고]

(41)의 명사 '학생'은 관형어인 (41가)의 '그', (41나)의 '서울의', (41다)의 '착한'의 수식을 모두 받을 수 있지만 (42)의 '논리적'은 어느 선행 성분도 수식받지 못한다. (42)의 구문은 (43)와 같은 수식 구조의 경우에만 허용될 수 있다.

    (43) 가. [그 [논리적 [사고]]]
        나. [그의 [논리적 [사고]]]
        다. [명석한 [논리적 [사고]]]

(42)의 수식 구조는 허용되지 못하고 (43)의 수식 구조만 허용되는 현상은 '-적' 결합형을 명사로 판단하기에 무리가 따른다는 것이다. 보통명사는 수식 성분과 구조에 제약을 받지 않지만 '-적' 결합형은 그 자체가 수식 성분을 요구할 수 없기 때문이다. '-적' 결합형을 어근으로 보는 것은 이러한 속성에서 기인한다. 그러나 이러한 현상은 비단 '-적' 결합형에만 나타나는 것이 아니다. 후술하겠지만 국어의 명사 중

에서 '-적' 결합형과 같이 수식 성분의 제약을 가지는 유형이 있으므로 (42)의 수식 구조만으로 '-적' 결합형이 명사가 될 수 없다고 단정하기에는 아직 이르다. 또 국어의 명사류에는 수식어의 위치에만 실현되는 것과 피수식어의 위치에만 실현되는 것이 있으므로 '-적' 결합형이 수식성분이 될 수 없다는 것이 명사가 아니라는 결정적인 증거가 되지 못한다.

셋째, 명사는 문장 구성에서 필수적 통사 논항의 핵심적 요소가 되지만 '-적' 결합형도 일부 이런 기능을 담당한다.

(44) 가. 나는 사과를 좋아해.
　　　나. 나의 생각은 이제 매우 논리적으로 변했다.

(44가)의 동사 '좋아하다'가 '나'와 '사과'를 논항으로 취한 것처럼 (44나)의 동사 '변하다'도 '생각'과 '논리적'을 논항으로 취하고 있다. '-적' 결합형이 문장 내에서 필수 논항으로 기능하는 것은 후행하는 동사의 의미적 자질에 따라 다르다. 동사가 부사어를 필수논항으로 요구하는 경우에 '-적으로'가 필수 논항이 된다.

넷째, 명사는 계사 '이-'와 결합하여 문장에서 서술어의 기능을 할 수 있는 것과 같이 '-적' 결합형도 '이-'와 결합할 수 있다.

(45) 가. 나는 학생이다.
　　　나. 그의 사고는 매우 논리적이다.

(45가)의 '학생'이나 (45나)의 '논리적'은 모두 계사와 결합하여 문장에서 서술어의 기능을 담당한다. 물론 계사와 결합하여 서술어의 기능을 한다는 것이 명사의 필요충분조건을 충족시키는 것은 아니다. 계사

에 선행할 수 있는 요소가 명사뿐 아니라 구 내지 문장 단위까지 다양하게 실현되기 때문이다.

이상과 같이 '-적' 결합형은 명사의 기본적 속성을 모두 만족시키지는 못하였다. 격조사의 후치도 일부 격조사만 가능하였으며, 선행 성분의 수식도 홀로 받지 못하였으며, 문장 구성의 필수 논항의 기능도 동사의 의미자질에 따라 국한되게 실현되었다. '-적' 결합형의 이러한 현상은 명사로서의 자격을 재고하게 한다.[28] 그러나 이것은 '-적' 결합형이 명사가 아니라는 것을 입증하기에는 온전하지 못하다. 비록 명사의 속성을 온전히 충족시키지는 못하지만 부분적으로 지니고 있기에 좀더 검토해 보아야 할 필요가 있다.

[2] 'X적'과 수식 의존성 명사

그러면 이제 우리가 취할 수 있는 방법은 모든 명사가 (37)의 속성을 충족시키는지 확인해 보는 것이다. 모든 명사가 (37)의 속성을 만족시키지 않는다면 '-적' 결합형이 (37)의 속성을 온전히 만족시키지 못하더라도 명사 범주에 포함될 자격을 갖추는 것이다. 국어의 명사 하위부류 중에는 명사에 포함되지만 그 특성이 조금 다른 것이 있다. 그 중 가장 대표적인 것이 관형명사[29]와 의존명사[30]이다. 이들은 통사적 특성에서 다른 명사와 다른 일면을 보여준다.

첫째, 관형명사와 의존명사는 격조사의 결합에 제약을 가진다. 관형명사는 그 특성상 수식성분으로만 사용되고 조사의 결합에도 제약이 있다.

---

28) 이상혁(1991)은 '-적' 결합형의 이러한 현상으로 인해 '어근적 명사'라 한다.
29) 관형명사는 제3장에서 자세히 논의하고 있다.
30) 의존명사에 대한 선행연구로는 고영근(1970), 이주행(1985), 임동훈(1991), 서정수(1995), 이병모(1995), 신서인(2000) 참조.

(46) 가. 국제(國際) : 국제 단체, *국제가, *국제를, '국제의, *국제으로, ?*국
        제이다.
     나. 가공(架空) : 가공 인물, *가공이, *가공을, 가공의, *가공으로, *가
        공이다.
     다. 강력(强力) : 강력 살충제, *강력이, *강력을, *강력의, ?*강력으로,
        *강력이다.

(46나)의 관형명사 '가공'은 관형격조사 '의'를 수용하지만 그 외 대
부분은 제약이 발행하며, (46가)의 '국제'와 (46다)의 '강력'은 어색하다.
관형명사는 한자어들이 한자어 고유의 내부적 속성을 잃고 거의 국어
화된 것이 대부분이다. 그리하여 관형명사는 격조사와의 결합에 현격
한 제약을 가짐을 알 수 있다.

한편 의존명사의 조사 결합 양상은 관형명사보다 자유롭지만 의존
명사에 따라 조금씩 차이가 난다. 예를 들어 의존명사 '것, 거리' 등은
조사의 결합이 자유롭지만 '대로, 만큼' 등은 매우 제약적이다.

(47) 가. 우선 우리 집에 연락하는 <u>것이</u> 좋지 않을까.
     나. 집을 나서기 전에 면도를 좀 하라고 말하지 않은 <u>것을</u> 후회했다.
     다. 씩씩거리는 최 의원을 말린 <u>것으로</u> 그의 임무는 끝난 것 같았다.
(48) 가. 가난 <u>때문에</u> 영혼을 팔아 버린 여자.
     나. 엘리뇨 현상이 해마다 심각해지는 것은 배기가스의 심각한 배
        출량 <u>때문으로</u> 추정된다.
(49) 가. 임상허가가 나오는 <u>대로</u> 국내 대학병원과 임상시험 계약을 맺
        고 내년 7·8월에 주사제를 본격 생산할 예정.
     나. 내가 꿈꾸는 <u>대로</u> 훌륭한 사람이 되어야만 하는 것이었다.

(47)의 '것'은 '이/가, 을/를, 에, <u>으로</u>' 등 여러 격조사가 올 수 있고,
(48)의 '때문'은 부사격조사 '에'나 '으로'가 올 수 있고, (49)의 '대로'는

어떤 격조사와도 결합하지 않는다. 이와 같이 의존명사도 그 의미적 특성에 따라 격조사 결합 양상이 다양하게 나타난다. (37가)에 의한다면 (48)의 '때문'이나 (49)의 '대로'는 의존명사의 부류에서 재검토되어야 할 것이다. 왜냐하면 '때문'은 일부 격조사와만 결합하며, '대로'는 아예 격조사와 결합하지 못하기 때문이다. 그러나 의존명사의 일반적 기능은 의존명사의 의미적 특성에 의해 수식성분인 관형어를 필수적으로 요구하는 데, '때문'과 '대로'도 이 기능에 만족하므로 명사에 포함시키고 있다.31) 비록 이들 명사가 격조사와의 결합에 제약을 보이지만 의존명사의 일반적 기능에 충족하므로 의존명사 부류에 포함되는 것이다. 이와 같이 명사 중에는 격조사의 결합에 제약을 가지고 있으므로 '-적' 결합형의 부분적 제약 현상은 크게 문제시되지 않음을 알 수 있다.

둘째, 의존명사는 관형어의 수식이 필수적인 범주이지만 관형명사는 관형어의 수식을 받을 수 없다. 의존명사는 (47)~(49)에서 확인한 바와 같이 관형어의 수식을 필수적으로 요구하지만 관형명사는 필수적이지 않으며 수식 성분이 오더라도 홀로 받지 못하고 후행명사와 결합하여 수식성분을 받는다.

(50) 가. *[그 [국제]] 경쟁력
나. *[우리 산업의 [국제]] 경쟁력
다. *[우리 기업들의 잃어버린 [국제]] 경쟁력
(51) 가. [그 [국제 [경쟁력]]
나. [우리 산업의 [국제 [경쟁력]]
다. [우리기업들의 잃어버린 [국제 [경쟁력]]

---

31) 서정수(1995)는 의존명사의 조건을 으뜸조건과 보조조건으로 나누었다. 으뜸조건으로는 의존명사는 반드시 앞의 관형어와 어울려야 한다는 것이며, 보조조건으로는 뒤에 조사나 지정사를 수반한다는 것이다.

(50)에서 밝혀지는 바와 같이 관형명사 '국제'는 선행성분의 수식을 홀로 받지 못하고, (51)과 같은 수식 구조를 가진 경우에서만 가능하다. 이러한 관형명사의 수식 현상은 '-적' 결합형과 매우 유사한 양상을 보인다.

어떤 단어가 명사가 되기 위해서는 (37)의 속성을 가지고 있어야 하지만 일부 명사류에서는 이러한 속성을 충족시키지 못하기도 한다. 일부 의존명사는 격조사와 결합할 수 없지만 명사로 인정받고 있고, 관형명사도 홀로 선행 성분의 수식을 받지 못하며 격조사와의 결합에도 심한 제약을 가지지만 명사류에 포함시킬 수 있다. 비록 '-적' 결합형이 홀로 선행 성분의 수식을 받지 못하지만, 격조사 '이', '으로'와 결합하며, 문장 구성에서 필수 논항이 될 수 있으며, 계사 '이다'와 결합하여 서술어가 될 수 있으므로 충분히 명사의 자격을 가진다고 본다.

'-적' 결합형, 의존명사, 관형명사는 수식 성분이나 피수식 성분에 의존하는 공통된 의미·통사적 특성을 가지고 있다. 물론 '-적' 결합형은 관형명사에 비해 훨씬 명사의 속성이 강하지만, 수식관계에서는 다른 명사와 달리 피수식어의 위치에 오지 못하는 약점이 있다. 이러한 현상을 바탕으로 하여 수식 관계에서 '-적' 결합형과 관형명사는 수식어의 위치에서만 실현되므로 '수식 의존성 명사'라 하고 의존명사는 피수식어 위치에서만 실현되므로 '피수식 의존성 명사'로 명명하고자 한다.[32] 이제 지금까지 논의한 것을 요약하여 제시하면 다음과 같다.

(52) 가. '-적' 결합형의 통사적 범주
　① '-적' 결합형의 품사는 명사이다.
　② '-적' 결합형은 홀로 피수식어의 위치에 올 수 없으므로 수

---

[32] 수식 의존명사는 이선웅(2000)을 참고하였음을 밝혀두는 바이다.

식 의존성 명사의 유형에 포함된다.

나. 의존성 명사의 하위부류

　① 수식 의존성 명사 : 수식어의 위치에서만 실현되는 명사로서 관형명사, '-적' 결합형이 대표적이다.

　② 피수식 의존성 명사 : 피수식어의 위치에서만 실현되는 명사로서 의존명사가 대표적이다.

2.4.1.2. '-적'의 의미 속성

파생어의 접사는 어근에 비해 그 의미가 불투명하다. 선행 연구에 의하면 '-적'의 의미는 '정도성, 도식성, 속성화, 고유 의미 없음 또는 어기의 속성이 풍부히 있거나 그 속성에 가까움, 어기의 성질·상태가 있음' 등으로 다양하게 파악하고 있다.[33] 그렇다면 과연 접미사 '-적'은 어떠한 의미적 속성을 지니는지 확인해 보자.

　　(53) 가. 그는 <u>귀족</u>이다.
　　　　 나. 풍모가 <u>귀족적</u>이다.

(53)의 '귀족'은 평민의 반대어로 '신분 따위가 좋아 정치적·사회적 특권을 가진 계층 또는 그런 사람'(표준국어대사전)으로 정의되지만, '귀족적'이라고 하였을 때는 지시하는 사람이 '귀족'일 수도 있고 아닐 수도 있다. 단지 귀족이 가진 속성의 일부를 가지고 있어 귀족의 개념 범위에 근접한 것이라 할 수 있다.

---

33) 접미사 '-적'의 의미는 김규철(1980 : 88-90), 남기심·고영근(1987 : 220-1), 김광해(1983ㄴ), 김수호(1990 : 13-19), 김창섭(1984, 1996 : 190), 조남호(1988 : 54-5), 최형용(2000) 등 참조.

(54) 가.　　　　　　　　　　나.

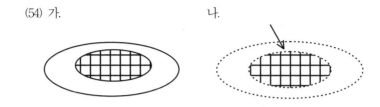

　빗금 친 부분이 귀족의 의미가 지닌 범위라고 한다면 (54가)는 '귀족'의 의미를 모두 가지고 있다고 할 수 있다. 그러나 '귀족적'은 '귀족'의 의미를 가지고 있을 수도 있고, '귀족'의 의미를 향해 다가가는 것일 수도 있다. (54나)의 화살표는 '귀족'의 의미를 향해 다가가는 과정 중에 있을 수도 있고, 이미 '귀족'의 의미를 충분히 함의하고 있다고 볼 수 있음을 보여준다. 그리고 점선으로 이어져 있는 것은 그 개념의 의미영역이 닫혀져 있지 않다는 것으로, 빗금 친 '귀족'의 의미뿐 아니라 귀족의 의미와 유사한 속성을 그 개체가 가지고 있어 귀족의 의미보다 더 광범위한 의미범주를 형성할 수 있음을 말한다. 이러한 의미 관계를 통해 파악할 수 있는 것은 '-적'이 '근접성'의 의미를 지닌다는 것을 알 수 있다. 여기서 근접성이란 '-적'이 어기(base)의 속성을 포함하거나 근접하고자 하는 성격을 가진다는 것이다. 즉 '-적'이 어기의 속성의 의미를 그대로 지니기도 하지만 그 속성의 범위 근처에서 그 속성을 지향하는 성격을 가진다는 것이다.

　다음으로 '-적'은 도식성의 의미를 가진다(김광해, 1983). '-적'의 도식성 의미는 '-적'의 어기로 고유명사가 올 경우에 뚜렷해진다. 도식화(schematizing)는 일반 언중이 공통적으로 인식할 수 있는 지배적 속성(dominant attributive)이 부각되어 나타나는 것이므로, 일반화된 고유명사가 사용되면 도식성의 의미를 추정할 수 있지만 고유명사가 일반화되지 않은 경우이면 언중이 그 속성을 추정하기 어렵다.

(55) 가. 그는 모차르트(Mozart)적 기질이 보인다.

　　　나. 그는 피보나치(Fibonacci)적 인물이다.

(55가)의 '모차르트적 기질'은 언중들이 모차르트에 대한 기본 지식을 가지고 있으므로 (55가)와 같은 '모차르트적 기질'의 의미를 '음악 세계 내지 전공 분야에서 천재적인 기질을 가지고 있는 것'으로 인식할 수 있다. 그러나 (55나)의 '피보나치적 인물'은 언중들이 피보나치에 대해 잘 알지 못하므로 (55나)의 '피보나치적 인물'의 의미를 파악하지 못한다. 이런 상황에서는 피보나치의 지배적 속성을 불러일으키지 못하는 것이다. (55나)가 수용되기 위해서는 피보나치가 '피보나치의 수열(Fibonacci sequence)'의 개념을 만든 수학자라는 것을 아는 경우에만 도식화가 가능하다.

(56)

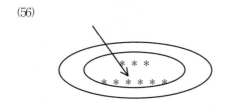

어떤 명사를 A라고 한다면, A는 {a1, a2, a3, a4, … an-1, an}의 속성들의 집합으로 구성되어 있다고 하자. 도식화란 A의 여러 속성 중에서 지배적 속성을 가진 a1이 부각된다는 것이다. 즉 어떤 명사가 (56)와 같이 여러 속성들(*로 표시함)의 집합으로 구성되어 있다고 한다면, 이 때 어떤 문장에서 사용되는 그 명사의 의미는 모든 속성들을 다 포함하기도 하지만 대개 한 속성이 강하게 부각되어 사용될 수 있다. 이와 같이 도식성은 해당 명사의 대표적 의미가 부각되는 것이다. (56)에서 처럼 한 단어에서 화살표를 받은 한 속성이 부각되는 것이다.

이상에서와 같이 접미사 '-적'의 의미 속성은 크게 두 가지로 나눌
수 있는데, 그것을 요약하여 제시하면 아래와 같다.

(57) 접미사 '-적'의 의미 속성
접미사 '-적'은 크게 근접성과 도식성의 의미를 가진다. 근접성은 어떤
명사의 범위를 포함하거나 그 범위의 바깥에서 해당 명사 범위를 향해 나
아가는 속성을 가진 것이라고 한다면, 도식성은 명사가 가진 여러 속성 중
에서 지배적 속성을 가진 요소가 부각되는 것이다.

2.4.2. 수 관형사

수사와 수 관형사에 대한 논의는 두 범주를 구별하는 범주 분리적
관점과 하나의 범주로 인정하는 범주 일치적 관점으로 나눌 수 있다.
범주 분리적 관점은 주시경(1910 : 70-71, 88), 김두봉(1922), 박승빈(1935,
1937), 최현배(1937/1961)[34] 등에서 제시한 것으로 의미보다는 기능에 우
선한 것이며, 범주 일치적 관점은 홍기문(1947), 이숭녕(1961/1981), 노대규
(1977), 허웅(1983, 1995), 이현규(1987) 등에서 제시한 것으로 수 관형사를
수사의 변이형으로 처리하는 의미 중심적 관점이라 할 수 있다. 그리
하여 이 절에서는 범주 분리적 관점과 범주 일치적 관점이 지닌 장단
점을 파악하여 적합한 해결 방향을 제시하고자 한다.
우선 수사와 수 관형사를 구분하는 범주 분리적 관점부터 살펴보도
록 하자. 범주 분리적 관점은 수사와 수 관형사의 통사적 기능을 설명

---

34) 최현배(1961 : 244-52)에서는 수 관형사와 지시 관형사가 일이나 몬 자체에 소속
한 바탈(性質)과 모양의 존재의 형식을 간접적으로 가리키는 공통된 속성이 있으
나, 수 관형사는 객관적이고 지시관형사는 주관적인 성격을 띠는 차이가 발생한
다고 한다. 그러나 객관적·주관적이라는 개념은 수 관형사와 지시관형사의 의
미 차이를 명확하게 제시하는 것이 아니므로, 여기에서의 '주관적'이라는 것은 화
용론적 상황을 의미하는 것으로 추측된다.

하는 데 큰 이점이 있다. 즉 수사는 조사와의 결합에 제약이 없지만 수 관형사는 제약이 발생하고, 수사는 홀로 실현될 수 있는 자립성 단위이지만 수 관형사는 단위 의존명사나 구상명사를 반드시 요구하는 의존성 단위이므로 두 범주는 조사의 결합이나 통합관계에서 뚜렷한 차이점을 보인다.

(58) 가. <u>둘</u>의 살가운 모습을 진우는 마치 풍경을 대하듯 고즈넉이 바라
　　　　보기만 했다.
　　　나. 멘델스존의 바이올린 선율도 <u>두</u> 사람을 감싸고 돌며 제 리듬대
　　　　로 흘러갔다.

(58)에서와 같이 (58가)의 수사 '둘'과 (58나)의 수 관형사 '두'는 통사적 양상이 다르다. 이러한 특성에 의한다면 수사와 수 관형사를 구분하는 것이 타당한 것으로 판단될 수도 있다. 그러나 범주 분리적 관점은 기능적 장점에도 불구하고 여러 문제점을 지니고 있다.

수사와 수 관형사의 분리적 관점은 국어의 한정적 성분을 관형사로 처리할 수 있도록 열어 주게 되는 위험성이 있다. 수 관형사를 인정하면 명사나 대명사도 관형사로 인정할 수 있어야 한다.

(59) 가. 그들은 바로 블레셋의 <u>다섯</u> 통치자와 가나안 사람과 시돈 사람
　　　　과 히위 사람이다.
　　　나. S 그룹은 21세기에 맞는 새로운 <u>한국</u> 통치자를 만들고 있었다.

(59가)의 '다섯'이 '통치자'를 수식하는 수 관형사가 되면, (59나)의 '한국'도 관형사로 처리해야 하는 부담감이 생긴다. '다섯'이 후행명사 '통치자'를 수식하는 기능을 가지듯이 '한국'도 동일한 현상을 지니기 때문이다. 물론 이런 해석은 수량사구의 구조를 어떻게 보느냐에 따라

다를 수 있지만 극단적으로 말하면 범주 분리적 관점은 국어의 한정적 표현을 모두 관형사로 인정할 수 있는 길을 열어 주게 된다.[35] 이렇듯 범주 분리적 관점은 기능에 중점을 두어 분석하므로 문법 현상을 체계적으로 설명할 수 있는 이점도 있지만, 오히려 그 체계가 수 관형사의 인정을 저해하는 요소가 된다는 것을 알 수 있다.

범주 일치적 관점은 '하나'와 '한', '둘'과 '두'의 관계가 별개의 품사가 아니라 동일 형태소의 이형태 관계에 있으며 상보적 분포를 형성한다고 본다. 그러나 이 관점도 몇 가지 문제점을 가지고 있다.

첫째, 어떤 수사는 상보적 분포를 보이지 않는다. '닷, 엿'은 '한, 두, 세, 네'와는 달리 단위성 의존명사 '냥, 되, 말, 섬' 등 앞에서만 실현된다. 그러나 공시적으로 '닷, 엿'이 '냥, 되, 말, 섬' 등의 의존명사 앞에서 실현되지 않는 경우가 있다. 그것은 이들 의존명사가 대부분 특수 공간에서 사용되고 예전에 비해 사용 빈도가 낮아지므로 공시적으로 상보적 분포를 보이지 않는다고 본다.

　　(60) 가. 하루 품삯이 쌀 <u>닷</u> 되를 하지 않는가.
　　　　 나. 하루 품삯이 쌀 <u>다섯</u> 되를 하지 않는가.

(60가)는 '되' 앞에서 '닷'이 실현되었지만, (60나)와 같이 '다섯'으로

---

35) 최현배(1961)에서는 아래 단어들을 부사로 처리하기도 하였는데, 이것은 Martin (1969 : 78)에서도 동일한 관점으로 설명하였다.
　가. 나는 감을 <u>셋</u> 먹었다.
　나. 너는 몇 보았니? 나는 <u>셋</u> 보았다.
　다. 저도 <u>하나</u> 주세요.
　이익섭(1973 : 48)에서도 지적하였듯이 '셋, 하나'를 부사로 인정하게 되면 '나는 영화 만났어'나 '나는 어제 죽 먹었어'의 '영화'와 '죽'도 부사로 처리해야 하는 부담을 안게 된다.

실현되기도 한다. 이것은 공시적 관점에서 '다섯'과 '닷'이 '냥, 되, 말, 섬' 등의 의존명사 앞에서 상보적 분포가 약해진다는 것을 말한다.

둘째, '수사+수사'의 결합형인 '한둘, 두셋, 세넷, 네다섯, …' 중에서 '한둘'은 '하나둘'과 교체되어 사용되기도 한다. 이현규(1980 : 76-83)는 '하나'와 '한'이 동일한 의미를 가지는 것이므로 수사와 수 관형사를 구별할 필요가 없다고 하였다. 그러나 '두셋'은 '둘셋', '세넷'은 '셋넷', '네다섯'은 '넷다섯'으로 왜 실현되지 않는가? 그리고 '한둘'과 '하나둘'이 동일한 의미라고 하였지만 실제 문장에서는 서로 교체되지 못하는 경우도 많다.

(61) 가. 점점 어두워지고 있는 거리에는 꺼졌던 생명이 되돌아오듯 가로등이 <u>하나둘</u> 켜졌다.
　　 나. *점점 어두워지고 있는 거리에는 꺼졌던 생명이 되돌아오듯 가로등이 <u>한둘</u> 켜졌다.
(62) 가. 연합군을 맞아 싸우던 부하들이 <u>하나둘</u> 죽어갔다.
　　 나. *연합군을 맞아 싸우던 부하들이 <u>한둘</u> 죽어갔다.
(63) 가. 우리 넷 중 <u>한둘</u>은 모가지가 달아난다는 작정을 해야 할 것이네.
　　 나. *우리 넷 중 <u>하나둘</u>은 모가지가 달아난다는 작정을 해야 할 것이네.
(64) 가. 너희들이 <u>한둘씩</u> 덤비면 내가 성가시니 아무쭈룩 십여 명이 한꺼번에 덤벼다구.
　　 나. *너희들이 <u>하나둘씩</u> 덤비면 내가 성가시니 아무쭈룩 십여 명이 한꺼번에 덤벼다구.

'한둘'과 '하나둘'은 (61)~(63)에서는 교체될 수 없지만 (64)에서는 어느 정도 수용이 가능하다. '한둘'과 '하나둘'의 이러한 교체 현상은 이들을 동일한 어휘로 처리할 수 없음을 입증하는 것이다.

범주 분리적 관점과 범주 일치적 관점은 각각의 장단점이 있으나 엄밀한 의미에서 전자의 관점이 문제점을 쉽게 해결할 수 있는 이점을 가지고 있다. 후자는 '하나'와 '한'의 통사적 기능이 다르고 상보적 분포 환경이 소멸되어 가고 있는 현상을 간단히 설명하기 어려운 반면, 전자의 관점이 지닌 문제점은 다른 방법으로 해결할 수 있다. 즉 수 관형사의 형태적 특성을 우선적으로 적용한다든지 국어의 수식 구조를 매개변인적 특성으로 설명할 수 있다는 것이다. 그러므로 이 연구에서는 전자의 관점을 수용하고자 하며 다음과 같은 구체적 근거를 제시하고자 한다.

첫째, 수 관형사는 형태적 특성을 고려하여 유형을 정할 수 있다. 즉 고유어는 형태적으로 뚜렷한 차이를 보이는 '한, 두, 세/석/서, 네/넉/너, 닷, 엿, 스무'만 수 관형사로 상정하고,36) 한자어는 '일이(一二), 이삼(二三), 삼사(三四), 사오(四五), 오륙(五六), 육칠(六七), 칠팔(七八), 팔구(八九)'만 수 관형사로 인정하는 것이다. 이들 한자어 수 관형사는 조사와 결합할 수도 없고 단위 의존명사와 결합하여 실현되므로 수 관형사의 조건을 충족시킨다. 그러나 나머지 한자어는 조사의 결합이 자유로우므로 양수사 '一, 二, 三, …, 萬, 億', 서수사 '첫째, 둘째, 셋째, …, 몇째, 여러째, 두어째, …' 등은 수사로 처리한다.

둘째, (59가)에서 언급한 '다섯 통치자'와 같은 경우는 수 관형사의 형태적 기준에 적합하지 않으며, 국어의 수식 구조는 '수식어-피수식어'의 좌분지 언어이므로 '다섯'을 수사로 인정하는 데에 문제가 되지 않는다.

셋째, 품사를 구별하는 기준은 형태, 기능, 의미 외에도 '단어조성의 유형의 동일성'이나 '체계의 동질성'을 들 수 있다.37) 그리고 품사를 결

---

36) 한송화(1999), 구본관(2001)에서는 고유어 수 관형사만 수 관형사로 처리하였다.
37) '단어조성 유형의 동일성'은 <조선어문법 1>(1961)에서 제시한 품사 분류 기준의

정할 때에는, 어떤 기준을 제1기준으로 정하고 그것에 따라 분류할 수도 있지만 품사 분류기준은 원리단위(modular)적이므로 어느 한 기준에 따라 모든 단어를 분류할 수는 없다. 수사와 수 관형사의 구별도 이와 같이 기준이 조합적으로 적용되어야 하므로 수사와 수 관형사를 구분하는 것이 타당하다.

이상에서 수사와 수 관형사를 범주 분리적 관점에 따라 정리한 것을 제시하면 아래와 같다.

> (65) 수사와 수 관형사
> 　　가. 형태·통사적 관점에서 수사와 수 관형사는 구분되어야 한다.
> 　　나. 수 관형사는 '한, 두, 세(서, 석), 네(너, 넉), 닷, 엿, 스무, 한두, 서너, 너댓, …'만 해당되고 그 외는 수사의 관형어적 용법이다.
> 　　다. 한자어 수 관형사는 '일이(一二), 이삼(二三), 삼사(三四), 사오 (四五), 오륙(五六), 육칠(六七), 칠팔(七八), 팔구(八九)'만 해당된다.

2.4.3. 한자어 관형사

국어에서 단음절 한자어는 접두사나 관형사로 사용되고 있다.[38] 단음절 한자어가 국어에서 단어의 자격을 얻기 어려운 것은, 첫째는 단음절 한자어에 대당되는 고유어가 존재하면 고유어의 저지 현상에 의해 한자어는 활성화되지 못하고, 둘째는 관형사와 접두사의 경계가 불분명하여 사용에 제약이 있기 때문이다. 이 절에서는 한자어 관형사와 한자어 접두사의 구별 기준을 바탕으로 하여 한자어 관형사 목록을

하나이며, '체계의 동질성'은 임홍빈(2001 : 717)에서 제시한 기준으로 품사 전체에 걸쳐서나 어떤 개별 품사 체계에 있어서 이질성을 초래하지 않는 것을 말한다.

38) 한자어 구조에 대한 설명은 송기중(1992 : 1-86), 김창섭(1999) 참조.

상정해 보고자 한다.

2.4.3.1. 한자어 관형사의 기존 유형

한자어 관형사를 처음으로 언급한 것은 최현배(1937/1961 : 579–81)로서, 한자어 성상 관형사를 '성질·상태, 시간·공간, 서로 사이의 관한 것'의 기준에 따라 분류하고, 지시 관형사와 수 관형사를 '잡힘(定)'과 '안 잡힘(不定)'으로 나누고 있다. 그러나 최현배(1961)는 한자어 수 관형사를 열린 범주로 처리한 한계가 있으므로, 이 절에서는 한자어 성상 관형사와 한자어 지시 관형사에 한정하여 논하고자 한다.

정인승(1968 : 81)은 '각(各)'과 '단(單)'을 한자어 관형사를 인정하고 있는데 1960년대의 다른 문법 교과서에서는 논의하지 않은 것을 인정한 것에 의의가 있으며, 왕문용·민현식(1993 : 180–3)은 한자어 관형사를 성상 관형사, 지시 관형사, 수 관형사로 구분하였고 '무려(無慮), 불과(不過), 단지(但只), 유독(惟獨), 천성(天性), 일체(一切)' 등도 관형사 범주에 포함시키고 있다. 한편 노명희(1998 : 42–74)에서는 관형사성이 우월한 것만 관형사로 인정하고 분별 기준으로는 분리 가능성, 수식 범위 한정, 의미 굴절, 어기 범주 변화, 고유어 결합 가능성을 제시하고 있고,[39] 김창섭(1999)은 관형사의 판정 기준으로 통사적 기능인 '구 구성'의 수식 여부에 두고 있다. 그 외 <표준국어대사전>(1999), <연세한국어사전>(1998), 세종보고서(2001) 등에서 제시한 한자어 관형사를 참고하여 검토하고

---

39) 노명희(1998)은 접두한자어 자체가 완전한 접두사는 아니지만 접사성을 어느 정도 내포하고 있으므로 1음절 어근과 구별하기 위해 '약활성어근(접사적 어근)'이라고 하고, 국어 단어형성에 적극적으로 참여하는 어근을 '강활성어근'이라 하였다. 전자는 '맹공격, 격려금' 등의 '맹-, -금'과 같은 어근이고, 후자는 '현명, 강력, 간접, 적극, 학구' 등의 어근이다. 강활성어근은 국어에서 기능 단위가 될 수 있지만 약활성어근은 기능 단위가 되지 못하는 차이점이 있다.

자 하는데, 이들이 제시한 한자어 관형사 목록을 정리하면 아래 표와
같다.

[표 1] 한자어 관형사의 선행 연구 목록

	한자어 관형사 목록
최현배(1961)	진(眞), 가(假), 공(公), 사(私), 호(好), 악(惡), 순(純), 잡(雜), 완(緩), 급(急), 생(生), 숙(熟), 신(新), 구(舊), 명(名), 평(平), 초(初), 만(滿), 대(大), 소(小), 장(長), 단(短), 고(高), 저(底), 주(主), 정(正), 부(副), 준(準), 이(異), 동(同), 해(該), 당(當), 귀(貴), 폐(弊), 타(他), 본(本), 동(同), 차(此), 기(其), 피(彼), 금(今), 작(昨), 내(來), 명(明), 현(現), 상(上), 중(中), 하(下), 전(前), 후(後), 초(初), 말(末), 모(某)
왕문용 민현식(1993)	순(純), 신(新), 주(主), 정(正), 준(準), 만(滿), 명(名), 대(大), 소(小), 근(近), 약(若), 단(單), 귀(貴), 본(本), 당(當), 동(同), 모(某), 타(他), 각(各), 현(現), 구(舊), 전(前), 래(來), 반(半), 전(全), 총(總)
노명희(1998)	각(各), 당(當), 동(同), 별(別), 속(續), 전(前), 전(全), 주(主), 타(他)
김창섭(1999)	각(各), 고(故), 구(舊), 당(當), 동(同), 매(每), 별(別), 본(本), 속(續), 순(純), 신(新), 전 (全), 주(主), 총(總), 타(他), 현(現)
〈표준국어대사전〉 (1999)	각(各), 고(故), 귀(貴), 근(近), 단(單), 당(當), 동(同), 만(滿), 매(每), 모(某), 별(別), 본(本), 성(聖), 수(數), 순(純), 약(約), 양(兩), 연(延), 작(昨), 전(前), 전(全), 정(正), 제(諸), 주(主), 총(總), 타(他), 해(垓), 현(現)
〈연세한국어사전〉 (1998)	각(各), 고(故), 구(舊), 근(近), 단(單), 당(當), 만(滿), 매(每), 모(某), 별(別), 본(本), 순(純), 약(約), 양(兩), 연(延), 전(全), 전(前), 제(諸), 총(總), 현(現)
〈세종보고서〉 (2001)	각(各), 고(故), 구(舊), 귀(貴), 근(近), 단(單), 당(當), 대(大), 동(同), 만(滿), 매(每), 모(某), 별(別), 본(本), 성(聖), 소(小), 속(續), 순(純), 신(新), 약(約), 양(兩), 연(延), 원(原), 작(昨), 전(全), 제(第), 제(諸), 주(主), 총(總), 타(他), 해(垓), 현(現)

[표 1]에서 제시한 단음절 한자어 관형사 목록을 모두 묶어보면 (66)
과 같다. 이 절에서는 (66)의 목록을 바탕으로 하여 예비 한자어 관형
사들이 관형사의 자격을 가지는지 접두사의 자격을 가지는지 확인해
보고자 한다.

(66) 가(假), 각(各), 고(故), 고(高), 공(公), 구(舊), 귀(貴), 근(近), 금(今),
급(急), 기(其), 내(來), 단(單), 당(當), 대(大), 동(同), 만(滿), 매(每),
모(某), 반(半), 반(反), 별(別), 본(本), 부(副), 사(私), 상(上), 생(生),
성(聖), 소(小), 속(續), 수(數), 숙(熟), 순(純), 신(新), 악(惡), 약(約),
양(兩), 연(延), 온(全), 완(緩), 우(雨), 원(原/元), 이(異), 작(昨), 잡
(雜), 장(長), 저(底), 전(前), 전(全), 정(正), 제(諸), 주(主), 준(準), 중
(中), 진(眞), 차(此), 초(初), 총(總), 타(他), 평(平), 폐(弊), 피(彼), 하
(下), 한(約), 해(該), 현(現)

2.4.3.2. 한자어 관형사의 판별

접두사와 관형사의 구별은 최현배(1937/1961), 이숭녕 · 이인모(1960), 이
숭녕(1961), 정인승(1968), 양주동 · 유목상(1968), 이인모(1968), 김창근(1976),
이충구(1976), 노명희(1998), 김창섭(1999), 송철의(2001) 등에서부터 많은
관심을 가져왔다. 선행 연구에서 제시하고 있는 접두사와 관형사의 판
별 기준은 '굳음의 정도, 띄어쓰기, 음운론적 휴지' 등으로서 고유어에
도 적용된다. 그러나 본고는 한자어 관형사와 한자어 접두사를 판별해
야 하므로 다음과 같은 통사적 기준, 의미적 기준, 음운적 기준을 제시
하고자 한다.

(67) 가. 통사적 기준
　　　① 관형사 X의 수식범위가 구 구성이 가능하다.
　　　② 관형사 X와 후행하는 Y 사이에 다른 어휘 Z가 삽입 가능하다.
　　　③ 관형사 X에 후행명사 Y의 제약이 심하지 않다.
　　나. 의미적 기준
　　　관형사 X의 본유의 의미가 투명성을 가진다.
　　다. 음운론적 기준
　　　관형사 X와 후행요소 Y 사이의 휴지를 둘 수 있다.

한자어 관형사를 판별하기 위해서는 세 가지 기준 중에서 통사적 기준을 제1차적 기준으로 삼고 통사적 기준으로 판별하기 어려운 경우에는 제2차적 기준인 의미적 기준과 음운론적 기준을 참고하고자 한다. 관형사와 접두사는 동일 계층의 범주가 아니므로 의미·음운적 기준보다 통사적 기준이 가장 우선한다. 관형사는 독립된 품사 범주이지만 접두사는 단어 형성에 참여하는 범주이므로 관형사의 통사적 기준을 만족시킨다면 한자어 관형사로 인정할 수 있기 때문이다.[40)]

먼저 단음절 한자어 중에서 관형사로 인정받은 (66)의 예비 관형사들을 통사적 기준인 구 구성과 내적 확대 가능성으로 확인해 보고 접두사의 용례가 있으면 어떻게 쓰이는지 보조적으로 검토해 보자.

[표 2] 단음절 한자어의 통사적 현상

단음절 한자어	구 구성	내적 확대	접두사 용례
가(假)	*	*	가영수증
각(各)	각 진행 순서	각 프로그램 진행 순서	–
고(故)	고 삼성그룹 회장	고 이병철 삼성그룹 회장	–
고(高)41)	*	*	고품질
구(舊)	구 사형 제도	구 이스라엘의 사형제도	구시대
귀(貴)	귀 무역회사	귀 삼성동 무역회사	–
근(近)	근 이십 년 내지 삼십 년	ʾ근 거의 이십 년	–
금(今)	*	*	금세기
급(急)	*	*	급경사
기(其)	–	–	–
내(來)	–	–	–

---

40) 간혹 어떤 단어가 통사적 기능은 수행하지 못하지만 의미적·음운론적으로 강한 관형사성을 보이면 관형사로 인정할 수도 있다.
41) 가. 임신중독증, 조산통 등 고위험 임신이 전체 임신의 15~30%를 차지하는 데 이 역시 태아 저산소증과 관련이 깊다고 말한다.
　　나. 고려수지요법의 일종인 서암뜸이 고지혈증 예방과 치료에 현저한 효과가 있

단음절 한자어	구 구성	내적 확대	접두사 용례
단(單)	단 몇 마디	단 미안하다는 몇 마디	–
단(短)	–	–	–
당(當)	당 직원 및 임원	당 우수 직원	–
대(對)	*	*	대정부 발언
대(大)42)	*	*	대기업
동(同)43)	동 무역회사	동 신발 무역회사	–
만(滿)	만 3개월 또는 5개월	만 1년 3개월	–
말(末)	–	–	–
매(每)	매 세 끼	매 하루 세 끼	매한가지
명(明)	–	–	–
명(名)	–	–	–
모(某)	모 대학 총장	모 인문대학 총장	–
별(別)	별 생각	별 이상한 생각	–
본(本)	본 피고인과 변호인	본 살인 미수 피고인	본궤도
부(副)	*	*	부사장
사(私)	*	*	사생활
상(上)	–	–	–
생(生)	*	*	생중계
성(聖)	성 베드로와 요한	*	–
소(小)44)	소임원연구실	*	소규모
속(續)45)	속 조폭마누라	*	–
수(數)	*	*	수천
숙(熟)	–	–	–
순(純)	순 한글표기	순 훈민정음식 한글표기	순수입
신(新)46)	신 국제질서	신 무역 국제법안	신기술
악(惡)	–	–	–
약(約)	약 2억 내지 3억	약 거금 2억	–
양(兩)	양 눈과 귀	양 오목한 눈	–
연(延)	연 천 명	연 어른 천 명	–

다는 주장이 나와 흥미를 끈다.

42) 세종보고서(2001)에서는 '대 뒤마' 사이에 휴지 가능.

단음절 한자어	구 구성	내적 확대	접두사 용례
완(綬)	-	-	-
원(原)	원 계약당사자	원 부동산 계약 당사자	원위치
이(異)	-	-	-
작(昨)	작 4일	*	-
잡(雜)	*	*	잡상인
장(長)	*	*	장거리
저(底)47)	저 농산물가격정책	*	저소득층
전(前)	전 대통령과 국회의원	전 8대 대통령	전남편
전(全)	전 도서관과 박물관	전 국립 도서관	-
정(正)	*	*	정교사
제(諸)	제 문제 및 현상	제 유사현상	-
제(第)	제 1회	*	-
주(主)	주 공급자와 수요자	주 자동차 수요자	주목적
준(準)48)	*	*	준우승
중(中)	-	-	-
진(眞)49)	*	*	진

---

43) <연세한국어사전>은 의존명사로 처리함.

44) '소회의실, 소대통령제, 소선거구제' 등의 일례에서 확인되는 바와 같이 '소'의 사용이 점점 확대된다. 그리고 분명한 휴지가 있는 것으로 봐서 관형사로도 볼 수 있지만 통사적 기준을 만족하지 못한다.

　가. 4층 소회의실에서 열린 DB산업 활성화를 위한 세미나…

　나. 당신 1인에게 지나치게 집중된 소대통령제.

　다. 현재의 소선거구제를 중선거구제로 바꾸자는 내용이다.

45) '속(續)'이 관형사가 될 수 있는 것은 고유명사가 오기 때문이다.

46) '신(新)'은 '속(續)'과 같이 구 구성과 내적확대가 허용되지 않으나, 활발한 생산성을 보여 임시어를 형성하며, 의미가 투명하고 휴지가 가능하므로 관형사로 인정한다.

　가. 신칸트주의와 헤겔주의적 지식이론은 커다란 의미를 지닌다.

　나. 신개발자전거 산악자전거….

　다. 신세계질서가 겪고 있는 또 하나의 진통

　라. 신민족주의사학의 입장.

　마. 신르네상스 문민(文民)정부의 시대.

47) 가. 태아 저산소증

단음절 한자어	구 구성	내적 확대	접두사 용례
차(此)	–	–	–
초(初)	*	*	초여름
총(總)	총 게재 수	총 논문 게재 수	총공격
타(他)	타 지역이나 회사	타 공업지역	타지방
평(平)	*	*	평사원
폐(廢)50)	폐 냉장고나 자건거	폐 대형냉장고	폐휴지
피(彼)	–	–	–
하(下)	–	–	–
해(該)	*	*	해사건
현(現)	현 정권과 정책	현 김대중 정권	–
호(好)	*	*	호시절
후(後)	–	–	–

(표 안의 *는 통사적 구성이 될 수 없는 것이며 '–'은 관형사나 접두사의 범주에 포함될 수 없는 것이다)

[표 2]에 의하면 단음절 한자어는 관형사와 무관한 어근(68가), 관형사로만 인정되는 것(68나), 접두사로만 인정되는 것(68다), 관형사와 접두사 모두 인정되는 것(68라)으로 나눌 수 있다. 이들의 목록을 제시하면 (68)과 같다.

> (68) 가. 기(其), 내(來), 단(短), 말(末), 명(明), 명(名), 상(上), 숙(熟), 악(惡), 완(緩), 이(異), 중(中), 차(此), 피(彼), 하(下), 후(後)

나. 부당노동행위 · <u>저농산물가격 정책</u> · 저임금.
48) 가. 고정 환율제보다 활발하게 논의되고 있는 것은 <u>준고정 환율제</u>이다.
　　나. 북한은 <u>준전시상태</u>를 해제한다고 발표했다.
　　다. 그 덕에 노가다판에 나가도 <u>준기술자 대접</u>을 받을 만큼은 기술이 손에 익었다.
49) '진(眞)'을 <표준국어대사전>에서는 접두사로 인정하지만 <연세한국어사전>에서는 인정하지 않음.
50) 가. 폐냉장고, 폐리어카, 폐자전거 등 대형 고철들.
　　나. 폐노트코일, 폐전화카드, 폐건전지를 재생노드와 교환.

나. 각(各), 고(故), 귀(貴), 근(近), 단(單), 당(當), 대(對), 동(同), 만(滿), 모(某), 별(別), 성(聖), 약(約), 양(兩), 연(延), 작(昨), 전(全), 제(諸), 제(第), 현(現)

다. 가(假), 고(高), 금(今), 급(急), 대(大), 부(副), 사(私), 소(小), 생(生), 속(續), 잡(雜), 장(長), 저(底), 정(正), 준(準), 진(眞), 초(初), 평(平), 해(該), 호(好)

라. 구(舊), 매(每), 본(本), 순(純), 신(新), 원(原/元), 전(前), 주(主), 총(總), 타(他), 폐(廢)

(68)중에서 (68가)는 최현배(1961)에서 반의관계를 형성하는 한자어들이 한자어 관형사에 포함되었기 때문에 나타난 것이므로 관형사 논의에서 제외하고 본고에서는 (68나)와 (68다)와 (68라)를 주요 검토 대상으로 삼고자 한다. 한편 (68) 외에도 '고(故)', '성(聖)'는 후행명사구에 인명 명사구를 요구하며, '만(滿), 약(約), 연(延), 작(昨), 제(第)'는 수량 명사구를 요구하므로 관형사의 자격을 가질 가능성이 높다.

그리하여 (68나)~(68라)와 '고(故), 성(聖), 만(滿), 약(約), 연(延), 작(昨), 제(第)'을 대상으로 하여 앞에서 제시한 한자어 관형사의 기준, 즉 통사적 기준인 구 구성과 내적 확대, 의미적 기준인 의미 투명성, 음운적 기준인 휴지 가능성을 바탕으로 하여 최종적인 점검하고자 한다. 제1기준인 통사적 기준은 [표 2]에서 검토한 것을 참고하여 표시하며 제2기준인 의미적 기준과 음운적 기준을 고려하여 최종적인 한자어 관형사를 판별하고자 한다.

[표 3] 단음절 한자어의 변별 기준과 판정

	통사적 기준		의미적 기준	음운적 기준	판정
	구 구성	내적 확대	의미 투명성	휴지 가능성	
가(假)	-	-	+	-	접
각(各)	+	+	+	+	관

	통사적 기준		의미적 기준	음운적 기준	판정
	구 구성	내적 확대	의미 투명성	휴지 가능성	
고(故)	+	+	+	+	관
고(高)	−	−	+	±	접
구(舊)	±	+	+	+	관/접
귀(貴)	+	+	+	+	관
근(近)	+	+	+	+	관
금(今)	−	−	+	−	접
급(急)	−	−	+	±	접
기(其)					*
내(來)					*
단(單)	+	+	+	+	관
단(短)					*
당(當)	+	+	+	+	관
대(對)	−	−	+	+	관
대(大)	−	−	±	±	접
동(同)	+	+	+	+	관
만(滿)	+	+	+	+	관
말(末)					*
매(每)	+	+	+	+	관/접
명(明)					*
명(名)					*
모(某)	+	+	+	+	관
별(別)	+	+	+	+	관
본(本)	+	+	+	+	관/접
부(副)	−	−	+	−	접
사(私)	−	−	+	−	접
상(上)					*
생(生)	−	−	−	−	접
성(聖)	+	+	+	+	관
소(小)	−	−	−	+	접(관<접)
속(續)	−	−	+	+	관
수(數)	−	−	+	+	접
숙(熟)					*

	통사적 기준		의미적 기준	음운적 기준	판정
	구 구성	내적 확대	의미 투명성	휴지 가능성	
순(純)	+	+	+	+	관/접
신(新)	−	−	+	+	관/접
악(惡)					*
약(約)	+	+	+	+	관
양(兩)	+	+	+	+	관
연(延)	+	+	+	+	관
완(緩)					*
원(原/元)	+	+	+	+	관/접
이(異)					*
작(昨)	+	−	+	+	관
잡(雜)	−	−	−	−	접
장(長)	−	−	+	−	접
저(底)	−	±	+	±	접(관<접)
전(前)	+	+	+	+	관/접
전(全)	+	+	+	+	관
정(正)	−	−	−	−	접
제(諸)	+	+	+	+	관
제(第)	+	−	+	+	관
주(主)	+	+	+	+	관/접
준(準)	−	−	+	+	접
중(中)					*
진(眞)	−	−	−	−	접
차(此)					*
초(初)	−	−	−	−	접
총(總)	+	+	±	+	관/접
타(他)	+	+	+	+	관
평(平)	−	−	−	−	접
폐(廢)	+	+	+	+	관/접
피(彼)					*
하(下)					*
해(該)	−	−	+	+	접
현(現)	+	+	+	+	관

	통사적 기준		의미적 기준	음운적 기준	판정
	구 구성	내적 확대	의미 투명성	휴지 가능성	
호(好)	-	-	-	-	접
후(後)					*

　제1기준과 제2기준을 모두 검토해 본 결과 최종 한자어 관형사는 [표 3]과 같이 확인되었다. 관형사로 인정할 수 있는 한자어 관형사 최종 목록을 정리하면 (69)와 같다.

　　(69) 한자어 관형사 목록
　　각(各), 고(故), 구(舊), 귀(貴), 근(近), 단(單), 당(當), 대(對), 동(同), 만(滿), 매(每), 모(某), 별(別), 본(本), 성(聖), 순(純), 신(新), 약(約), 양(兩), 연(延), 원(原/元), 작(昨), 전(全), 전(前), 제(諸), 제(第), 주(主), 준(準), 총(總), 타(他), 폐(廢), 현(現)

2.4.4. 어휘화한 관형사[51]

2.4.4.1. 어휘화와 문법화

　새로운 단어 형성은 파생법과 합성법에 의해 생성되고 형성 과정에는 문법화나 어휘화와 같은 기제가 작용한다. 문법화는 어휘적 지위를 가졌던 형태소 이상의 단위가 문법적 지위로 변화하는 것으로, 문법적이지 않던 것이 문법적인 것으로 바뀌거나 덜 문법적인 것에서 더 문법적인 것으로 바뀌는 것이다(이성하, 1998 : 21–23). 그리고 어휘화는 어휘부 밖에 있던 통사 단위가 어휘부에 등재되는 것이다. 어휘화에 대한 개념은 국내에서 크게 두 부류로 나눌 수 있는데, 첫째는 Bauer(1983),

---

51) §2.4.4는 김선효(2002ㄱ)와 김선효(2004)를 보완한 것이다.

김성규(1987 : 23), 송철의(1992 : 32-49) 등에서 제시된 것으로 어떤 복합어가 통시적으로 음운·형태·의미론적 변화를 입어 공시적인 규칙으로 생성할 수 없게 되는 것이며, 둘째는 박진호(1994 : 13), 구본관(1996/1998 : 29), 송원용(2002 : 28), 채현식(2000 : 6) 등에서 주장한 것으로, 어휘부 밖에 존재하던 요소가 어휘부에 등재되는 현상이라는 것이다.52) 여기에서는 후자의 관점을 수용하고 문법화와 어휘화의 상관성을 점검해 보고자 한다.

후자의 관점은 어휘부 밖에 있던 통사적 단위가 하나의 독립적인 통사 원자가 되는 것에 초점을 두었다. 통사적 단위가 어떻게 어휘부 안으로 들어와서 국어 화자들이 하나의 어휘로 인식하는지, 어휘부는 어떤 구조를 가지고 있는지를 중점으로 연구하였다. 그러나 이들 연구에서는 조사, 어미, 접사와 같은 범주가 어떻게 어휘부에 들어오는가에 대해서는 거의 논의되지 않았다. 조사, 어미, 접사 등은 어휘화보다 문법화에서 논의되는 대상이므로 어휘부에 이미 들어가 있는 이들이 문법화와 어떤 상관성을 가지는가에 대해서는 간과하고 있다. 박진호(1994)나 송원용(2002 : 34)은 어휘부 자체 구조를 자립적 단위가 저장되어 있는 어휘부와 비자립적 단위가 저장되어 있는 어휘부를 구분하는 것에 그쳤고, 최형용(2002 : 155)은 문법화와 어휘화의 경계에 대한 고민은 하였으나 구체적인 해결안은 제시하지 못하고 자립적 단위인 어휘적 단어만 어휘화로 인정하고 조사화와 어미화는 여전히 문법화에 포함시키고 있다.

그렇다면 문법화와 어휘화는 어떤 관계인가? 어휘부에는 통사적 단위가 재분석이나 유추 등의 기제를 통해 단어가 된 자립적 단어뿐 아

---

52) 이현희(1991)에서는 두 번째 관점의 어휘화 개념을 수용하였고 첫 번째 관점의 어휘화는 '단일어화'라 하였다.

니라 조사, 어미, 접사 등의 비자립적인 단어도 포함되어 있으므로 어휘부는 어휘화와 문법화의 기제가 모두 쓰이고 있다는 것이다. 즉 어휘화는 통사부에서 어휘부로 전이되는 과정이며 문법화는 통사부에서 어휘부로 전이되기도 하고 어휘부의 자립적 영역에서 비자립적 영역으로 전이되는 과정이라 할 수 있다.53) 문법화는 어휘부 내의 과정인 자립범주에서 비자립범주로 이동하기도 하지만 어휘화처럼 통사부에서 어휘부로 이동하기도 한다. '-다는, -다면서, -단다' 등의 구성은 인용문 구조에서 '고 하-'가 탈락된 유형이 문법화한 것이다.54) 이러한 새로운 조사 유형은 통사부에서 어휘부로 들어온 것으로 우리가 수용한 어휘화의 개념에 의하면 어휘화도 가능하다. 이것은 문법화 개념과 어휘화 개념을 대립적인 개념으로 파악하기에는 한계가 있음을 보여준다. 만약 어휘화 개념이 어휘부 밖에 있던 요소가 어휘부 안으로 들어오는 광의적 관점이라면 문법화한 유형들도 어휘부 안으로 들어오게 되고, 문법화는 어휘화에 포함될 수 있는 것이다. 다시 말해, 문법화와 어휘화는 대립적이거나 상보적 관계가 아니라 문법화가 어휘화에 포함되어 있는 내포관계이다.

문법화와 어휘화는 각각 기존 범주에서 다른 범주로 전이되는 현상을 가지는 것이지만 이 두 과정은 단일방향성에서 끝나는 것이 아니라 양방향성(bidirectionality)도 가진다. 두 과정이 양방향성을 가진다는 것은 어떤 통사 단위가 문법화가 발생하고 종료된다는 것이 아니라

---

53) Harris(1988), Bybee et al(1994), Hopper & Traugott(1993 : 94-128) 등에서는 문법화나 어휘화가 통시성을 전제로 한 단일방향성(unidirectionality) 속성을 가진다고 하였고, Lehmann(2002 : 1-18)은 어휘화와 문법화가 공통점을 가지고 있지만 어휘화는 민간 어원과 관련되고 문법화는 역문법화(degrammaticalization)와 관련된다고 하였다.

54) '고 하-'가 탈락하여 환원되지 못하는 구문에 대한 연구는 이필영(1993/1995ㄱ, 1995ㄴ), 이지양(1996), 김선효(2004) 참조.

문법화한 단위가 다시 자립적 단어로 발전하기도 하고 이것이 다른 어휘와 결합하여 의미론적 추이 과정을 거쳐 어휘화가 발생하기도 한다는 것이다.[55] Cabrera(1998 : 211-27), Ramat(1992 : 546-60), 이지양(2003 : 225-29)에서는 문법화와 어휘화의 이러한 상관관계를 여러 언어의 현상을 바탕으로 하여 논의하고 있다. Cabrera(1998 : 218-27)은 문법화에서 어휘화로 변하는 과정을 세 언어-라틴어, 스페인어, 바스크어-의 굴절 어미나 접사의 어휘화 과정을 통해 설명하고 있다. 라틴어의 현재 시제어미인 '-ens'가 수식어인 형용사의 기능을 하게 된 것이나, 스페인어의 굴절어미인 '-nte'가 형용사나 명사를 파생시키는 접사의 기능을 하게 된 것이나, 바스크어의 접미사 '-ko'가 문법화도 일어나고 어휘화도 일어난 특이한 양상을 보여 준다고 한다. 이러한 변화의 과정은 의미론적 추이 과정을 항상 동반하였다고 한다. Ramat(1992)은 접미사였던 '-bus'가 자립적인 단어인 'bus'로 변하였고 접미사인 '-ism'도 접미사뿐 아니라 명사인 'the isms'로 발전하였으므로 역문법화(degrammaticalization)도 새로운 어휘소를 이끄는 역할을 한다는 것이다. Hopper & Traugott (1993 : 126-8, 184-5)에서도 문법화의 단일방향성에 대한 반증례를 제시하고 있는데, 일본어의 양보절에 나타나는 접미사 'が'가 접속사 'が'에서 문법화한 것이 아니라 오히려 그 반대 방향인 접미사에서 접속사로 어휘화한 것이라고 하였다.

현대 국어에서 명사형 어미 '-기'가 접미사 '-기'로 발전한 것이나, 보조사 '보다'가 부사로 사용되는 경우도 어휘화와 문법화의 관계가

---

55) 여기서의 어휘화는 역문법화와 밀접한 관련을 가진다. 역문법화는 어휘부 내에 한정되어야 하는 것이지만, 어휘화는 어휘부 내의 요소가 다시 통사부에 있는 요소와 결합하여 어휘화할 수도 있다는 것을 전제한다. 다만, 세계 여러 언어 중에서 어휘부 내의 문법 요소가 통사부의 요소와 결합하여 다시 어휘부로 들어올 수 있기 때문에 어휘화로 설명한다.

단일방향성이 아님을 입증한다. 물론 현대 국어의 '달리기, 멀리뛰기, 기울기, 굳기, 내기, 밝기, 세기, 크기, 본보기, 모두먹기' 등의 '-기'를 명사형 어미의 재분석된 결과로 처리하여 접미사로 인정하지 않을 수도 있지만 현대 국어에서 생산성이 있으므로 접미사로 처리할 수도 있다.56) 그리고 '넨장맞을, 썩을, 빌어먹을' 등의 'X을'도 관형사형 어미 '-ㄹ'과 동일한 기능을 하는 것이 아니라 비속어를 만드는 접미사로 처리할 수도 있다. 이런 경우는 문법화가 단일방향성을 가진다는 것의 반례가 되는 것이다. 보조사 '보다'도 의존적인 문법 범주에서 더 문법화한 형태소로 나아가는 것이 아니라 더 독립적인 부사로 발전하였다. '보다 멀리 보아라'의 '보다'는 더 이상 의존적인 범주가 아닌 것이다.

2.4.4.2. 어휘화한 관형사의 판별

[1] 어휘화한 관형사의 판별 기준

관형사는 개방적 품사 범주가 아니므로 새로운 단어를 형성하는 데에 제약이 많이 따르는데 어휘화한 관형사는 이러한 관형사의 한계를 확장시키는 데 중요한 몫을 담당하고 있다. 어휘화한 관형사는 연구자나 사전에 따라 편차가 많은데, 기존 연구에서 제시하고 있는 어휘화한 관형사를 우선 제시하면 다음 표와 같다.

---

56) '-기'와 같이 품사 범주가 바뀌는 접미 파생어로는 '-개, -ㅁ, -게, -애, -이' 등이 있다. 접미사의 목록에 대한 것은 서정수(1996 : 86), 고영근(1999 : 611) 참조.

[표 4] 어휘화한 관형사의 유형

양재연·김민수(1955)	갖은, 다른, 딴, 아무런, 헌
최현배(1961)	딴, 때아닌, 먼먼, 숱한, 허다한, 헌
이희승(1968)	어떤, 헌
양주동·유목상(1968)	갖은, 어떤, 헌
정인승(1968), 김민수(1971)	갖은, 딴, 맞은, 어떤, 헌
권숙렬(1981)	갖은, 맞은, 애먼, 어떤, 한다고하는, 한다한, 허튼, 헌
〈연세한국어사전〉 (1998)	갖은, 괜한, 딴, 때아닌, 바른, 어떤, 어인, 어쩐, 이런, 저런, 긴긴, 몹쓸, 빌어먹을.
〈표준국어대사전〉 (1998)	갖은, 고런, 고런조런, 고만, 고얀, 그딴, 그런, 그런저런, 다른, 딴, 모모한, 애먼, 어떤, 어인, 여남은, 요런, 요런조런, 요만, 이런, 이런저런, 저런, 지지난, 한다는, 한다하는, 허튼, 헌, 긴긴, 먼먼, 넨장맞을, 넨장칠, 떡을할, 몹쓸, 빌어먹을, 염병할, 제미붙을, 제밀할, 젠장맞을, 젠장칠.
〈세종보고서〉 (2001)	갖은, 고런, 고런조런, 고얀, 그런, 그런저런, 다른, 대모한, 딴, 때늦은, 때아닌, 때이른, 모모한, 스무남은, 아무런, 애먼, 어떤, 어인, 어쩐, 에문, 여남은, 여라문, 열아문, 요런, 요런조런, 이런, 이런저런, 저런, 저지난, 조런, 주된, 지난, 지지난, 특정한, 한다는, 한다하는, 허튼, 헌, 긴긴, 먼먼, 넨장맞을, 넨장칠, 떡을할, 몹쓸, 배라먹을, 빌어먹을, 썩을, 어쩔, 육시랄, 제미붙을, 제밀할, 젠장맞을, 젠장칠.

[표 4]를 통해 확인할 수 있는 바와 같이 어휘화한 관형사를 엄격하게 구분하는 것은 쉽지 않다. 이들은 용언의 활용형이 굳어진 유형이므로 용언의 의미를 유지하고 있기도 하고 새로운 의미를 형성하기도 한다. 예를 들어, <표준국어대사전>에서 제시한 관형사 '다른'과 형용사 '다르다'의 확인해 보면 이들이 전혀 다른 의미와 기능을 지님을 알 수 있다.[57]

---

57) <연세한국어사전>에서는 '다른'을 '다르다'의 활용형으로 처리하고 있다.

(70) 가. 다르다

「1」 비교가 되는 두 대상이 서로 같지 아니하다

「2」 보통의 것보다 두드러진 데가 있다.

나. 다른

당장 문제되거나 해당되는 것 이외의

관형사 '다른'이 형용사 '다르다'에서 파생되었지만 기능과 의미가 변화를 보인 것처럼 어휘화한 관형사를 판단하기 위해서는 형태적 기준과 의미적 기준이 중요하다. 어휘화한 관형사는 더 이상 용언의 역할을 감당하지 못하므로 형태적으로는 용언에서 적극적으로 사용되는 굴절요소가 허용되지 못하고 의미적으로 관형사형 어미가 시상의 의미를 지니지 못한다.

(71) 어휘화한 관형사의 설정 기준

가. 형태론적 기준

어휘화한 관형사는 굴절요소가 붙지 않는다. 따라서 용언의 어간과 관형사형 어미 사이에 선어말어미가 결합할 수 없고 활용이 허용되지 않는다.

나. 의미론적 기준

관형사형 어미 '은/을'이 시상의 의미를 가질 수 없다.

[2] 어휘화한 관형사의 검토

어휘화한 관형사 '갖은, 어떤, 헌'은 선행 연구에서 인정을 받았지만 그 밖의 유형들은 용언의 활용형이나 어근으로 처리되어 관형사로 인정받지 못하기도 한다. 여기에서는 연구자의 관점에 따라 다른 범주로 처리된 유형들을 중점적으로 검토하고자 하는데, 그 유형을 제시하면 (72)와 같다.

(72) 괜한, 때늦은, 때이른, 맞은, 숱한, 주된, 지난, 허다한, 한다한, 한다는, 한다하는, 허튼

　　이제 (72)의 유형을 앞에서 제시한 (71)의 기준에 근거하여 검토해 보자. 우선 '괜한'은 <연세한국어사전>에서 관형사로 인정한 것이다. '괜한'은 (73)과 같이 활용을 하지 못하고 관형사형 어미가 시상의 의미를 지니지 않으므로 어휘화한 관형사의 기준을 만족시킨다.

(73) 가. 이불을 한껏 뒤집어쓰고 그 소리를 듣자면 눈가에 괜한 눈물이 비어져 나왔다.
　　　나. *{괜할, 괜하신, 괜하겠는, 괜하고, 괜해} 눈물/발걸음

　　'때늦은, 주된, 지난'은 <세종보고서>(2001)에서 관형사로 인정한 것이다. 이들은 (74)~(76)을 통해 확인할 수 있듯이, 활용이 자연스럽고 의미 전이도 발생하지 않았으며 관형사형 어미가 시상의 기능을 담당하므로 관형사로 인정하지 않는다. 이와 같은 유형으로 '숱한, 허다한'도 포함된다.

(74) 가. 필요한 노동사전의 출판은 오히려 때늦은 감이 있다고 밝혔다.
　　　나. 反영 운동에서 벌어진 우파와의 경쟁에 때늦게 뛰어들었다.
　　　다. 우리 내면세계의 정서를 지배하는 시각 환경에 대한 욕망도 때늦지 않게 거론해야한다.
(75) 가. 모든 회원국의 재정적자가 엄청난 규모로 팽창하고 있는데 그 주된 원인이 다름아닌 사회보장비 부담이다.
　　　나. 종자는 문예예술작품에서 기본성분으로, 주되는 형상요소로 된다.
　　　다. 일정한 시간에 가장 주되게 나타나는 것으로 측정할 수 있을 뿐이다.
(76) 가. 지난 2년 간의 일을 다 말했다가는 영영 바깥 바람을 못 쐬보

게요.

　나. 진목정에서 의곡리로 이사를 온 후 2년쯤 <u>지나</u> 더 넓은 집으로
　　　이사를 하게 되었다.

　'한다한, 한다는, 한다하는'은 '하다'라는 의미가 전이된 대표적 관형
사이다. <표준국어대사전>과 <세종보고서>에서는 '한다는, 한다하는'
을 인정하고 있으나 '한다한'도 동일 범주에 포함시킬 수 있다. 이들은
(77)에서와 같이 '수준이나 실력 따위가 상당하다고 자처하거나 그렇
게 인정받는'의 의미를 지니며 형태·의미적 기준을 만족시키므로 관
형사로 인정할 수 있다. 이들은 인용문 구조 '한다고 하는'에서 '-고'가
탈락하거나 '-고 하-'가 탈락하거나 '-고'가 탈락하여 어휘화한 것이다.
권숙렬(1981)에서는 '한다고하는'도 인정하고 있으나 인용의 의미가 여
전히 강하여 본고에서는 포함시키지 않는다.

　　　(77) 가. 세상의 <u>한다한</u> 여자들이 그랬듯이 그녀 역시 어김없이 뒷구멍
　　　　　　　으로 호박씨를 말로 까는 고마운 요조숙녀였다.
　　　　　나. 그 씨름판에는 <u>한다는</u> 선수는 다 모였다.
　　　　　다. <u>한다하는</u> 나 같은 중매쟁이보다 더 중매를 잘한다는 사람이 이
　　　　　　　꼴이우?

　'허튼'은 <표준국어대사전>과 <세종보고서>(2001), 권숙렬(1981)에서
는 관형사로 허용하고 있는 것으로 (78)과 같이 우리의 기준도 만족시
키므로 관형사로 인정한다.

　　　(78) 가. 오늘 내가 왜 갑자기 김동무 앞에서 이런 <u>허튼</u> 소리를 늘어 놓
　　　　　　　는지 모르갔시요.
　　　　　나. 바보. 난 당신에게 <u>허튼</u> 짓을 하려는 게 아니야.

‘맞은’은 정인승(1968), 김민수(1971), 권숙렬(1981)에서 관형사로 인정한 것이다. 동사 ‘맞다’는 활발히 활용하지만 관형사 ‘맞은’과 의미가 전혀 다르며, 관형사 ‘맞은’은 동사 ‘마주하다, 마주보다’와 근접한다. 관형사 ‘맞은’은 활용도 할 수 없고 의미도 전이되었으므로 어휘화한 관형사의 조건을 만족시킨다. 다만, (79)와 같이 의존명사 ‘편, 쪽’과 통합관계를 형성하는 제약을 보인다.

> (79) 가. 그 곳은 모압 <u>맞은</u> 편, 해 돋는 쪽 광야이다.
>　　　나. 성굽이 맞은 쪽과 윗대궐에서 쑥 내민 망대 <u>맞은</u> 쪽, 곧 시위청
>　　　　　에서 가까운 부분을 보수하였다.

‘다른’은 양재연·김민수(1955), <표준국어대사전>, <세종보고서>에서 인정하고 있으나 <연세한국어사전>에서는 형용사의 활용형으로 처리하고 있다. 그러나 관형사 ‘다른’과 형용사의 활용형 ‘다른’는 엄연히 다른 의미를 지니고 있으므로 관형사로 인정하는 바이다. (80)의 ‘다른’은 논항을 설정할 수 없으며 ‘그밖의, 그것이 아닌 어느’나 ‘여느, 보통’의 의미를 지니므로 관형사의 조건을 만족시킨다. 그러나 (81)의 ‘다른’은 중의적으로 해석될 수 있는데, 첫째는 ‘다르다’의 활용형으로서 ‘서로 같지 않다, 예사롭지 않다’의 의미를 지니는 것이며 둘째는 관형사처럼 쓰여 ‘그 밖의 음식’의 의미를 지니는 경우이다. (81)와 같은 해석이 ‘다른’의 품사 설정에 혼란을 야기하지만 오히려 이런 양상이 형용사에서 관형사로 어휘화하는 과정을 입증하는 예가 될 수도 있다. 그러므로 ‘다른’은 관형사와 형용사로 각각 구분되어야 한다.[58]

---

58) 어휘화한 관형사는 아니지만 관점의 차이를 보이는 것으로 ‘오른, 왼’이 있다. 정인승(1968), 김민수(1971), 권숙렬(1981), <표준국어대사전>은 ‘오른’을 관형사로 인정하지만. <연세한국어사전>에서는 ‘오른’을 어근으로 처리한다. 그리하여 ‘오

(80) 가. <u>다른</u> 한편 간편화는 더 작은 집으로 혹은 다른 지방으로 이사 가는 것을 의미하기도 하고.

　　나. 그리고 <u>다른</u> 쪽 가방 속에는 책, 잡지, 노트, 종이, 펜, 테이프 등과 같은 잡다한 물품들이 들어 있다.

(81) 가. 물론 매일 밤마다 <u>다른</u> 음식을 꺼내 돌아가면서 먹는다.

　　나. 경영환경이나 경영목표가 바뀌면 조직은 해체되거나 <u>다른</u> 모습으로 변신한다.

지금까지 어휘화한 관형사의 형태·의미적 성립 기준에 따라 관형사의 예들을 검토해 본 결과, 어휘화한 관형사의 최종 목록을 제시하면 다음과 같다.

(82) 갖은, 고런, 고런조런, 고만, 고얀, 괜한, 그런, 그런저런, 다른, 대모한, 딴, 때아닌, 맞은, 모모한, 스무남은, 아무런, 애먼, 어떤, 어인, 어쩐, 여남은, 올, 요런, 요런조런, 요만, 이런, 이런저런, 저런, 저만, 조런, 지지난, 한다한, 한다는, 한다하는, 허튼, 헌, 긴긴, 먼먼, 몹쓸, 어쩔, 넨장맞을, 넨장칠, 떡을할, 배라먹을, 빌어먹을, 썩을, 육시랄, 제미붙을, 제밀할, 젠장맞을, 젠장칠 등.

른손, 오른발, 오른편, 오른쪽, 오른팔'을 명사로 등재시키고 있다.

가. 나는 왼손으로 그녀가 내민 손을 잡고 그 손바닥에다 <u>오른</u> 검지 손가락으로 내가 궁금해하는 사항을 적어보았다.

나. 나의 <u>오른</u> 무릎의 오른쪽 뼈가 그의 왼쪽 무릎의 왼쪽 뼈와 부딪히면 나는 얼른 오른쪽 다리를 왼쪽 다리 위에 포개곤 했다.

다. 나는 노란 털이 수북한 그의 앞가슴과 그의 <u>오른</u> 어깨의 문신을 바라보고 있었다.

라. 그 다음에는 물을 가득 담은 사발을 <u>오른</u> 팔꿈치에 얹어 놓고 활 시위를 잡아당겨도 미동도 하지 않을 때까지 수련을 쌓았던 것이다.

'오른'을 관형사로 상정하지 않으면 '오른 검지 손가락, 오른 무릎, 오른 어깨, 오른 팔꿈치'도 모두 합성어로 어휘부에 등재시켜야 한다. 이 외의 예들도 더 있으므로 '오른'을 어근으로 처리하기보다는 관형사로 처리하는 것이 더 타당하다.

어휘화한 관형사의 특성

어휘화한 관형사의 불투명한 경계는 관형사 범주가 가지는 특유의
속성 때문이다. 첫째, 어휘화한 관형사는 단어의 형성 과정이 통시적
이다.[59] 파생어나 합성어는 단어의 형성이 공시적일 수도 통시적일 수
도 있지만 관형사는 통시적 과정을 통해 어휘화한 것이다.[60] 다만 통
시적 과정의 명시성에 정도 차이가 날 뿐이다.

> (83) 가. 모모(某某)한, 한다하는, 한다는, 이런, 이런저런, 아무런, 어떤 등.
> 나. 다른, 왼, 바른, 오랜, 헌, 긴긴, 먼먼 등.
> 다. 갖은, 모든, 애먼, 온, 허튼, 딴, 외딴 등.
> 라. 넨장맞을, 넨장칠, 빌어먹을, 염병할, 젠장맞을 등.

(83가)는 어원이 'X호-'에서 파생된 것으로 그 어원이 명시적이며,
(83나)는 'X'가 현대에도 사용되며 그 의미가 구체적인 반면에, (83다)
는 'X'의 어형이나 의미가 명백하지 않아서 현재의 관형사와 형태상
관련을 포착하기 어렵다. 구체적으로 설명한다면, (83가)의 '모모한, 한
다하는'은 그 형태 분석이 공시적 입장에서도 가능한 것이며, '이런, 저
런, 아무런, 어떤, 어인' 등은 각각 '이러호, 뎌러호, 아모라호, 엇더호,
어이호'에서 발달한 것이다. 이들은 공통적으로 'X호-'에서 파생된 것
이다. (83나)는 'X'가 현대어에서도 발견되지만 '오랜'이나 '헌'은 어원
이 구체적인 것은 아니다. '오랜'은 형용사 '오라-'나 '오래-'의 활용일
가능성이 높으며[61] '헌'은 '헐-'의 활용형일 가능성이 높다. 그러나 (83

---

59) Company(2002 : 201-15) 참조.
60) 단어의 형성 및 등재의 공시성과 통시성 논의는 이호승(2001 : 114), 송원용(200
　2 : 47-55) 참고.
61) '오래'와 '오란'은 15세기 <석보상절>부터 나타났으나, '오랜'은 17세기에 나타난다.

다)는 그 원형을 재구하기가 쉽지 않다.

(84) 가. 갖은 : 궂(具)-, 모든 : 몯-, 온 : 올(全)-, 딴 : *똘-62)
　　나. 애먼 : 어멀-, 허튼 : 헡- 외딴 : *외똘-

(84가)는 유창돈(1968 : 7~11)에서 관형사의 원형을 제시한 것이며, (84
나)는 황문환(2001 : 6)에서 제시한 것으로 원형을 재구하기 어려운 유형
이다. (83라)의 'X르'의 형태는 비속어의 의미로 전이된 것으로 X의 의
미에서 상당히 격원되었음을 알 수 있다. (83다)나 (83라)와 같이 어휘
화한 관형사는 형태·의미론적으로 본래의 요소를 회복하기 어렵다.
다시 말해, 어휘화한 관형사는 단어의 형성 과정이 공시적이지 않고
통시적인 특징을 가진다는 것을 알 수 있다.

둘째, 명사나 부사는 명사화 접미사와 부사화 접미사가 있어 단어
형성에 적극적이지만 관형사는 다른 단어를 파생할 수 있는 적극적인
통사 단위가 없고 관형사형 어미만 있다.

[표 5] 접미사와 전성 어미

	접미사	전성 어미
명사	-이, -질, -지기, -기, -(으)ㅁ 등	-(으)ㅁ, -기
부사	-이, -히	-아/어, -게, -지, -고
관형사	*	-(으)ㄴ, -(으)ㄹ

가. 목수 오랜 병이 잇더니 조이 졍셩을 다히여 뫼셔 <동국신속 열녀 2 : 64b>
나. 그 아비 오랜 병이 잇쩌눌 듀야롤 뫼셔 <동국신속 효자 2 : 49b>
62) '딴'의 기본형으로 '*똘-'을 재구한다면, 중세 문헌에서 부사 '짠로'가 먼저 나타나
고 16세기 <번역노걸대>에서 '짠'이 출현한 것을 설명하는 것이 어렵다고 판단
된다.

[표 5]와 같이 명사의 단어 형성은 여러 접미사가 단어 형성에 참여하고 있고, 명사형 어미도 의미의 특수화를 거쳐 어휘화하여 단어를 형성하기도 한다. '죽음', '삶', '튀김' 등은 동사의 어간에 명사형 어미가 결합되었지만 명사형 어미 '-(으)ㅁ'의 의미적 특수화로 인하여 재구조화되어 명사가 된 것이다. 즉 동사의 다의적 의미가 모두 투영되지 못하고 동사의 의미 중에서 일부가 특수화한 것이다. 그리고 이러한 의미의 특수화로 인해 해당 통사 단위가 재구조화한 것이다. 물론 명사형 어미 '-(으)ㅁ'는 중세 국어에서는 접미사 '-엄/움'과 명사형 어미 '-(으)ㅁ'으로 구별되었으나 점차 '-(으)ㅁ'로 통일되면서 두 범주에 모두 사용된 것이다.

이러한 현상은 부사에도 적용된다. 부사도 명사와 같이 부사 파생 접미사가 적극적으로 활동하여 부사를 파생시킨다. 형용사 '높-'은 부사 파생 접미사 '-이'와 결합한 '높이'와, 형용사의 활용형과 결합한 '높게'가 각각 존재하므로 '높게'가 의미의 특수화를 거치거나 어휘화하지 않는 것이다. 부사를 형성하는 것이 '높게'만 존재하였더라면 이것이 어휘화하여 명사로 쓰였을 가능성도 배제할 수 없다.

그러나 관형사는 명사나 부사와 달리 관형사 파생 접미사가 존재하지 않아 관형사 파생이 다른 범주에 비해 자유롭지 않았다. 그것은 관형사 범주가 가지는 두 가지의 특성에 의한 것으로 보인다. 첫째는 관형사형 어미가 관형사 파생 접미사 형성에 대한 형태론적 저지(blocking) 현상을 가지는 것으로 해석된다. 관형사는 통시적 과정에 의해 형성된 것이 많으므로 관형사형 어미가 관형사 파생 접미사의 역할까지 수행하여 관형사만의 독립된 파생 접미사를 형성하는 것을 저지할 수 있다는 것이다.63) 둘째, 관형사가 명사나 부사와 달리 접미사가 존재하

---

63) 중세국어에서는 관형사형 어미가 명사적 기능을 발휘한 경우가 있다. 관형사형

지 않는 것은 관형사 범주 자체 속성으로 인한 것으로 보인다. 전통문법에서도 조사와 관형사의 품사 설정에 많은 논의가 있었다. 그리고 이러한 관형사의 범주 설정에 대한 고민은 북한 문법에서도 나타났다. 그것은 관형사로 인정할 수 있는 대부분의 어휘가 다른 품사로도 사용되고 있기 때문이었다. '새 건물'의 '새', '이 사람'의 '이' 등은 '새'가 명사, '이'가 대명사로 사용되고 있고, '다른'은 '다르-', '어떤'은 '어떠하-'는 형용사 범주에 포함되어 있으므로 다른 품사를 상정할 필요가 없다는 것이다. 해당 어휘의 어원 소급이 정확하지 않는 소수의 어휘를 위해 관형사라는 새로운 범주를 설정하는 것은 타당성이 없다는 것이었다. 관형사가 이처럼 범주적 애매성을 가지고 있으므로 관형사를 하나의 품사 범주로 설정하는 것에 많은 논의가 지속될 수밖에 없었다. 이처럼 관형사는 다른 품사에 비해 관형사만의 고유 속성을 가지지 못하였고, 특히 어휘화한 관형사는 용언의 어간에 관형사형 어미가 결합한 것이 굳어져 사용되었으므로 접미사로 발달하지 못하였을 것이다.

이상과 같이 관형사가 명사나 부사에 비해 단어 형성이 활발하지 못한 것은 관형사형 어미가 관형사 파생 접미사 형성을 저지한 결과로 보인다. 관형사 파생 접미사 저지 현상은 관형사형 어미가 결합된 'Xㄴ, Xㄹ'형을 어휘화하는 데 적극적인 역할을 하였다고 본다. 명사나 부사는 파생접미사가 있지만 관형사는 파생접미사가 발달되지 못하였으므로 관형사형 어미가 그 역할을 대신한 것이다.

어미 '-ㄴ, -ㄹ'이 명사적 용법으로 쓰일 수 있었던 것은 현대국어보다 중세국어의 관형사형 어미가 더 다양한 기능을 하고 있었음을 시사한다.
가. 너펴 돕ᄉ오미 다ᅇᆞ 업서(법화경언해 서 18)
나. ᄆᆞᅀᆞ매 서늘히 너기디 아니홇 아니ᄒ노라(내훈 서 6)
다. 自杜詩ᄒᄂ로 已十餘年이오(두시언해 11 : 5) (고영근 1987/2010 : 227 인용)

어휘화한 관형사의 유형

앞에서 검토한 어휘화한 관형사는 형태적 구성에 따라 단일 구성과 복합 구성으로 나눌 수 있다. 단일구성은 용언의 활용형이 어휘화한 구성이며 복합구성은 다른 품사 범주와 용언의 활용형이 복합적으로 결합하여 어휘화한 구성이다.

(85) 단일구성
　　가. 'Xㄴ'형
　　　　갖은, 고런, 고만, 고얀, 괜한, 그런, 다른, 대모한, 딴, 맞은, 모모한, 아무런, 애먼, 어떤, 어인, 어쩐, 요런, 요만, 이런, 저런, 저만, 조런, 허튼, 헌
　　나. 'Xㄹ'형
　　　　① 몹쓸, 어쩔
　　　　② 썩을
(86) 복합구성
　　가. 'N+Xㄴ'형
　　　　때아닌, 스무남은, 여남은
　　나. 'N+Xㄹ'형
　　　　떡을할(?), 육시랄, 넨장맞을, 넨장칠, 제미붙을, 제밀할, 젠장맞을, 젠장칠
　　다. 'V+Xㄹ'형
　　　　배라먹을, 빌어먹을
　　라. 'Xㄴ+Xㄴ'형
　　　　① 고런조런, 그런저런, 요런조런, 이런저런
　　　　② 긴긴, 먼먼, 지지난
　　마. '고 하-'의 축약 내지 생략형
　　　　한다한, 한다는, 한다하는[64]

─────────────

64) '한다고 하는'의 이러한 현상은 의미적 전이 과정, 축약이나 생략의 현상이 어떤 관련성을 가지며 통사적 구성이 어떻게 발전하였는가는 아직 명백하게 논의하기

어휘화한 관형사의 유형 중에서 (85나②), (86나), (86다)는 형태적으로 특이한 양상을 보인다. 이들은 형태적으로 'X='형이며 의미적으로 비속어인 공통점이 있다. 물론 (85나①)와 같이 모든 'X='형이 비속어 관형사를 형성하는 것은 아니지만 대부분의 'X='형이 비속어에 사용된 것은 특이하다. 새로운 비속어 관형사가 생산되려면 유추 현상에 의하여 'X='형 계열로 나타났을 가능성도 높다. 유추는 어떤 언어 형태가 의미나 기능, 음성적으로 비슷한 언어 형태에 동화하여 변하거나 그런 형태가 새로 생겨나도록 하는 심리적인 과정이므로,[65] 비속어 관형사를 형성할 때 'X='형이 작용하는 것으로 판단된다. 화자가 자신의 입장에 불리한 상황이 주어져 비속어를 사용하고자 한다면, 'Xㄴ'보다 'X='형 계열의 어휘를 수용하는 것이다. 비속어 관형사의 'X'가 실제 일어나는 상황이나 환경이라기보다 청자에게 일어났으면 하는 화자의 바람이 있으므로 'Xㄴ'보다 'X='을 사용하는 것이다. 그리하여 'X='형 계열의 비속어는 X 고유의 의미가 그대로 투영되지 않는 것으로 판단된다. (87)은 이러한 비속어 관형사의 유추적 기제가 일부 적용된 예로 판단된다.

> (87) 가. 망할, 썩을
> 나. 못된, 막된, 막돼먹은, 못돼먹은

(87가)의 '망할'이나 '썩을'은 아직 사전에 등재되지는 않았지만 의미적으로 의미 전이 과정을 거치고 있는 것으로 보인다. 물론 'X='형이 비속어 관형사를 형성하기 위한 유추적 기제로 사용되지만 이들의 관

어렵다. 다만 통사적인 구성의 축약이나 생략이 먼저 일어나고, 그 유형들이 의미적으로 전이되어 국어 화자들이 하나의 어휘로 인식하는 것이 아닌가 추정한다.
65) 이성하(1998 : 227) 참조.

계가 필요충분조건을 가지는 것은 아니다.66) (87나)의 'Xㄴ'형은 화자의 바람보다 청자의 태도나 모습에 대한 화자의 인식으로서, 화자가 청자를 비하하는 언어 표현으로 그 속성을 강화시키는 것으로 보인다.

2.4.4.5. 준어휘화한 관형사

어휘화한 관형사는 형태적으로 'Xㄴ'이나 'Xㄹ'형 구성을 보이며 의미적으로는 'X' 고유의 의미를 지니기도 하고 고유 의미가 추상화되거나 상실되기도 한다. 이런 의미론적 추이 과정은 어휘화 과정에서 나타나는 일반적인 현상이다. 'Xㄴ'이나 'Xㄹ'형 구성 중에서 어떤 단어는 어휘부에 이미 등재되어 있는 것도 있지만 어떤 구성은 어휘부와 통사부의 중간 접면에 있는 구성도 있을 것이라 추정된다. 이러한 중간 접면에 있는 관형사를 '준어휘화한 관형사'로 하고 이들에 대해 살펴보고자 한다.67) 다음 유형은 의미 전이가 부분적으로 시작되었다고 판단되는 것이다.

> (88) 가. 외진, 지난
>   나. 또다른, 가능한한

(88가)의 '외진'과 '지난'은 각각 그 기본형이 명백하다. 물론 이들은 각각 '외지다'와 '지나다'라는 동사의 활용형으로 처리된다. 그러나 '외진'은 관형사로 등재되어 있는 '이런, 저런, 그런'과 비교해 보았을 때,

---

66) 그러나 유추적 기제에 의한다면, 어떤 통사적 구성이나 어휘가 비속어 관형어를 만들고자 한다면 'Xㄹ'형을 요구하게 될 것이다. 그런 의미에서 'Xㄹ'형의 'ㄹ'은 관형사형 어미이던 것이 관형사형 접미사로 발전할 가능성이 있다고 판단된다.
67) 준어휘화한 관형사는 아직 범주가 확정되지 않은 각 품사별 상당어와 밀접한 관련이 있다고 판단되는데, 상당어에 대한 논의는 김의수(2002 : 81-103) 참조.

두 부류를 각각 관형사와 형용사로 구분할 수 있는 뚜렷한 차이점을 찾기 어렵다. '외지-'는 '외따로 떨어져 있고 으슥하고 후미지다'(표준국어대사전)의 뜻을 가지는데, 이러한 의미적 속성으로 인해 'Xㄴ'이 사용된다. '외진'의 이런 양상은 '이런, 저런, 그런'과 크게 다르지 않으므로 어휘화될 가능성이 높다.

'지난'은 '외진'과 조금 다른 모습을 보여준다. '지난'은 동사 '지나-'의 활용형으로 볼 것인지 아니면 관형사로 인정해야 할 것인지 혼란스럽다. 그 이유는 '지난'이 동사 '지나-'와 다른 양상을 보여주기 때문이다.

(89) 가. 지난 주의 일을 다 말했다가는 영영 바깥바람을 못 쐬보게요.
　　　나. 진목정에서 의곡리로 이사를 온 후 2년쯤 지나 더 넓은 집으로 이사를 하게 되었다.
(90) 지지난 주의 사건을 어떻게 다 말로 해요.

(89가)의 '지난'은 두 가지로 해석할 수 있는데, 우선은 (89나)의 '지나-'가 활용한 형태로 해석할 수도 있고, 다음은 '지난'과 '주'가 결합한 '지난주'가 재구조화되어 어휘화한 것으로 해석할 수 있는 방법이 있다.[68] 그러나 전자의 해석 방법은 (89가)의 '지난'이 (90)의 '지지난'과 계열 관계를 이루고, 동사 '지나-'와 달리 어미의 결합이 제약적이므로 (89가)의 '지난'을 (89나)의 활용형으로 처리하기 곤란하다. 그리고 후자의 방법은 '지난'과 통합관계를 가지는 여타 명사 '번, 날, 달' 등과 결합한 단위들을 모두 어휘화해야 하는 부담이 있다. 무엇보다 '지난'과 '번, 날, 달'의 결합형을 재구조화로 설명하면, '번, 날, 달'과 통합관

---

68) <표준국어대사전>은 '지난주'를 하나의 어휘로 등재시키고 있지만 '지지난'은 관형사로 인정하고 '지지난달, 지지난번, 지지난해, 지지난밤'은 명사로 등재시켰다.

계를 가지는 다른 어휘에도 영향을 끼치므로 '지난'을 어휘화한 관형사로 처리하는 것이 더 유익하다.

한편 (88나)의 '또다른'은 앞에서 언급한 부류와 다르다. '또다른'은 부사 '또'와 관형사 '다른'이 결합하여 재구조화 과정을 거치고 있다고 본다. 어휘부 내에서 등재된 단어끼리 결합하여 새로운 단어를 형성하는 것은 비일비재하다. 국어의 화자가 '또다른'을 한 단위로 처리하고자 하는 것은 영어의 영향이라 여겨진다. 즉 'one~the other'에서 'the other'에 해당하는 것을 '또다른'으로 번역하면서 하나의 단어로 인식하는 경향이 있다는 것이다. '또다른'의 이러한 현상은 단어의 형성에 참여하는 것이 단어 내부 내지 단어와 단어 간의 상호 연관성에 기인할 수도 있지만 교차언어적 현상도 영향을 끼칠 수 있음을 보여준다. '가능한한'도 '가능한 한'의 부자연스러운 어휘 결합이 하나의 어휘로 발전하게 한다고 판단된다.

이와 같이 어휘화한 관형사는 용언의 활용형과 그 범주적 경계선을 긋는 것이 쉽지 않음을 알 수 있다. 어휘부와 통사부는 두 범주 간의 접면이 있어 그 경계를 확연히 구분해 준다는 것이 어렵다. 이러한 모호한 경계선이 발생하는 것이 문법화나 어휘화와 깊은 상관성을 가진다고 보인다. 어휘부와 통사부의 중간 접면에서는 형태적이든 의미적이든 통사적이든 통사부에서 어휘부로 전이되고 있는 준어휘화한 관형사가 확인되는 것이다.

2.5. 관형사의 분류와 목록

지금까지 관형사 범주에 해당되는 단어를 중점적으로 살펴보았다. 관형사는 개별 하위 범주에 따라 설정 기준이 다르므로 접미사 '-적' 결합형, 수 관형사, 한자어 관형사, 어휘화한 관형사 등을 각각 구체적으로 검토하였다.

접미사 '-적' 결합형은 다른 조사와 결합할 때나 수식 영역에서 제약을 보이므로 수식 의존성 명사로 처리하였고, 수 관형사는 형태·통사적 기준에 따라 '한, 두, 세/석/서, 네/넉/너, 닷, 엿, 스무, 한두, 서너, 너댓' 등 일부만 인정하고 나머지는 수사의 관형사적 용법으로 처리하였다. 접두사와 관형사는 1음절 한자어에서 경계가 불분명하였으므로 구 구성, 내적 확대, 휴지 등의 기제를 이용하여 관형사를 변별하였다. 어휘화한 관형사는 용언의 관형사형이 어휘화 과정을 거쳐 형성된 것이므로 형태·통사적 기준이 중요하며 통사부와 어휘부의 접면에 있는 구조들이 관형사 범주로 변할 수 있는 열린 범주이다.

관형사는 고유어 관형사와 한자어 관형사로 대별하고 하위 범주로 지시 관형사, 수 관형사, 성상 관형사로 나눌 수 있다. 지금까지 논의한 관형사들을 유형들로 정리하면 아래와 같다.

(91) 현대국어의 관형사의 총목록
　가. 고유어 관형사
　　① 지시 관형사
　　　그, 고, 고런, 그런, 다른, 어느, 어떤, 이, 이런, 이런저런, 그런저런, 고런조런, 저, 저런, 조, 조런, 그만, 딴, 무슨, 아무런, 아무, 요, 요런, 요런조런, 웬, 이, 이딴, 이런, 이런저런, 저, 저딴, 저런, 저만, 조, 조런, 조만
　　② 수 관형사
　　　너, 너댓, 너더댓, 너덧, 넉, 네댓, 네, 두, 두서너, 두세, 두어, 서, 서너, 서너댓, 석, 세, 스무, 모든, 여남은, 여러, 예닐곱, 첫, 한두
　　③ 성상 관형사
　　　갖은, 고까짓, 고깟, 고따위, 고만, 고얀, 괜한, 그까짓, 그깐, 그따위, 그만, 긴긴, 까짓, 너까짓, 네까짓, 네깐, 네깟, 단돈,

대모한, 때아닌, 맞은, 매, 먼먼, 몇, 몇몇, 모모한, 몹쓸, 무려, 바로, 바른, 별(別), 별별, 별의별, 불과, 새, 애먼, 약(約), 어인, 어쩐, 옛, 오랜, 오른, 오직, 온, 온갖, 올, 외딴, 요까짓, 요따위, 이까짓, 이깟, 이따위, 저까짓, 저깟, 저따위, 제까짓, 제깟, 조까짓, 조깟, 조따위, 지지난, 한다는, 한다하는, 한다한, 허튼, 헌, 넨장맞을, 넨장칠, 떡을할, 배라먹을, 빌어먹을, 썩을, 염병할, 육시랄, 제미붙을, 제밀할, 젠장맞을, 젠장칠

나. 한자어 관형사
  ① 지시 관형사
    당(當), 모(某), 본(本)
  ② 수 관형사
    일이(一二), 이삼(二三), 삼사(三四), 사오(四五), 오륙(五六), 육칠(六七), 칠팔(七八), 팔구(八九), 양(兩), 전(全), 제(諸)
  ③ 성상 관형사
    각(各), 고(故), 구(舊), 귀(貴), 근(近), 단(單), 동(同), 만(滿), 매(每), 성(聖), 소(小), 순(純), 신(新), 연(延), 원(原/元), 작(昨), 전(前), 제(第), 주(主), 준(準), 총(總), 타(他), 폐(廢), 현(現)

제3장

관형명사의 특성과 유형

3장에서는 선행연구에서 검토한 관형명사를 바탕으로 하여 관형명사의 특성과 유형을 살펴보는 것을 목적으로 한다. 국어의 명사구 구조에서 선행성분이 후행성분을 수식하는 것은 보편적 현상이지만 '국제 단체, 가공 인물'의 '국제(國際), 가공(架空)'은 수식어의 위치에만 실현되는데, 이처럼 수식 성분으로 한정되어 쓰이는 한자어를 관형명사라고 한다. 이 장에서는 관형명사의 특성과 유형이 무엇인지 논하고자 한다.[1]

3.1. 선행 연구

한자어는 국어의 단어 형성에 많은 영향을 끼치는 어휘 범주이다. 1음절의 접사뿐 아니라 2음절 한자어 어근도 활성적이다(송기중 1992; 노명

---

[1] '국제, 가공' 등의 부류는 어근(이익섭 1968), 형성소(연세한국어사전 1998), 강활성어근(노명희 1998), 관형명사(김영욱 1994, 김창섭 1999, 이선웅 2000) 등으로 불리어지지만, 본고에서는 통사적 기능에 중점을 두어 관형명사라는 용어를 수용한다.

희 1998 참조). 2음절 한자어 중에서 일부 명사는 수식성분으로만 쓰이는 통사적 제약을 가진다. 고신숙(1987)은 '일대, 일체, 최고, 최신, 최종, 순수' 등을 명사에서 관형사로 넘어가는 과도적인 품사 전성 현상으로 설명하면서 한자말 관형사로 처리하였고, 이상혁(1991)은 실현 현상에 근거하여 '국제, 여류, 간이, 편이, 야단, 발광'은 명사로, '최신, 최종, 최고, 인간적'은 관형사로 구분하였다.

　관형명사는 김영욱(1994)에서 명명한 개념으로 불완전계열(defective paradigm)[2]의 한 부류로 제시하였다. 관형명사는 형태적으로는 명사의 범주에 포함되지만 기능적으로는 관형사의 범주에 포함되는 것으로 (1)과 같은 유형을 제시하였다.

> (1) 가. 어근 분리형 : 가용, 거대, 과다, 과적, 극력, 급성장
> 　　나. 축약형 : 가전, 농공, 농수산
> 　　다. 접두형 : 미개발, 반독재, 범시민, 비도덕
> 　　라. 접미형 : 국립, 도별, 시립, 다국간

　(1가)의 어근 분리형은 '한자어 어근+하-' 구성에서 어근만 분리되어 관형명사로 파생된 것이며, (1나)의 축약형은 '가정용 전기'가 '가전'으로 축약된 것처럼 한자어 축약 형태이며, (1다)의 접두형은 한자어계 접두사 '未-, 反-, 凡-, 非-' 등과 결합한 형태이며, (1라)의 접미형은 한자어계 접미사 '-立, -別, -間' 등과 결합한 어형이 관형명사로 쓰인 것이다. 김영욱(1994)에서는 접미형에 준하는 '군용, 남행, 북행'을 관형명사로 인정하였으나 이들은 다른 관형명사에 비해 독립성이 있으므로 명사로 상정하는 것이 더 타당하다고 본다.[3]

---

2) 고영근(1999 : 37)에서 상정한 불완전계열이란 '어형변화가 일어날 때 접사를 두루 갖추지 못한 것'으로, 이때 접사는 조사나 어미를 통칭하는 말이다.

김창섭(1999)은 독립된 단어로 쓰이지 못하는 잠재명사와 관형어적 용법으로 쓰이는 관형명사를 구분하였다. 예를 들면 *골몰 연습, *맞이 행사, *편안 시설' 등의 '골몰, 맞이, 편안'은 독자적인 단어로 쓰이지 못하는 잠재명사이며, '국제 관계, 국제 시장, 의료기관, 의료기술' 등의 '국제, 의료'는 독자적인 단어이지만 후행명사를 수식하는 관형명사로 구분하였다. 관형명사의 특징으로는 스스로 어떠한 조사와도 결합하지 않고, 합성명사·파생명사·명사구의 표제가 되지 못하며, 수식부만이 될 수 있다고 하였다. 그러나 관형명사로 상정한 '고정, 계엄' 등은 좀더 검토되어야 할 단어이다.

이선웅(2000)에서는 관형명사의 주요 판별 기제로 통사적 구 구성을 사용하고 있으며, 관형명사의 특징으로는 관형어적으로만 쓰이고, 자립적이지 않아 조사 따위와 통합되어 쓰일 수 없으며, 다른 관형어의 수식을 받지 못한다고 한다.[4] 다만 '臨時로, 高價이다, 架空의, 夏季에' 처럼 불연속계열에 포함되어 조사 '-(으)로, 에, 의, 이다'와 결합하는 경우는 예외로 처리하고 있다. 관형명사의 유형은 김영욱(1994)을 수용하였고 접미사 '-적' 결합형도 관형명사에 포함시키고 있다. 그러나 합성어로 인정한 일부 단어는 (2)와 같이 구 구성이 가능하므로 합성어라 하기 곤란하다.[5]

---

3) (1) 가. 담요는 <u>군용</u>이 좋아.
　　나. 아들은 <u>군용</u>을 좋아하더라.
　(2) 가. 우리는 고속도로로 3시간 여의 <u>남행</u> 끝에 개현에 도착했다.
　　나. 그러나 김원봉이 광주로 간 것이 공산군의 <u>남행</u>을 염두에 두고 그에 합류하기 위해서였다고만 보기는 어렵다.
4) 이선웅(2004ㄱ)에서는 관형명사의 용어를 버리고 '한자어 의존명사'를 취하고 있다.
5) 합성어 목록에 '사정거리, 부동자세'를 포함시켰으나 동시에 관형명사 목록에도 '射程, 不動'이 포함되어 있다. 본고는 '사정거리'는 합성어, '부동 자세'는 '부동 상태'도 있으므로 관형명사로 처리한다.

(2) 가. 過當競爭 : 과당 청구, 과당 과열경쟁, 과당 수출경쟁, 과당 광고 등.

나. 旣成世代 : 기성 시대, 기성 종교, 기성 정당, 기성 통신문, 기성 교육, 기성 음악 등.

다. 慰樂施設 : 위락 공원, 위락 관광단지, 위락 기능, 위락 단지, 위락 센터, 위락 업소 등

관형명사는 선행 연구에서 제시한 바대로 통사적 범주가 독특하다. 명사, 어근, 관형사의 범주를 넘나들며 제한된 통사 현상을 보이므로 다음 절에서 관형명사의 특성에 대해 확인해 보고자 한다.

3.2. 관형명사의 특성

관형명사는 한자어로 형성되어 있어서 화자의 직관에 따라 정도 차이가 난다.[6] 심재기(1987), 송기중(1992), 이선웅(2000)에서도 한자어가 특정 집단의 사람과 특정 영역에서만 단어의 자격을 인정받는 것이 적지 않다고 지적하고 있다.

관형명사는 '국제 무대, 개별 면담, 간이 식당, 위급 환자, 요시찰 인물'의 '국제, 개별, 간이, 위급, 요시찰' 등과 같이 'N₁ N₂' 구성의 N₁에 해당되는 것이다. 형태적으로 2음절 내지 3음절 한자어로 구성되어 있고 공통적으로 후행하는 N₂를 수식한다. 어떤 단어는 법률이나 의학과 같은 전문 분야에서 사용되던 것이 일반 용어로 확산되어 관형명사의 자격을 굳히기도 한다. 예를 들어, '악성 뇌종양, 악성 림프종'의 '악성'은 의학 용어였으나 '악성 루머, 악성 코드'로 사용 영역이 확대되고 있다. 이러한 관형명사는 다음과 같은 공통된 통사적 특징을 보인다.

첫째, 관형명사는 조사와 결합할 수 없다. 명사는 조사의 결합에 제

---

6) 김창섭(1999), 이선웅(2000)의 관형명사 총목록 비교는 김선효(2002ㄱ)의 [부록4] 참조.

약을 가지지 않으나 관형명사는 조사 결합에서 제약이 발생한다.

(3) 가. *국제가, *국제를, *국제의, *국제로, *국제이다
　　나. *개별이, *개별을, *²개별의, *개별로, *개별이다
　　다. *간이가, *간이를, *간이의, *간이로, *간이이다
　　라. *위급이, *위급을, *²위급의, *위급으로, *위급이다
　　마. *요시찰이, *요시찰을, *²요시찰의, *요시찰로, *요시찰이다

　(3)에서 각 단어들이 조사의 결합에 제약을 보이는 것처럼 관형명사는 격조사나 보조사와 결합할 수 없다. 물론 일부 단어는 김영욱(1994), 이선웅(2000)에서 제시한 바와 같이 한두 조사와 결합하는 불완전계열을 보이기도 한다. 그러나 '불굴의 의지'의 '불굴'과 같은 불완전계열은 관형명사의 일반적 현상이 아니라 특수한 현상이므로 크게 문제시하지 않는다.

　둘째, 관형명사는 후행명사만을 수식하므로 중의적으로 해석되지 않는다. 명사는 문장 구조에 따라 명사뿐 아니라 명사구도 수식할 수 있으므로 중의적으로 해석될 수 있으나 관형명사는 이런 중의성이 해소된다.

(4) 가. 이번 2002 한·일 월드컵 전야제는 국제 무대 진가를 보여줬다.
　　나. 어제 민수 동생 친구가 다녀갔다.

　(4가)는 '[[국제 [무대]] 진가]'의 통사 구조를 가지지만 (4나)는 '[[민수 [동생]] 친구]'나 '[민수 [동생 [친구]]]'로 해석이 가능하다. (4나)와 같은 명사의 중의적 해석은 명사구 구성에서는 발생할 개연성이 높지만 관형명사는 후행명사만을 수식하므로 중의성을 지니지 않는다. 관형명사가 둘 이상 나열되더라도 (5)와 같이 중의성을 가지지 않는다.

(5) 가. 국제 상공 회의소

　　　나. [국제 [상공 [회의소]]]

　(5가)는 관형명사 '국제'와 '상공'가 동시에 실현되었지만 (4나)와 같은 중의적으로 해석되는 것이 아니라 (5나)와 같은 통사 구조를 가진다. 이러한 해석은 관형명사가 후행하는 관형명사만을 수식할 수 없는 통사적 특징에 기인한다.

　셋째, 관형명사는 다른 관형어의 수식을 홀로 받을 수 없다.

(6) 가. *{어떤//멋진} 국제

　　　나. *{이/진지한} 개별

　　　다. *{저/편리한} 간이

　　　라. *{무슨/위독한} 위급

　　　마. *{그/까다로운} 요시찰

　(6)에서 확인되는 바와 같이 관형명사는 홀로 관형어의 수식을 받지 못한다. 이와 같은 현상은 관형명사가 관형사의 속성에 근접함을 입증하는 한 요소라 할 수 있다.

　관형명사의 이러한 특성은 관형사와 유사하다. 최현배(1961)에서 제시한 관형사의 특성으로는, 첫째는 임자씨만을 꾸미며 매김씨가 둘 올 때는 각각 명사를 수식하며, 둘째는 반드시 명사 앞에 가며, 셋째는 어형에 변화가 없고, 넷째는 다른 조사와 결합하지 않는다는 것이다. 관형사의 통사적 기능과 관형명사의 기능은 거의 유사하다. 차이점이 있다면 관형사는 관형사가 중복되어 실현되는 것이 일반적 현상이지만 관형명사는 (5가)와 같은 예가 있을 수는 있으나 보편적 현상이라고는 하기 어렵다. 그리고 관형사는 접사와 결합할 수 없지만 관형명사는 접미사 '-적, -성, -화, -하다' 등과 결합할 수 있다.

그렇다면 관형명사와 명사는 어떠한 차이를 보이는가. 명사의 가장 뚜렷한 통사적 특징이 조사와의 결합이라면 관형명사는 극히 제한적 단어에만 적용된다. 이러한 조사의 제약 현상은 관형명사의 명사성에 의심을 두게 되지만 한편으로 의존성 명사가 지닌 독특한 통사 현상으로 볼 수 있다. 관형명사는 §2.4.1.1에서 논의한 'X적'과 함께 수식 의존성 명사로서 관형사와 명사의 중간 범주적 성향을 가진다.7) 그러하기에 관형명사는 명사와 관형사의 통사적 기능을 부분적으로 지니고 있다.

지금까지 논의한 관형명사의 특징을 정리해 보면 조사와 결합할 수 없고, 후행성분만 수식하여 후행명사가 나열되더라도 중의적으로 해석되지 않으며, 관형사나 관형사형의 수식을 홀로 받지 않는다는 것이다. 그러므로 관형명사는 수식어의 기능을 담당하는 관형사와 명사의 중간적 성격을 지닌 수식 의존성 명사이다.

3.3. 관형명사의 기준과 목록

이선웅(2000)은 관형명사의 판별 기준으로 첫째는 문제의 요소 X가 이루는 통사적 구의 수효가 하나밖에 없으면 합성어로 처리하고, 둘째는 조사의 결합이 가능하면 관형명사로 보지 않는다는 것이다. 이러한

---

7) 홍재성(2001ㄱ, 2001ㄴ)은 인구어의 명사가 격, 성, 수의 변화를 가지는 것에 비해, 국어 명사는 ① 반드시 격조사가 후치될 수 있고, ② 관형사를 비롯한 여러 유형의 수식성분이 선행할 수 있고, ③ 주어 또는 보어와 같은 문장 구성의 필수적 통사 논항의 기능을 하는 구의 핵심적 요소가 되며, ④ '이다'와 결합하여 서술어로 기능할 수 있다고 하였다. 이에 따르면, 관형명사는 국어의 명사 속성을 전혀 지니지 못하는 것처럼 보인다. 그렇다고 관형사로 인정할 수도 없다. 관형사는 어떤 접미사와도 결합할 수 없는 반면에 관형명사는 '국제적, 가변적'과 같이 접미사와 결합할 수 있다. 그러므로 관형명사는 명사의 속성보다 관형사의 속성이 더 강함을 알 수 있다.

판별 기준은 관형명사 식별에 중요한 기준이므로 여기에서는 이들 기준을 수용하면서 다음과 같은 판별 기준을 제시한다.

첫째, 'N₁ N₂' 구성에서 어떤 한자어 명사가 N₂에도 사용되면 관형명사에서 제외한다. 관형명사가 N₂에도 실현된다면 보통명사로 처리하는 것이 더 타당하다. 관형명사의 기본적 특성이 수식 성분으로만 사용되는 것이므로 N₂에도 실현되면 관형명사로 볼 수 없다.

> (7) 가. 계엄 선포, 계엄 사령관, 비상 계엄, 경비 계엄
> 나. 고정 간첩, 고정 수입, 고정 출연자, 환율 고정, 공급 고정

(7)의 '계엄, 고정'은 김창섭(1999)에서 관형명사로 인정한 것이지만 후행명사에도 실현 가능하므로 관형명사의 자격을 상실하게 된다.

둘째, 전문용어나 고유명사와 같이 단 하나의 명사와 결합하면 합성어로 어휘부에 등재되므로 관형명사 목록에서 제외한다.

> (8) 可算名詞, 堅忍不拔, 緊迫狀況, 寬勳클럽 등

(8)과 같이 N₂가 닫힌 집합인 경우에는 N₁을 관형명사로 등재시키는 것보다 N₁과 N₂를 합성어로 처리하는 것이 더 적절하다.

셋째, 관형명사가 여러 조사와 결합할 수 있으면 보통명사의 범주에 포함시킨다. 예를 들어, '계엄, 고정'이 후행성분의 위치에도 올 수 있으므로 관형명사의 조건을 위배하였는데 조사의 결합에서는 어떠한 양상을 띠는지 확인해 보도록 하자.

> (9) 가. 10월17일 유신선포 때 폈던 **계엄과는** 성격이 완전히 달랐다
> 나. 전두환 소장. 그는 **계엄으로** 실권을 장악했고 정보조직을 통해

각계의 동향을 파악하고 있었다.

다. 계엄사령관으로서 선거 당일에 **계엄을** 해제한다고 발표했던 것이다

라. 대통령이 선포한 **계엄의** 해제를 요구할 수 있는데, 이때 대통령은 계엄을 해제하여야 한다

마. 계엄사령관과 군정지사 공동명의의 포고를 통해 **계엄이** 실시되지 않는 지역이라도…

(10) 가. 우리 저작권법은 저작물의 **고정을** 요하지 않기 때문에 즉흥극 형태로 나온 무언극도 보호될 수 있다

나. 경찰출입기자는 시경찰국을 비롯한 서울 시내 20여 개 경찰서를 나눠 **고정으로** 출입한다.

다. 도서실에서 밤늦게 공부가 끝나면 **고정의** 둥그런 길을 한바퀴 돌며…

라. 주석으로 만든 핀으로 **고정이** 되어 있었다.

(9)의 '계엄'은 접속조사 '-와/과', 부사격조사 '-으로', 목적격조사 '-을', 관형격조사 '-의' 등 다양한 조사와 결합하였고, (10)의 '고정'도 동일한 결합 양상을 보인다. 이처럼 조사의 결합이 자유로우면 관형명사에 포함시킬 수 없다. 반면에 말뭉치에서 한두 예에서 조사와 결합하였거나 과도한 문어체에 쓰였거나 용례가 적절하지 않다고 판단되면 조사와의 결합은 관형명사 판별에 큰 영향을 끼치지 못한다.

위의 세 가지 판별 기준을 바탕으로 하여 김창섭(1999)과 이선웅(2000)에서 관형명사로 인정한 단어들을 재점검해 보고 관형명사의 총목록을 제시해 보고자 한다.[8]

---

8) 아래 (가)는 이선웅(2000)이 김창섭(1999)의 관형명사 목록에서 삭제한 단어이며 (나)는 이선웅(2000)에서 보충한 것이다.

가. 加工, 可算, 假言, 苛酷, 堅忍, 戒嚴, 固定, 高學力, 過當, 過敏, 過少, 過積, 國營, 旣成, 旣定, 緊迫, 卵母, 爛商, 亂暴, 內務, 團欒, 對症, 同位, 同好, 未轉向, 未定, 未提出, 未執行, 未確認, 附隨, 私設, 稅務, 新陳, 深深, 心印, 惡性, 漁撈, 嚴格, 連續, 領官, 外務, 右腕, 右越, 尉官, 慰樂, 有關, 有權, 醫療, 轉地, 接物, 接眼, 精母,

3.3.1. 피수식어의 실현 가능성

관형명사는 수식어의 기능만 수행하고 피수식어는 될 수 없다. 관형
명사는 명사의 속성보다 관형사의 속성이 더 강하기 때문에 수식어의
위치에만 실현되고 피수식어의 위치에는 실현되지 못한다. 어떤 단어
가 수식어뿐 아니라 피수식어의 위치에도 실현될 수 있으면 보통명사
로 처리해야 한다. 관형명사의 가장 기본적인 특성이 수식어 위치에
실현하는 것이므로 어떤 X가 피수식어에도 실현된다면 관형명사로 볼
수 없다. 그렇다면 선행 연구에 관형명사로 인정한 단어 중에서 피수
식어의 위치에 실현될 수 있는 유형을 제시하면 다음과 같다.

> (11) 가. 戒嚴 : 계엄 사령관-비상 계엄, 경비 계엄
> 나. 過敏 : 과민 반응, 과민 증상, 과민 대장, 과민 대장증후훈-신
> 경 과민, 정신 과민.
> 다. 접두사 '未-'로 시작되는 경우
> ① 未轉向 : 미전향 장기수, 미전향 좌익수, 미전향 간첩-사상
> 미전향
> ② 未定 : 미정 사태, 미정 초본-확정일자 미정
> ③ 未提出 : 미제출 서류-서류 미제출
> ④ 未執行 : 미집행 판결, 미집행 예산, 미집행 도시계획-판결
> 미집행, 예산 미집행
> ⑤ 未確認 : 미확인 물체, 미확인 보도-물체 미확인, 신원 미
> 확인
> 라. 漁撈 : 어로 작업, 어로 금지. 어로 생활, 어로 분쟁-불법 어로
> 마. 直屬 : 직속 기관-대통령 직속

左腕, 左越, 主去來, 中越, 直屬, 親衛, 通院, 挾軌.
나. 嘉言, 可逆, 個別, 客員, 官治, 國立, 極東, 極限, 大擧, 大韓, 冬期, 名門, 無法, 無賃,
上向, 瞬間, 時限附, 惡德, 兩大, 歷代, 月定, 有望, 一個, 一級, 一大, 臨地, 殘留,
殘餘, 低價, 正統, 諸般, 鐵血, 最終, 下向, 限時, 現用

(11)의 단어들은 수식어와 피수식어의 위치에 모두 실현할 수 있으므로 보통명사의 범주에 포함되어야 한다. 어떤 단어가 수식어와 피수식어에 모두 실현되면 관형명사가 아니기 때문이다. 한편 접두사 '未-'로 시작하는 단어에는 (11다)와 같이 피수식어로 쓰이는 유형도 있고 '未知, 未就學' 등과 같이 수식어로만 쓰이기도 한다. 이런 경우에는 전자는 보통명사가 되고 후자는 관형명사가 된다. 그러므로 '미전향, 미정, 미제출, 미집행, 미확인'은 명사이고 '미지, 미취학'은 관형명사가 된다.

3.3.2. 비생산성

어떤 명사는 생산성이 없어 다른 명사와 결합하지 못하고 한두 개의 명사와만 결합하는 한계를 보인다. 이들은 다양한 통사적 구 구성을 이루지 못하는 닫힌 집합이므로 통사적 구가 아닌 합성어로 처리하는 것이 더 적절하다.

> (12) 可算名詞, 堅忍不拔, 寬勳클럽, 緊迫狀況, 卵母細胞, 團欒酒店, 爛商討論, 爛商討議, 對症療法, 射程距離, 新陳代謝, 心因反應, 深深山川, 深深산골, 右腕投手, 右越홈런, 轉地訓鍊, 轉地配置, 接物렌즈, 接眼렌즈, 左腕投手, 左越홈런, 中越홈런, 挾軌열차.

(12)는 후행하는 피수식어가 생산적으로 나타나지 못하고 하나 정도만 올 수 있으므로 이런 경우는 관형명사처럼 피수식어가 열려 있지 못한다. (12)의 예들은 통사적 구 구성을 형성하지 못하므로 합성어로 등재하는 것이 더 타당하다.

선행연구에서 고유명사나 합성어로 인정한 단어 중에는 (13)과 같이 피수식어가 열려 있는 단어도 있다.

(13) 假言 : 가언 명제, 가언 명령, 가언 추론, 가언 추리, 가언 판단

嚴格 : 엄격 적용, 엄격 제한, 엄격 테스트, 엄격 심사, 엄격 관리, 엄격 통제

苛酷 : 가혹 행위, 가혹 노동, 가혹 수련, 가혹 삼엄

過當 : 과당 경쟁, 과당 광고, 과당 수주경쟁, 과당 과열경쟁, 과당 수출경쟁

亂暴 : 난폭 운전, 난폭 운행, 난폭 행위, 난폭 운전자 등.

內務 : 내무 장관, 내무 차관, 내무 통상 산업, 내무 관료, 내무 대신

同位 : 동위 효소, 동위 개념, 동위 원소

同好 : 동호 회원, 동호 집단, 동호 모임

不動 : 부동 자세, 부동 태막, 부동 관절, 부동 기체, 부동 배우자

附隨 : 부수 현상, 부수 경비, 부수 비용

私設 : 사설 학원, 사설 변호인, 사설 클럽

惡性 : 악성 종양, 악성 인플레, 악성 피부병, 악성 루머, 악성 변수

領官 : 영관 장교, 영관 출신, 영관 진급

外務 : 외무 관료, 외무 교육, 외무 대신, 외무 대장, 외무 고시, 외무 공무원

尉官 : 위관 장교, 위관 출신, 위관 진급

慰樂 : 위락 시설, 위락 관광단지, 위락 기능, 위락 단지, 위락 센터, 위락 업소

有關 : 유관 업체, 유관 기구, 유관 부서, 유관 프로, 유관 단체, 유관 연구소

主去來 : 주거래 은행, 주거래 기업

親衛 : 친위 부대, 친위 대원, 친위 쿠테타, 친위 세력, 친위 조직, 친위 전사

通院 : 통원 환자, 통원 비용, 통원 서비스, 통원 치료

(13)을 통해 확인할 수 있듯이 위의 단어들은 후행성분이 닫힌 집합이 아니라 여러 피수식어가 오는 열린 집합이므로 관형명사의 범주에 포함되어야 한다. 이들을 합성어로 처리하면 어휘부와 통사부의 경계가 모호해지는 문제점이 발생하므로 관형명사로 처리하는 것이 더 타

당하다.

3.3.3. 조사의 결합 가능성

관형명사는 여러 조사와 결합하는 데에 심각한 제약을 가진다. 제한된 조사와 결합하는 불완전계열은 언어의 속성상 관형명사로 인정할 수 있으나 여러 조사와 결합할 수 있다면 단어의 사용 영역이 확대되어 보통명사로 쓰이게 되었음을 말한다. 선행 연구에서 관형명사로 선정한 단어 중에서 조사의 결합이 활발한 것으로는 '過積, 漁撈, 連續, 慰樂, 固定, 高學力, 亂暴, 醫療, 强迫, 戒嚴' 등이 발견된다. 우선 이들이 어떠한 결합 양상을 보이는지 확인해 보자.

(14) 가. 겨울에 빙판길에서 그만 <u>과적으로</u> 차가 넘어졌어.
　　 나. 늘 <u>과적이</u> 문제가 되고 있는 덤프트럭에 구조적인 문제가 있었습니다.
　　 다. 한국에서 <u>과적이니</u> 뭐니 하는 이야기들은 중국인들이 들으면 한가한 이야기일 것이다.
(15) 가. 유약한 여인들은 해변에서 행했던 간단한 <u>어로의</u> 수단으로 해석된다.
　　 나. 어종(魚種)이 풍부하여 선사시대에는 <u>어로(漁撈)와</u> 수렵(狩獵)이 생업의 기본이었다.
　　 다. 프리모리예지방(연해주)에 러시아와 미국 공동으로 수렵과 <u>어로가</u> 공식 통제 하에 허용되는 새로운 형태의 국립공원이 설치된다고…
　　 라. 귀족들은 대부분이 평민들처럼 <u>어로나</u> 수렵을 하는 등 생업에 종사하였는데…
　　 마. 6~8세의 어린이가 자기 집을 따로 짓고 자력으로 사냥이나 <u>어로로</u> 살아간다.
　　 바. 일본의 어민들은 연안을 에워싸고 <u>어로에</u> 종사하면서 조선어

민의 몰락을 재촉했고.

(16) 가. 어쩌면 그것은 무의미한 생활의 **연속에** 지나지 않을지도 모른다.

나. 정치인이 자기를 인식함에 있어 착각의 **연속에서** 헤어나지 못
하는데 있는 것 같다.

다. 어떻게 언어의 학습이 소리의 **연속으로** 귀에 전달된 말과 음절
을 분별하게 하는가.

라. 실제적인 무한한 시간의 **연속은** 불가능하다고 주장한다.

마. 어떤 학생과도 이런 종류의 **연속을** 실행할 생각은 없었습니다.

(17) 가. 이 저수지들이 **위락을** 목적으로 한 것일지라도 …

나. 농촌마을은 지역중심도시에 농산물과 자연환경과 **위락의** 장을
제공하고 …

(18) 가. 대졸이상 **고학력에서** 손 후보가 압도적 지지를 받았다는 것이
나타난다.

나. 할아버지는 오빠가 송도에서 이 년 더 배운 걸 굉장한 **고학력
으로** 여기셨다.

다. 왜냐하면 '**고학력은** 고소득과 고지위를 유지하게 함으로'라는
다분히 순환론적 연결고리…

라. 너도 나도 **고학력을** 쌓으려는 열망에 휩쓸리다 보니까 예기치
않은 사태가 벌어졌으니

마. 이전 시대와 같은 **고학력의** 과잉인구에 의한 고급인력 진입.

(19) 가. 달려오는 대형트럭의 **난폭을** 빙자하여 모친은 미진의 시선을
피해버렸다

나. 「십삼조」란 말이 바로 정상을 이탈한 **난폭이나** 억지 악정을 뜻
했음을 미뤄 보아도 알 수가 있다.

다. 영웅적인 힘은 그것이 잘못 쓰여졌을 때 **난폭으로** 끝나버리고
만다.

(20) 가. 왜 **의료가** 선진 자본주의 사회에서 보건정책의 결정에 그렇게
영향력이 컸는가.

나. 기초의학은 의학이며 임상의학은 **의료라고** 구별하는 데….

다. 의학을 **의료로** 옮기고 실천하는 의사를 practitioner라 하는 것
도 이런 이유에서이다

라. 양질의 **의료를** 환자에게 베풀 수 있는 사람.

마. 그렇기 때문에 이러한 성격의 소유자가 아니면 <u>의료에</u> 종사하기가 곤란하다

(21) 가. 누구의 강박도 받지 않는 상태로 어머니는 넥카 강기슭을 향해 난 창가에 앉아 있다

나. <u>강박에</u> 못 이겨 한 의사표시는 보안사 분실에 끌려가…

다. 사기 또는 강박으로 입양의 의사를 표시한 경우에는 취소할 수 있다.

라. 이러한 강박은 혁명과 카리스마적 지도자의 시대 이래로 더욱 증가하였다.

마. 고종은 일본과 이완용, 송병준의 강박을 받아가며…

바. 과연 강박이 없는 자유스런 분위기 속에서 이루어진 것이냐.

(14)에서 (21)의 단어는 관형명사의 조사 결합 제약 현상과 다르게 여러 격조사와 결합할 수 있으므로 관형명사의 기본적 특성을 위배한다. 이들이 여러 조사와 결합한다는 것은 기능이 확대되어 보통명사가 되었음을 의미하므로 더 이상 관형명사의 범주에 포함될 수 없다. 물론 '國營의, 旣定의, 旣成의'와 같이 다른 격조사와는 결합하지 않고 '의'와만 결합하므로 관형명사의 목록에 포함시키고 사전의 하위 항목에 참고하여 기술하면 되리라 본다.

관형명사의 목록을 총정리하기에 앞서 검토해야 할 유형이 있다. 첫째는 접미사 '-적' 결합형이며 둘째는 관형명사의 부사적 쓰임이다. 이들을 관형명사의 범주에 포함시킬 수 있는지 검토하여야 총목록을 정리할 수 있기 때문이다. 먼저 접미사 '-적' 결합형에 대해 살펴보자. 이선웅(2000)에서는 접미사 '-적' 결합형도 관형명사로 처리하였으나 'X적'을 관형명사로 인정하면 'X적'의 'X' 성분도 관형명사인 경우가 상당수이므로 관형명사에 관형명사가 결합하는 특이 구조를 보여 어휘 형성 구조에 적합하지 않다. 그리고 'X적'을 관형명사로 인정한다면 여러 조사와 결합할 수 있는 양상을 예외 현상으로 처리해야 하는 부담

이 있다.

다음으로 일부 관형명사는 용언을 수식하는 부사적 기능을 담당한다. '적극, 일괄, 본격, 연속, 전격, 대폭' 등은 관형명사이지만 부사로도 쓰인다. 관형명사가 부사로 쓰이는 것이 보편적 현상이 아니므로 논의가 필요하다.

(22) 가. 당신도 나처럼 이 방법을 **적극** 활용해 보아라.
　　나. 이제 기업은 새로운 성장산업인 Sunrise Seven에 **적극** 도전하여야 할 뿐만 아니라 …
(23) 가. 사업본부는 미국 내에 이들 기계류를 **일괄** 생산하는 종합공장을 건설할 계획이다.
　　나. 주요 선거법 위반사범과 함께 사법처리 여부를 **일괄** 결정할 방침이다.
(24) 가. 서울시 변호사회 소속 유태연 변호사가 어제 저녁6시 경 피사체로 발견되어 경찰이 **본격** 수사에 나섰다.
　　나. 우루과이라운드협상 타결과 WTO체제의 출범으로 '지구촌 경제 시대'가 **본격** 개막되고 있기 때문이다.
(25) 가. 그리고 이렇게 두 차례 **연속** 실시하게 됩니다.
　　나. 금년에 처음 볼 수 있는 그럴듯한 설정을 바라보며 감격한 어조로 좋다는 말을 **연속** 꺼냈다.
(26) 가. 지난 1일 낮 12시 40분경 양규헌 민주노총 부위원장이 경찰에 **전격** 연행됐다는 소식이 각 언론사와 노동부 기자실에 팩스로 보내졌다.
　　나. 총재인 김영삼 대통령이 이를 받아들인 형식으로 **전격** 단행됐습니다.

(22)에서 (26)의 '적극, 일괄, 본격, 연속, 전격'은 피수식어가 후행하는 명사가 아니라 동사구이며 관형명사 X를 'X적으로'로 교체할 수 있다. 예를 들어, '적극'을 '적극적으로'로 대체해 보면 (27)과 같이 자연스럽다.

(27) 가. 당신도 나처럼 이 방법을 **적극적으로** 활용해 보아라

나. 이제 기업은 새로운 성장산업인 Sunrise Seven에 **적극적으로** 도전하여야 할 뿐만 아니라 …

부사적 기능을 하는 관형명사는 모두 'X적으로'의 교체가 가능하다. 이러한 관형명사의 부사적 기능은 일부 관형명사가 점점 독립된 단어의 자격을 가지게 되는 과정에 있음을 보여주는 것으로 추정된다. 이들이 부사로 완전히 정착된다면 품사적 통용으로 해결할 수도 있겠지만 지금은 부사화 단계에 있다고 본다. 물론 관형명사 X와 부사어 'X적으로'는 교체가 가능하지만 완전하게 동일한 것은 아니다. (27)의 '적극적으로'는 어순을 바꾸어도 자연스러우나 (22)의 '적극'은 어순을 바꾸면 어색하다. 국어는 다른 언어에 비해 부사의 어순 바꾸기가 가능하므로 '적극적으로'도 (27)에서 어순 바꾸기가 가능하지만 '적극'은 자연스럽지 않다. 그러므로 본고에서는 부사적 기능을 담당하는 이러한 관형명사를 '부사화 관형명사'로 처리하고자 한다.9)

3.3.4. 관형명사의 목록

지금까지 관형명사의 특성에 근거하여 관형명사를 검토하였고, 관형명사 판별 기준에 입각하여 총목록을 정리하고자 한다. 관형명사를 판별할 때에 어떤 X가 피수식어의 위치에도 올 수 있고, 후행명사에 올 수 있는 단어가 하나만 있거나, 여러 조사와의 결합이 자유로우면 어떤 X는 관형명사의 목록에서 배제한다. 물론 소수 관형명사는 부사적 기능을 담당하기도 하고 한두 조사와 결합하는 불연속계열도 있으

---

9) 노명희(1998)에서는 구 구성에 참여하는 '-적' 생략형을 '부사성 어근'이라 하고 '적극, 본격, 공식, 전격, 결사, 일괄, 상습'을 제시하고 있다. 그러나 이 중에서 '공식, 결사, 상습'은 부사성이 약하다고 판단된다.

나 앞의 세 가지 기준에 따라 최종 관형명사를 결정하고자 한다. 그러면 지금까지의 논의를 바탕으로 하여 관형명사의 총목록을 제시하면 다음과 같다.10)

(28) 可變 [?]假言 可逆 可用 家傳 家電 [?]加增 加採 可聽 苛酷 各種 簡易 間接 强硬 强大 强力 [?]强性 個別 擧國 巨大 巨視 健全 激烈 決死 敬老 警務 經常 高架 高空 高等 [?]固形 共同 公明 共産 公安 公正 公定 共濟 共和 過當 誇大 過大 過渡 過小 過少 過疎 官邊 官選 官治 冠形 [?]怪奇 交錯 救急 球 狀 國務 國選 國營 國定 國際 國策 群小 闕席 闕食 均等 均一 均質 極大 極東 [?]極力 極烈 極小 極限 近衛 近接 急進 基督 機動 起立 祈福 旣成 旣定 旣存 緊急 拮抗 納涼 耐久 內務 內在 年間 年例 勞農 老朽 農工 農林 [?]農産 [?]農水産 [?]農畜産 [?]多者間 多重 單科 單純 單一 短資 當面 當座 當該 [?]大擧 對共 對空 對南 對內 對等 對物 對美 對民 對北 對眼 對外 代議 對人 對日 大幅 [?]大韓 冬季 冬期 同位 同一 同質 同好 落後 冷血 良好 領官 老廢 流動 臨界 萬年 模擬 無期 無機 無産 無性 無人 無賃 無政府 無限 無血 武俠 文敎 文民 美 未開 微細 微小 微少 [?]微視 未就學 民營 敏腕 民主 反國家 反獨裁 反美 反民族 反戰 反政府 汎國民 汎道民 凡民族 汎民主 汎用 法定 竝設 複合 本格 封建 不可算 不健全 不當 附帶 不買 附屬 附隨 不燃 不穩 不遇 不健全 不當 不動 非可視 非公開 非同盟 非武裝 非民主 非保護 非生産 非營利 私選 私設 私有 [?]傘下 三重 相當 相補 常設 詳細 常習 常用 傷痍 上向 相互 先發 先史 先任 先進 先行 消極 消防 水産 修習 純粹 市別 市營 植民 新陳 新興 實用 惡德 惡性 弱小 兩大 養護 [?]良好 [?]嚴格 歷代 驛傳 [?]年例 劣等 葉狀 永久 永世 零細 穩健 溫血 完璧 完全 緩衝 外務 要視察 [?]料食 要注意 優良 偶發 虞犯 [?]羽狀 優秀 優越 遠隔 原始 月例 月定 尉官 危急 有關 有權 有期 有機 有毒 流動 有力 流離 有望 有名 唯物 類似 有産 有性

---

10) 관형명사에 '?'가 있는 것은 개인의 직관에 따라 편차가 발생할 가능성이 높은 단어이다. 한자어는 개인에 따라 수용성 여부에 편차가 발생하므로 말뭉치나 인터넷 자료를 참고하여 객관성을 취하고자 하였다.

油性 有人 有閑 有限 有害 流血 有效 遊休 依法 擬似 議事 依願 異質 人工 隣接 人造 一個 一括 一大 一日 一定 一齊 林産 臨地 自記 自進 殘餘 殘留 暫定 奬學 在京 在美 在席 在位 在日 在任 在籍 在宅 低開發 低空 低公害 著名 低學力 積極 適法 適正 電擊 電動 定規 定期 精母 精密 定言 正統 諸般 早期 早起 終身 左前 主去來 主力 駐美 主要 駐韓 中價 重大 中産 中小 重要 中前 ²卽刻 卽興 至上 直立 直接 天然 鐵血 淸淨 初벌 最大 催淚 最小 最新 最終 秋季 春季 充分 就勞 親러 親衛 ²親日 打製 土木 土着 統辭 通俗 通院 特級 特別 特設 特殊 特異 葡萄狀 夏季 下等 下向 學術 學藝 韓佛 限時 害黨 該當 行旅 懸賞 現用 現傳 現存 現行 豪華 婚外 環狀 後發 後進 後行 吸濕 吸熱 稀貴 稀少

3.4. 관형명사의 유형

관형명사는 관형사와 명사의 중간 범주적 성격을 가지지만 통사적으로는 관형사에 더 가깝다. 조사와 결합하지 않고 홀로 관형사의 수식을 받지 못하며 후행명사를 수식하는 기능은 명사적 기능보다는 관형사적 기능이 더 많음을 시사한다. 그러나 관형명사는 관형사와 달리 접미사와 결합할 수 있는 특성이 있다. 관형명사 뒤에 결합할 수 있는 접미사로는 '-적, -성, -화, -하-'가 있다.[11] 물론 모든 관형명사가 이들 접미사와 결합할 수 있는 것은 아니다. 어떤 관형명사는 어떤 접미사와도 결합하지 못하며, 어떤 관형명사는 일부 접미사와 결합하기도 한다. 이 절에서는 접미사와 결합할 수 있는 관형명사를 서술성 어근과 비서술성 어근으로 나누고 어떠한 특징이 있는지 확인해 보고자 한다.

---

11) 노명희(2002)에서는 어근류 한자어가 접미사 '-하-'와 '-적'과 결합하는 양상을 조사하였다.

'-적'과 결합 가능한 유형

접미사 '-적'에 대한 논의는 §2.4.1.1에서 검토되었으므로 여기에서는 관형명사와 관련되는 것만 중점적으로 다루겠다. 우선 '-적'과 결합하는 관형명사에는 어떤 단어들이 있으며 이들의 공통된 속성이 무엇인지 찾아보고자 한다.

> (29) 가. 苛酷 決死 過渡 怪奇 內在 非公開 常用 上向 實用 流動 一括 下
> 向 急進 拮抗 緩衝 偶發 定言 正統 暫定 親日 土着 通俗
> 나. 可變 假言 ²可聽 間接 個別 擧國 巨視 冠形 國際 旣定 ²耐久 對內
> 對外 對等 大幅 同質 ²同好 無性 無政府 無限 文民 微視 民主 反
> 國家 反獨裁 反美 反民族 反政府 汎國民 汎道民 凡民族 汎民主
> 汎用 複合 本格 封建 附隨 非可視 ²非同盟 非民主 非生産 非營利
> 三重 相補 常習 相互 消極 ²惡性 年例 劣等 永久 永世 穩健 原始
> 有機 有限 異質 人工 人造 積極 適法 定規 定期 ²精密 諸般 卽刻
> 卽興 ²至上 直接 最終 親러 統辭 學術 限時

'-적'과 결합하는 관형명사는 (29)와 같으며 이들은 공통적으로 추상명사이다. 그리고 명사의 서술성에 따라 (29가)의 서술성 어근과 (29나)의 비서술성 어근과 결합할 수 있는데, 서술성 어근은 접미사 '-하-'와 결합할 수 있는 것이며 비서술성 어근은 '-하-'와 결합할 수 없는 것이다. (29)를 통해 접미사 '-적'과 결합하는 관형명사는 대개 비서술성 어근임을 확인할 수 있다. '-적'이 비서술성 어근과 주로 결합하는 것은 '-적'의 의미적 특성에 기인한다고 본다. 홍재성(1974), 김창섭(1984, 1996), 조남호(1988) 등은 접미사 '-적'이 선행 어근과 결합하면 어휘 범주상으로는 명사이지만 의미상으로는 형용사적 의미를 가진다고 하였다. 그런 의미에서 'X적'은 명사성과 형용사성을 동시에 가지는 양면성을 가진다고 할 수 있다. 이것은 관형명사와 결합하는 '-적'에서도 예외가 아니다. '-적'과 결합하는 관형명사가 서술성 명사보다 비서술성 명사에 많은 것은 '-적'의 의미가 '정도성'을 지니고 있기 때문이다 (§2.4.1.1. 참조).

그러면 '-적' 결합형 관형명사가 정도성에서 어떠한 현상을 보이는지 정도부사 '매우'나 '아주'를 사용하여 확인해 보자.12)

> (30) 가. 매우/아주 {*내재적, ?비공개적, 상용적, 상향적, 열등적, 영구적,
> ?영세적, 예비적, 온건적, 유한적, ?*일괄적, 하향적}
> 나. 매우/아주 {*가언적, 가혹적, 간접적, 개별적, 거국적, 결사적, 공
> 식적, ?공통적, ?과도적, *관형적, 괴기적, 국제적, 급진적, ?기성
> 적, *길항적, ?내구적, 대내적, 내외적, 대폭적, ?동질적, ?동호적,
> 유동적, *무성적, *무정부적, 무한적, *문민적, 미시적, 민주적, 반
> 국가적, 반독재적, ?반미적, 반민족적, 반정부적, ?범민족적, ?범
> 도민적, *범국가적, *범민주적, 범용적, 복합적, 본격적, 봉건적,
> 불법적, ?부수적, *비동맹적, 비민주적, 비생산적, 비영리적, *삼
> 중적, 상보적, 상습적, 상호적, 소극적, 실용적, 악성적, ?연례적,
> 완충적, ?우발적, 원시적, ?유기적, 이질적, 인공적, ?인조적, ?자
> 동적, 잠정적, 적극적, 적법적, 정규적, 정기적, 정밀적, ?정언적,
> 정통적, *제반적, 즉각적, 증흥적, ?지상적, 직접적, ?*최종적, 친
> 러적, 친일적, 토착적, 통사적, 통속적, 학술적, 한시적}

(30)에 의하면 관형명사가 '-적'과 결합한다고 하여 형용사성이 강해지는 것은 아니라는 것을 알 수 있다. 형용사적 의미의 정도성에는 관형명사의 서술성과 비서술성이 크게 관여하지 않음을 알 수 있다.

---

12) 형용사의 정도를 판별할 때, 형용사 부정 구분을 사용할 수 있다. 그러나 'X적'은 일반적으로 'X적이다'의 부정문 'X적이 아니다'보다 'X적이지 않다/못하다'가 수용성이 높으므로 여기에서 사용하지 않는다. 형용사 부정 구분에 대한 것은 김창섭(1984, 1996), 조남호(1988) 참조.

'-성'과 결합 가능한 유형

접미사 '-성'은 '-적'과 함께 높은 생산성을 가지는 접미사로서 수식
의존성 명사인 관형명사를 자립성이 있는 보통명사가 되게 한다. 우선
'-성'과 결합하는 관형명사에는 어떠한 것이 있는지 확인해 보자.

(31) 가. 可變 [?]可逆 [?]可用 苛酷 [?]强硬 健全 激烈 公明 公正 公定 [?]共濟 怪
奇 均等 均一 均質 極大 極烈 近接 急進 多重 單一 對等 同位 同
一 同質 [?]同好 流動 無限 不健全 不當 不燃 不動 非公開 相補 常
用 上向 [?]先發 [?]先進 [?]先行 實用 純粹 嚴格 永久 穩健 完璧 完全
有毒 流動 類似 [??]有産 有限 有害 有效 [?]擬似 隣接 殘留 [?]暫定 適
法 適正 精密 [?]早起 重大 重要 土着 親日 通俗 特別 特異 下向 [?]
後發 後進 [?]後行 吸濕 吸熱 稀貴 稀少

나. 間接 個別 冠形 國選 國際 機動 祈福 耐久 對外 不可算 [*]反國家
反獨裁 反民族 [?]反政府 汎國民 [?]汎道民 複合 封建 非可視 非同盟
非生産 非營利 [?]相互 消極 [?]流血 異質 人工 人造 一括 [?]殘餘 積極
定期 [?]早期 卽興 直接 天然 親러 限時

노명희(1998 : 165~73)에서는 접미사 '-성'은 별로 제약이 없어 대부
분의 어근과 결합할 수 있다고 보았지만 (31)과 같이 관형명사 뒤에는
제약이 있음을 알 수 있다. 선행 어근에 크게 제약을 받지 않는 접미
사 '-성'이지만 관형명사의 결합 현상에서는 선행 어근의 의미에 영향
을 받음을 보여준다. 그리고 '-성'의 선행 어근은 (31가)의 서술성 어근
뿐 아니라 (31나)의 비서술성 어근도 비슷한 분포로 실현됨을 보여준
다. '-적'은 비서술성 어근과의 결합 분포가 높은 반면에 '-성'은 두 명
사류의 분포가 거의 유사하게 나타난다. 이것은 '-성'이 선행 어근의
서술성과 비서술성에 큰 제약을 받지 않음을 보여준다.

'-화'와 결합 가능한 유형

최현배(1961 : 672)에서는 접미사 '-화'를 '-적'과 함께 '그러한 성질을 나타내는 것'이라고 하였고, 노명희(1998 : 175)에서는 '-화'가 일반적으로 서술성이 없는 어근에 결합하여 그 어근에 서술성을 부여하는 특성을 가지고 있다고 하였다. '-화'가 주로 서술성이 없는 어근에 결합하여 그 어근에 서술성을 부여한다면, '-화'와 결합하는 관형명사도 대개 비서술성 명사일 것으로 예상된다. 그러나 (32)에 의하면 '-화'와 결합할 수 있는 관형명사는 (32가)의 서술성 어근과 (32나)의 비서술성 어근 모두 가능하며 분포도 큰 차이를 보이지 않는다.

(32) 가. 强勁 强力 公定 過大 過小 均等 均一 均質 極大 極烈 極小 ²近接
　　　單一 對等 同位 同一 同質 ²同好 微細 不動 非公開 詳細 常用 上
　　　向 實用 弱小 嚴格 永久 ²有限 精密 土着 通俗　特殊 下向 後進
　　　²後行 稀貴 稀少
　　나. 可用 間接 個別 巨視 ²高等 ²固形 共産 冠形 國營 國際 旣成 老朽
　　　多重 單純 文民 民營 民主 反獨裁 反政府 汎國民 汎道民 凡民族
　　　凡民主 非可視 非同盟 非民主 非營利 常習 市營 植民 ²兩大 遠隔
　　　定規 ²定期 ²早期 ²早起 最大 最小 最新

(32)에 의하면 '-화'가 서술성 없는 어근에 결합하여 서술성을 부여하기도 하지만 관형명사의 경우에는 서술성 어근과도 자유롭게 결합함을 알 수 있다. 이러한 현상이 발생하는 것은 관형명사가 'X하다'의 'X'에서 파생된 유형이 많기 때문이라 판단된다.

'-하-'와 결합 가능한 유형

'-하-'의 문법적 지위는 형식동사(서정수, 1975), 상위동사(김영희, 1986), 접

미사(임홍빈, 1979; 심재기, 1980; 김창섭, 1996) 등으로 논의되어 왔지만, 파생접
미사 '-롭-, -스럽-'과 평행한 양상을 보이고, 독자적인 의미를 가지지
못하며, 명사나 어근이 '-을/를' 주제화에 의해 분리 가능하므로 'X하-'
의 '하-'는 접미사로 처리하는 것이 적합하다고 본다. 접미사 '-하-'는 선
행 어근과 결합하여 동사나 형용사를 파생시키므로 선행어근은 모두 서
술성 어근이다.

(33) [?]可變 苛酷 强硬 强大 强力 强性 巨大 健全 激烈 公明 公正 公定 [?]共
濟 誇大 過大 過小 怪奇 闕席 闕食 均等 均一 均質 極烈 近接 急進
起立 緊急 拮抗 老朽 單純 單一 同一 落後 良好 老廢 流動 模擬 無
限 未開 微細 [?]汎用 [?]竝設 不健全 不當 不穩 不遇 不動 非公開 非武
裝 私有 相當 常設 詳細 常用 上向 先發 先任 先行 修習 先進 純粹
實用 惡德 弱小 養護 良好 嚴格 劣等 永久 永世 穩健 完璧 完全 優
秀 優越 危急 有關 有毒 流動 有力 有望 有名 有限 有害 流血 有效
緩衝 優良 偶發 流離 類似 隣接 一括 在任 著名 適法 適正 精密 主
去來 主力 主要 重大 重要 直立 淸淨 初벌 充分 就勞 土着 通院 特
別 特設 特殊 特異 現傳 後行 吸濕 吸熱 下向 稀貴 稀少

(33)을 통해 확인할 수 있듯이 접미사 '-하-'와 결합하는 어근은 모
두 서술성 어근이다. '-적'은 비서술성 어근과 결합하는 유형이 대부분
이었으므로 '-적'과 '-하-는 배타적 관계를 형성한다고 할 수 있다.

(34) 가. *가능적, *가혹적, *낙후적, *노폐적, *양호적, *엄격적
나. 가능하다, 가혹하다, 낙후하다, 노폐하다, 양호하다, 엄격하다

(34)의 어근은 '-적'의 결합에서는 제약을 보이지만 '-하-'와는 자연
스럽게 결합한다. 이러한 배타적 현상은 '-적'과 결합하던 어근이 대부
분 비서술성 어근이었던 것과 상관성을 가진다. 물론 일부 관형명사는

(35)와 같이 두 접미사를 모두 취할 수 있지만 두 접미사를 모두 허용하는 관형명사로는 이 외에 '²常用 上向 劣等 永世 穩健 下向 合法' 등 정도에 국한된다.

> (35) 가. 내재적, 대등적, 비공개적, 영구적, 유한적, 일괄적
> 　　　나. 내재하다, 대등하다. 비공개하다, 영구하다, 유한하다, 일괄하다

　지금까지 관형명사와 접미사 '-적, -성, -화, -하-'의 결합 양상에 대해 살펴보았다. 접미사와 결합하는 관형명사를 서술성, 즉 '-하-'와 결합할 수 있는 서술성 어근과 결합할 수 없는 비서술성 어근으로 구분하여 관형명사와 접미사의 상관성을 검토하였다. '-적'은 대부분 비서술성 어근과 결합하였고, '-성'과 '-화'는 서술성과 비서술성이 유사한 분포를 보였으며, '-하-'는 모두 서술성 어근과 결합하였다. '-적'과 '-하-'가 배타적 결합 분포를 보이는 것을 통해 두 접미사의 의미와 속성까지 파악할 수 있다.

제4장 관형격조사와 명사구 구성

4장에서는 관형격조사 '의'의 문법적 지위와 격 기능을 검토하고 'NP₁의 NP₂' 구성의 특성과 유형을 살펴보는 것을 목적으로 한다. 관형격조사가 과연 격 지위를 얻을 수 있는지, 또 격으로 인정한다면 어떤 격이 될 수 있는지를 검토하고, 명사구의 대표적 유형인 'NP₁의 NP₂' 구성과 'NP₁ NP₂' 구성의 특성을 의미·통사·화용론적 관점에서 비교해 보고자 한다. 이들을 본격적으로 논의하기 전에 선행 연구의 흐름을 살펴보자.

4.1. 선행 연구

명사구 구성에 대한 선행 연구는 의미론적 연구, 통사론적 연구, 화용론적 연구로 나누어 진행되어 왔고 여러 관점에서 국어의 명사구를 심도 있게 다루었다.

(1) 가. 의미론적 연구 : 최현배(1961), 김광해(1981), 임홍빈(1981), 민현식(1982), 김명희(1987), 이남순(1988), 왕문용(1989)

나. 통사론적 연구 : 서정수(1968), 홍윤표(1969), 성광수(1973), 이광
　　　　호(1976), 서정목(1977, 1978), 김봉모(1979), 홍순성(1981), 이현우
　　　　(1995), 김용하(1990), 김기혁(1990), 최경봉(1995, 1998), 김병일
　　　　(2000), 신선경(2001)
　　다. 화용론적 연구 : 정희정(2000)

　전통문법에서는 관형격조사 '의'의 의미에 중점을 둔 논의가 주를
이루었다.1) 의미 중심적 논의에 의하면 '의'는 '소유, 관계, 소재(所在),
소산(所産), 소기(所起), 비유, 대상, 소성(所成), 명칭, 소속, 소작(所作), 단순
한 격조사2)' 등의 의미를 가진다(최현배 1937/1961 : 618). 그러나 '우리의
학교'의 '의'가 소유의 의미도 가능하고 '~가 다니고 있는'의 의미도
가능하며, '제주의 말'의 '의'도 소산(所産)의 의미만 있는 것이 아니라
소재(所在)의 의미로도 해석될 수 있는 것처럼 하나의 명사구에서 '의'
가 다양하게 해석될 수 있다는 데 한계가 있다.
　관형격조사 '의'를 본격적으로 논의한 김광해(1981)에서는 '의'의 의미
를 다양하게 해석하는 데 문제점이 있음을 지적하고 (2)와 같이 의미
적 기능과 통사적 기능으로 구분하여 제시하였다.

　　(2) 가. '의'(또는 'ø')는 N₂가 N₁의 범위 속에서 어떤 관계 하에 있음을
　　　　　표시해 주는 의미기능을 가진다.

---

1) '의'의 의미에 대한 기존 연구를 보면, 최현배(1961)는 12개 항목으로 분류하고, 서
　정수(1968)도 적어도 12개 이상으로, 김승곤(1969)는 약 30여 개로, 김민수(1971)는
　10개로, 심재기(1979)는 14개로, 정희정(2000)은 22개 등으로 구분한다. 사전류에서
　도 '의'가 대개 20개가 넘는 뜻을 지니고 있다고 설명한다. 그러나 이것이 과연
　'의'의 의미인지 선・후행명사구의 의미관계에서 형성된 것인지 명확하지 않다.
2) 최현배(1961)는 격조사 '의'를 '임자씨가 내포하고 있는 그림씨스런 성질을 그대
　로 매김꼴처럼 만드는 단순한 매김자리토'라 하고, '최대의(가장 큰) 경의, 평화의
　(평화스런) 세계'를 예를 들고 있다. 이때의 '의'는 특별한 의미를 상정하지 않고
　단지 '의'가 수식 기능을 가진다는 것을 말하는 것으로 추정된다.

나. '의'(또는 'ø')는 N_1을 N_2에 대해 종속부(attribute)로 기능하게 하
　는 통사장치이다.

　'사랑의 아픔'의 '의'와 '동생 모자'의 'ø'은 독자적인 의미를 가지기보
다 N_2가 N_1의 범위(또는 영역) 속에 있음을 표시해 주는 의미적 기능
과, N_1을 통사구조 상에서 '관형사부'(수식부, 종속부; attribute)에 오게 하는
통사적 기능을 담당한다는 것이다. 즉 '의'의 의미는 구체적인 의미를
지니는 것이 아니라 '불확실성'으로 단정할 수 있다고 보았다. 그러나
김광해(1981)의 논의에서는 다음과 같은 문제점이 발견된다. 첫째, '의'
와 'ø'의 의미가 불확실성이라고 한다면 '의'의 개입 여부에 따라 의미
변화를 보이는 명사구를 설명하지 못한다. '중국의 요리'와 '중국 요리'
의 차이를 '의'의 의미적 속성으로 해석하기에는 한계가 있다.[3] 둘째,
'의'의 생략 환경만 제시하고 '의'가 나타날 수 없는 환경은 제시하지
못하였다(김용하, 1990 참조). 예를 들어, '사과 하나'와 같은 '명사-수사' 구
조는 '의'가 개입될 수 없고 '하나의 사과'와 같은 '수사-명사' 구조에서
는 '의'가 필수적으로 요구되는 것처럼 통사적 구조에 따라 '의'의 개입
이 다른 양상을 보이는 것을 설명하지 못한다.
　임홍빈(1981)에서는 '의'가 문제의 대상에 대한 존재 전제를 요구하는
고유 의미를 지닌다고 보았다. 어떤 존재가 진공 속에 추상적으로 존
재하는 것이 아니라 구체적인 상황 속에서 살아 움직이는 관계의 총
체로서 온갖 잠재적인 가능성과 같이 존재하는 것이라 하였다. 그러나
다음과 같은 구조에서 존재 전제의 '의'를 밝혀내는 것이 쉽지 않다.

---

3) 물론 김광해(1981)에서도 '중국의 요리'는 명사구절, '중국요리'는 통사적 복합어
　(syntactic compound)라 하여 구별하고 있다. 여기에서의 통사적 복합어는 Lyons
　(1977)의 개념을 원용하였지만 해석상의 차이가 발견된다. 구체적인 논의는 제4
　장 각주 30 참조.

첫째, 관형격조사의 선행 요소로 조사구나 문장이 나타나는 경우이다.

(3) 가. 자유로부터의 도피, 내면 세계에서의 소리, 극음악으로서의 악극
　　나. 의료 보험의 수혜 범위에 들어가느냐의 여부

(3가)의 조사구의 결합 구조나 (3나)의 문장 단위는 존재 전제설로 설명하기 어렵다. 물론 임홍빈(1999)에서는 '자유로부터의 도피'의 경우 '자유로' 내지 '자유로부터'가 명사구로 재분석되고 거기에 조사 '의'가 결합하는 것으로 설명하였으나, 명사구로 재분석된다고 하더라도 '의'가 '자유로부터'의 존재를 전제하는가에 대해서는 철학적 논의에 그치는 한계를 지닌다.

둘째, 'NP₁ NP₂' 구성은 '의'가 없으므로 임홍빈(1989)의 관점에서는 존재 전제의 의미를 상실하는 것이지만 선행명사구의 의미 자질에 따라 존재 전제로 처리할 수도 있다.

(4) 가. 동생의 모자/ 동생 모자
　　나. ?*여성의 잡지/여성 잡지,
　　다. ?*야구공의 가방/야구공 가방
　　라. 음식물의 쓰레기/음식물 쓰레기

(4)의 구조는 '의'의 의미적 기능보다 선행 명사가 물질명사 내지 유정명사이므로 존재 전제가 무표적으로 실현된다고 본다. 즉 '의'의 기능은 선행명사구와 후행명사구의 의미적 상관관계가 밀접한 영향을 끼친다고 볼 수 있다.

그리하여 민현식(1982)에서는 '의'가 실현되는 구성과 '의'가 무표격으

로 실현되는 구성은 명사의 의미 자질에 따라 '의'의 필연성이 결정된다고 밝혔으며, 이남순(1988)은 명사구 구성을 속격구성, 관형구성, 사이시옷구성으로 구별하고 각 구성이 외연 한정, 내연 한정 등의 의미적 변별성이 있음을 밝혔다. 김명희(1987)은 일반화의 뜻을 가지는 'NP$_1$의 NP$_2$' 구성과 구체화의 뜻을 가지는 'NP$_1$ NP$_2$' 구성으로 구분하였지만, 고유명사에 '의'를 쓰면 일반화의 의미를 가진다고 판단하기 어렵다는 문제점이 있다. 예를 들어, '삼성의 컴퓨터'에서 '삼성'이 일반화의 의미를 가지려면 삼성의 여러 제품 중에서 컴퓨터를 지시해야 하지만, 여러 컴퓨터 중 하나가 삼성 제품이라는 상반된 해석도 가능하므로 설명적 한계에 봉착하게 된다.

(1나)의 일부 연구에서는 '의'의 의미를 변형생성문법의 변형규칙에 의해 설명하려고 하였으나 동일 명사구 삭제 규칙과 같은 순환론적 맹점을 피할 수 없게 되었다. 그리하여 김용하(1990)는 지배와 결속 이론에 근거하여 관형격조사의 격 지위를 설정하였고, 김기혁(1990), 최경봉(1995, 1998), 신선경(2001) 등에서는 통사·의미론적 관점에서 이 구조를 해결하고자 하였다.

김용하(1990)는 관형격조사 '의'가 고유격(inherent case)이 아닌 구조격(structure case)이며 심층구조에서부터 관형격 구조임을 주장하였다. 그리고 격 표지가 없는 무표격도 인정하였는데, 모든 무표격이 격조사로 복원된다는 것인지 아니면 일부 격조사만 복원된다는 것인지 구체적인 논의가 없고, 또 복원 전후의 유형이 동일하지 않은 경우도 있으므로 이들을 설득력 있게 논증하기 어려운 한계가 있다.

최경봉(1995, 1998)은 수식관계만 형성하는 '집합관계 구성'과 선행명사가 후행하는 서술명사의 논항이 되는 '논항관계 구성'으로 나누었다.

(5) 가. 집합관계구성

   ① N₁+(의)+N₂ 유형 : '소유주-대상' 관계나 '전체-구성소'의 관계를 형성하는 유형.

   (예) 개의 다리, 개 다리.

   ② N₁+N₂ 유형 : '속성-대상'의 관계를 형성하는 유형.

   (예) 개다리, 소금물, 보리차, 시멘트바닥.

   ③ N₁+의+N₂ 유형 : 두 명사 간의 의미연결 관계가 형성되지 않는 비유적 표현.

   (예) 사랑의 학교, 마음의 소리.

  나. 논항관계구성

   (예) 문제 해결, 장학금 기부, 국가 형성, 교황 암살, 도시 파괴

최경봉(1995)는 그 전까지 논의하지 못한 의미 관계를 (5)와 같이 밝힌 데 의의가 있으나, '늙은 개의 다리, 개의 짧은 다리'처럼 명사가 아닌 명사구 구성도 가능하므로 N이 아니라 NP가 되어야 하고 (5가)의 N₁과 N₂의 관계는 '소유주-대상, 전체-구성소, 속성-대상'의 의미 관계만을 형성하는 것이 아니라 다양한 의미관계를 형성하므로 모든 의미 관계를 통합하기가 어려운 문제점을 안고 있다.

김기혁(1990)에서는 '의'는 종속적 연결 기능을 한다는 것과, 'N₁ N₂' 명사수식구성은 합성명사로 굳어진 형태론적 구성과 명사구로서의 통어적 특징을 공유하므로 중간범주 N'의 자격을 가진다고 설정하였다. 그러나 여기서의 중간범주인 N'는 일반적으로 통용되는 N'의 개념과 혼동을 일으킨다. N'는 명사 N에 보충어와 결합하여 N'가 되는데, '대학생 아버지'의 경우 '대학생'이 보충어가 아니라 부가어이므로 N'로 설정할 수 없기 때문이다.

신선경(2001)은 소유자와 소유물, 전체와 부분 등의 집합관계 연결구성과 선행명사가 후행명사의 논항이 되는 서술관계 연결구성으로 나

누었다. 여기서의 서술관계구성의 '의'는 최경봉(1995, 1998)에서 제시한 의미역과 관련되는 것이 아니라, 선행명사와 후행명사가 동일교점 하에 관할되느냐 아니면 선행명사가 후행명사를 관할하느냐에 따라 '의'가 필수적으로 실현되기도 하고 그렇지 않기도 한다는 것이다. 그러나 합성명사와 명사구 구성이 구별되지 못하고, '문제(의) 해결'처럼 동일교점에 관할되지만 '의'가 실현되는 유형을 설명하지 못하며, 논항 관계의 서술관계 구성에 부가어도 포함되는 문제점들을 안고 있다.

정희정(2000 : 46-66)은 'NP₁의 NP₂' 구성과 'NP₁ NP₂' 구성의 차이를 화용론적 관점에 중점을 두고 논의하였다. 'NP₁의 NP₂' 구성은 선행명사구가 전제가 되고, 'NP₁ NP₂' 구성은 후행명사구가 전제가 된다고 하였지만, 초점과 전제의 해석방법은 문맥에 따라 해석이 다를 수 있는 약점이 있다.

지금까지 국어의 관형격조사와 'NP₁의 NP₂' 구성에 대한 선행 연구를 간략히 검토해 보았다. 이들을 바탕으로 하여 국어의 관형격조사 '의'가 지닌 문법적 지위나 기능을 확인하고 'NP₁의 NP₂' 구성의 특성과 유형을 천착해 보고자 한다.

4.2. 관형격조사의 격 지위와 기능[4]

4.2.1. 관형격조사의 격 지위

관형격조사의 격 지위에 대한 논의는 우선적으로 조사 '의'가 '격'의 지위를 가질 수 있는가 하는 근본적인 질문에서부터 시작된다. 조사 '의'를 Fillmore(1968)의 의미론적 격 개념에 근거하면 관형격은 격의 자격을 상실하게 되며, 전통문법적 관점의 개념에 근거하면 추상적인 문

---

4) §4.2는 김선효(2002ㄱ, 2005)를 참고하였으나 논지가 바뀐 부분이 있다.

법적 기능에 의해 격이 부여되어 추상적인 격 개념에 머물게 되는 문제점이 있다. 그렇다고 국어에는 격이 존재하지 않는다고 하는 격 무용론은 격의 실현과 격 표지의 실현을 엄밀하게 구별할 수 없는 한계를 드러낸다.5)

Chomsky(1981)은 격을 구조격과 내재격으로 구분하고, 구조격은 격 조사가 문장 구조의 틀을 제시하는 것이며 내재격은 서술어의 의미역 틀(θ-grid)에 따라 결정되는 것으로 보았다. 이러한 관점에 따라 강영세(1986)는 주격, 목적격, 관형격, 사격을 설정하였고, 임홍빈(1987)은 주격, 목적격, 관형격,6) 이광호(1988)는 주격, 목적격, 관형격, 접관형격을

---

5) 유길준(1907)은 조사 '의'를 순체접속 '와/과, 밋, 다못'의 한 종류로 처리하였고, 김두봉(1922)은 겻씨, 즉 현행 문법의 조사 내지 어미류의 일부로 분석하였다. 그러나 주시경(1910)은 '의'를 겻씨의 분류에 포함시키지 않고 '속뜻'으로 분석하여 현행 '격' 개념의 선구자적 역할을 하였다. '의'가 격의 자격을 가지기 시작한 것은 박승빈(1935)에서 시작되는데, '의, ㅅ'을 체언에 첨가되는 조사의 일종인 소지격(所持格)으로 분석하였고, 홍기문(1947)은 명사의 격을 정하는 정격(定格)의 하나인 '지격(持格)'이라 하였다. 그러다가 이남순(1988)에 이르면 '의'의 실현 양상에 따라 완전격과 부정격이라 하고, 완전격은 Jakobson(1936)이 제시한 주격, 대격에 관형격을 포함한 것이며 부정격(Casus Indefinitus)은 안병희(1966)의 개념을 수용하여 사용한 것이다. 그러나 Fillmore(1968)의 의미론적 격의 개념에 근거한 성광수(1973), 김영희(1973), 김광해(1981), 허웅(1983/1995), 이관규(1992) 등에서는 조사 '의'를 격조사로 인정하지 않고, 접속조사 내지 관형조사로 처리하였다. 이러한 관점은 '의'가 엄격한 의미의 격 범주에 포함될 수 없으며 격의 자격을 할당받을 수 없다고 보는 것이다. 한편, 고석주(2004 : 27~106)는 격이 본래 인구어의 명사 어형 변화와 관련되고 국어의 격 표지와는 상관성이 없으므로 한국어에 격 개념을 수용하는 것은 타당성이 없다고 주장하고 있다.

6) 임홍빈(1999)에서는 국어에 구조격을 설정하는 것을 반대한다. 구조격은 지배-결속 이론이 바탕되어야 하는 것인데, 다음과 같은 예문은 이 이론으로는 설명할 수 없기 때문이다.

(1) 가. 내가요 그 사람을 언제 만났습니까요?

나. 내가 그사람을이야 때렸겠습니까?

구조격이 인정되려면 '나요, 그 사람이야'가 심층구조에 있고 그 다음에 격을 받은 '나요가, 그 사람이야를'의 형식이 되어야 하는데, 실제 발화된 국어 문장은 그렇지 않기 때문이다. 그러나 (1)과 같은 경우는 언어 수행적 첨사인 '요'나 '이야'

제시하고 있다. 그리고 임동훈(2004 : 122~131)에서는 통사적 관계를 표시하는 문법격 '이/가, 을/를, 의'와 의미적 관계를 표시하는 의미격 '에/에게, 에서, 와/과'로 구분하였는데, 여기에서는 문법격의 용어를 수용하면서 관형격조사 '의'의 기능을 설명하고자 한다.

본고에서는 격이 체언과 다른 성분과의 관계에 의해 형성되는 것이라는 전제하에 관형격도 격이 될 수 있다고 본다.[7] 즉 동사에 의해서만 격이 할당되는 것이 아니라 체언이 명사나 다른 성분과도 통사적 관계를 형성한다면 관형격의 자격을 부여받을 수 있다고 본다. 이러한 관점은 뒤에서 논의하게 될 관형격조사 '의'의 기능과 밀접한 관계를 가진다. 관형격조사 '의'는 명사구나 다른 성분 뒤에 실현되면 관형격 표지는 선행 성분을 명사구로 재구조화하여 수식부의 기능을 부여하는 기능을 가진다. 물론 인구어의 격 변화 양상과 국어의 격표지 실현 양상을 동일시할 수는 없지만 국어의 관형격조사 '의'는 뚜렷한 통사적 장치를 하므로 선행 성분과 후행 성분을 하나의 명사구로 만드는 역할을 한다.

(6) 가. 우리의 소원
　　나. 감옥으로부터의 탈출
　　다. 범인이 무엇을 하고 있는가의 상황

가 심층구조에 주어지는 것이 아니라 표층구조에서 화용적 어휘가 삽입되는 것으로 해석한다면 좀 용이해질 것으로 추정된다.
7) 인구어의 격과 국어의 격은 문법·형태적 변화가 동일하지 않으므로 국어에서 격을 인정하는 것이 쉽지 않다. 격 개념을 인정하더라도 격 표지가 여러 문장 위치에 출현하는 현상을 설명하기 어렵고, 인정하지 않으면 격 조사의 원형적 의미와 기능을 간과하는 또 다른 문제점을 산출한다. 그리하여 국어의 격을 좀더 명쾌하게 설명할 수 있는 연구가 더 요구된다.

(6)의 격표지 '의'는 수식부인 선행명사구와 피수식부인 후행명사구를 하나의 명사구로 묶는 통사적 기제가 된다. 의미론적 접근 방법에서만 관형격조사를 해결하려고 하면 (6가)의 '의'가 추상적인 개념으로 설명되고 (6나)와 (6다)의 구조를 해석하기 어려워진다. 이러한 해석의 한계를 벗어나기 위해서는 관형격 '의'의 기능에 근거하여 관형격조사 '의'가 격 지위를 부여받아야 한다.

4.2.2. 관형격조사와 부정격

관형격조사가 격의 자격을 가진다면 부정격(Casus Indefinitus)도 인정해야 하는가 하는 의문이 생긴다. 격표지 '의'가 실현된 관형격 구조와 '의'가 탈락된 부정격 구조가 동일 명사구 구성이라는 것은 인식적 관점에서는 수용할 수 있지만 문법적 관점에서는 더 많은 논의가 필요하다. 국어 화자가 '아버지의 사진'과 '아버지 사진'을 동일 의미를 형성한다고 보는 것은 인식적 태도에 불과하다고 할 수 있다. 문법적 현상에서는 두 구성을 동일한 구조로 보기 어렵다.[8]

부정격은 구조격을 인정하는 것에서부터 출발하는데, 주격, 목적격, 관형격이 문장에 나타나지 않는 것이 탈락이 아니라 부정격이라는 것이다. 탈락인 경우는 탈락 전후의 의미 차이를 설명할 수 있어야 하는데, 구조격의 경우는 주격, 대격, 관형격, 부정격으로 설정하면 설명이 용이해진다는 것이다. 물론 관형격조사가 탈락이 아니라 격의 굴절 양상 중의 하나로 처리한 것은 국어의 기존 연구에서 일보 전진한 것임에는 틀림이 없다. 그러나 관형격이 실현되지 않는 것을 부정격으로

---

8) 최현배(1961), 김광해(1981), 민현식(1982)에서는 'N₁ N₂' 구성을 '의' 탈락 현상으로 처리하고 있지만, 임홍빈(1981/1999), 김기혁(1990), 등에서는 'N₁의 N₂' 구성과 'N₁ N₂' 구성이 서로 다른 심층구조를 가진 것으로 처리하고 있다.

처리하는 것은 국어의 매개변인적 속성에서 볼 때 다음과 같은 국어의 현상을 설명하지 못하는 난점을 안고 있다.

첫째, 국어에는 격 중출 현상이 있다. 이러한 주격 중출 현상은 인구어에서는 나타나지 않는 특이한 현상이다.[9]

> (7) 가. 꽃이 장미가 예쁘다.
> 나. *꽃 장미가 예쁘다.
> 다. *꽃이 장미 예쁘다.

(7)의 주격 중출문은 반드시 주격 조사가 두 개 이상 요구된다. 그렇지 않으면 (7나)와 (7다)와 같이 비문이 된다. 만약 주격의 부정격 현상이 입지를 굳히려면 (7나)와 (7다)의 현상을 설명할 수 있어야 한다.

둘째, 격조사가 구조격인 경우, 구조적으로 설명할 수 없는 구문을 해결할 방안이 없다. 즉 주격 조사가 문장의 주어에서만 나타나는 것이 아니라 동사의 활용 어미 뒤에도 나타날 수 있다.

> (8) 가. 동생은 별로 착하지가 않다.
> 나. 영희가 빠르게가 아니라 느리게 달린다.

(8)의 조사 '가'는 구조적으로 주어의 자리를 가지지 못하며, 명사구 뒤에 결합한 것이 아니라 동사의 활용 어미 뒤에 결합하였으므로 주격 조사가 아니라고 할 수 있다. 물론 (8)의 조사 '가'를 주격 조사로 보지 않으면 크게 논의할 바가 아니나 선행성분이 재구조화 과정을 통해 명사구가 되었으면 격조사의 한 유형으로 볼 수도 있다. 그렇다면

---

9) 격 중출 현상은 임홍빈(1974/1999 : 199~204)에서 논의한 바대로 주제화로 설명 기능한 것은 격 중출 현상으로 보지 않는다.

이런 경우 조사 '가'의 문법적 지위를 상정하는 데 혼란의 여지를 남기게 되는 것이다.

셋째, 부정격의 자격 문제이다. 부정격이 격조사가 표층구조에 실현되지 않는 것이라 할 때, 주격의 부정격, 목적격의 부정격, 관형격의 부정격은 결국 모두 부정격이라는 것이다. 즉 체언에 구조격이 생략되면 부정격 자격을 부여하는 것이다. 그러나 격조사의 생략 현상은 주격, 목적격, 관형격에만 한정되는 것이 아니라는 것이 문제이다. 구조격 외에 내재격에도 생략되는 것을 발견할 수 있는데, 그러면 내재격의 생략 현상은 단순한 탈락 현상인지 아니면 부정격의 자격을 가질 수도 있는지 설명하기 쉽지 않다.

(9) 가. 영희가 서울에 갔어.
　　나. 영희가 서울 갔어.
　　다. 영희 서울 갔어.
(10) 가. 그 사람은 영희에게 편지를 썼다.
　　나. *그 사람은 영희 편지를 썼다.

(9가)에서 부사격 조사 '에'가 나타나지 않는 (9나), 주격 조사와 부사격 조사가 모두 표층 구조에 나타나지 않은 (9다)의 경우 주격 조사가 나타나지 않은 것만 부정격이 되고, 부사격 조사가 나타나지 않은 것은 생략 내지 탈락이라고 해야 하는가 하는 것이다. (9나)에 격 표지가 회복될 때는 '에'뿐 아니라 '을'도 나타날 수 있다. 그리고 또 다른 문제는 부사격 조사는 내재격으로 모든 문장에서 생략되기 어려운 한계성을 가지고 있다. (10나)에서처럼 서술어 '쓰다'의 지배를 받는 영희가 격조사를 취하지 않으면 비문이 되는 것을 설명하기 어렵다.

넷째, 관형격조사가 구조격으로 지위를 확고하게 인정받기 위해서는 [NP_X']의 구성을 가질 때 관형격조사가 늘 실현될 수 있어야 한다. 그러나 관형격조사가 둘 이상 나타나는 명사구에서는 그 실현 여부가 자의적이며, 명사구가 셋 이상 나열되는 구성에서는 실현되면 오히려 어색하거나 비문이 되는 경우가 있다. 관형격이 실현되지 않는 것을 단순히 부정격이라고 한다면 실현과 비실현의 차이점을 명시적으로 설명해 줄 수 없다.

(11) 가. 아버지의 동생의 누나의 딸
　　 나. 아버지의 동생의 누나 딸
　　 다. 아버지 동생의 누나 딸
　　 라. *아버지의 동생 누나의 딸.
　　 마. *아버지 동생 누나 딸
(12) 가. 미국의 이라크의 침략
　　 나. 미국의 이라크 침략
　　 다. *미국 이라크의 침략
　　 라. *미국 이라크 침략

관형격조사가 중출되어 나타나는 (11)나 (12)과 같은 경우, (11)는 선행명사와 후행명사 간의 친족관계를 나타내며 (12)은 머리명사의 논항 성분이 결합된 것이다. (11)는 (11나)와 (11다)가 가능하고 (12)은 (12나)가 가능하고 나머지는 어색하거나 비문이 된다. (12)의 경우 관형격조사의 필수성이 (12나)와 같이 동사구에 인접한 목적어 위치에 올 때에만 부정격이 허용되고, (12다)와 같이 주어 위치에 올 때는 부정격으로 나타날 수 없다는 제약은 그리 설득력이 없다. 그리고 이러한 '의'의 통합 양상은 국어 화자에 따라 문법성의 정도나 문장의 수용도가 다른 것도 문제가 된다.10)

---

10) 이선웅(2004ㄴ : 78~81) 참조.

다섯째, 'N₁ N₂' 구성으로 나타나는 명사구 중에서 어떤 것은 관형격
조사가 개입될 수 없는 구조가 있다.

> (13) 가. 긴급 출동
> 나. 남자 친구
> 다. 밤낮, 논밭
> 라. 사과 하나

(13가)에서와 같이 관형명사 '긴급'이 N₁에 오거나, (13나)와 같이 N₁
과 N₂가 등가의 의미관계를 형성하는 등가 구성이 오거나, (13다)와 같
이 N₁과 N₂가 대등적 관계를 가지며 합성 명사로 발전한 경우이거나,
(13라)와 같이 N₂에 수사가 오는 경우에는 관형격조사가 개입할 수 없
다. 이들 경우는 'N₁ N₂' 구성에서 관형격을 할당하더라도 '의'가 삽입
될 수 없다. (13)의 현상은 N₁과 N₂가 나열되더라도 관형격조사 '의'가
사용될 수 없는 구조적 환경이 있음을 입증한다.

관형격조사 '의'를 지배 결속 이론에 입각한 구조격으로 처리하면
부정격을 인정해야 하는 것과 'N₁의 N₂' 구성과 'N₁ N₂' 구성의 차이를
'의'의 생략 현상으로 처리해야 하는 모순을 안게 된다.

4.2.3. 관형격조사의 기능

관형격조사는 국어의 통사 구조를 형성하고 문법적 지위를 굳히는
역할을 하는 문법격의 일종이다. 현대국어의 관형격조사 '의'의 소급형
은 중세국어의 '이/의' 또는 'ㅅ'으로서 명사의 의미 자질에 따라 평칭
유정물에서는 '이/의', 존칭 유정물이나 무정물에서는 'ㅅ'이 쓰였다. 그
리고 조사구 뒤에나 문장 뒤에는 관형격 'ㅅ'이 나타났다(고영근 2010 :
92-3, 221-8 참조).

(14) 가. <u>사ᄉᄆᆡ</u> 등과 <u>도즈긔</u> 입과 눈(용비어천가 88장)

　　　나. <u>부텻</u> 몸이 여러가짓 相이 ᄀᆞᄌᆞ샤(석보상절 6 : 41)

　　　다. <u>蓮花ㅅ</u> 고지 나거늘(월인천강지곡 기19)

(15) 가. 因緣은 젼ᄎᆞ니 <u>前生앳</u> 이릐 젼ᄎᆞᆯ 因緣이라 ᄒᆞ고(월인석보
　　　　　1 : 11)

　　　나. <u>世尊ᄋᆞᆫ 世界예 ᄆᆞᆺ 尊ᄒᆞ시닷</u> ᄠᅳ디라(석보상절 서 5)

(14가)는 평칭의 유정물이므로 '이/의'가 쓰였고 (14나)의 '부텨'는 존
칭 유정물이므로 'ㅅ'이 쓰였으며 (14다)는 '蓮花'가 무정물이므로 'ㅅ'
이 쓰였다. 그리고 (15)는 부사격조사 '애/에/읫' 뒤에나 종결어미 뒤에
'ㅅ'이 쓰인 것이다. 위의 예에 의하면 중세국어의 관형격조사가 실현
되는 환경이 현대국어와 유사하다는 것을 알 수 있다. 다만 현대국어
에서는 'ㅅ'이 단어 형성에만 관여하고 통사론적 영역에서는 활동하지
않는다.

　중세국어의 '이/의, ㅅ'과 현대국어의 '의'의 기능은 그 맥을 같이하
고 있다.[11] 관형격조사의 기능은 의미적 기능보다 통사적 기능이 주요
기능이라 할 수 있다. 의미 기능은 선행명사와 후행명사의 의미자질에
기인하여 '의'가 수의적으로 실현될 수 있지만 통사적 기능은 두 명사
구를 하나의 완전한 명사구로 생성하는 매개체 역할을 하는 것이다.
(15)에서 확인할 수 있는 바와 같이 중세국어에서도 'ㅅ'이 조사구나
문장을 명사구로 재구조화하여 피수식어를 수식하게 하는 기능을 한
다. 김광해(1981), 민현식(1982) 등에서 확인한 바와 같이 '의'는 선행명사
와 후행명사의 의미자질에 따라 필연적으로 실현되는 것도 아니고 '의'
가 어떤 고유의 의미를 지녀서 두 명사 내지 명사구를 잇게 하는 것도

---

11) 조사구와 관형격조사의 결합에 대한 통시적 변화 양상은 김선효(2009ㄱ, 2009ㄴ,
　　2011ㄱ, 2011ㄴ) 참조.

아니다. 또 관형격조사 '의'는 내재격처럼 후행하는 명사의 의미 영역에 의해 선택되는 것도 아니다. '의'가 내재격이라면 의미적 제약이 확인되었을 것이나 그러한 제약 환경이 발견되지 않았으므로 내재격도 아니다.

(16) 가. 탯줄은 태아에게 <u>모태로부터의</u> 영양 공급과 혈액 순환을 가능하게 한다.
나. <u>과감하게 맞서느냐 혹은 착실하게 방어태세를 취하느냐의</u> 순간.

(16)의 밑줄친 부분과 같이 '의'의 기능은 선행성분과 후행성분을 하나의 명사구로 연결시키는 통사적 장치를 하는 것이다. 관형격조사는 문법격으로서 명사구 구조를 확대시키는 기능을 한다. 기존의 논의에서 '의'에서 의미를 찾으려고 한 것은 선행명사와 후행명사의 의미적 상관성, 즉 '전체-부분', '소유주-소유물' 등의 관계를 보이고 규칙화된 현상을 보였기 때문이지만 김광해(1981)에서 제시한 것처럼 '의'의 의미를 찾을수록 '불확실성'으로 귀결된다. 그것은 '소유, 관계, 소재(所在)' 등의 의미가 '의'에 있는 것이 아니라 두 명사의 의미 관계에 있기 때문이다. 그러므로 관형격조사 '의'는 의미적인 기능을 담당하는 것이 아니라 명사구 구조를 확대시키는 통사적 장치로 기능하는 것이다. 지금까지 관형격조사 '의'에 대해 논한 것을 정리하면 다음과 같다.

(17) 관형격조사 '의'는 문법격의 자격을 지닌 격조사이며 특별한 고유의 의미를 지니지 못하고 명사구의 내적 구조에서 표제 전 요소를 확대하는 종속적 연결 장치이다.

관형격조사 '의'의 종속적 연결 장치 기능은 문장 유형에 따라 다른 현상을 보인다. 중세국어에서는 'ㅅ'으로 실현되었을 구조가 현대국어에서는 문장 유형에 따라 '의'로 실현되기도 하고 관형사형 어미로 실현되기도 한다.

(18) 가. <u>어떻게 하면 요단을 건널 것인가</u>{의/[*]는} 문제
　　 나. <u>같이 집에 가자</u>{[*]의/는} 제안
　　 다. <u>가을산이 정말 아름답구나</u>{[*]의/는} 말
　　 라. <u>오늘은 학교에 빨리 간다</u>{[*]의/는} 말

(18가)와 같이 의문문이 재구조화된 구조에서는 '의'가 자연스럽고 청유문, 감탄문, 평서문의 구조에서는 관형사형 어미가 종속적 장치 기능을 담당한다. 중세국어에서는 (18)의 예들이 모두 관형격 'ㅅ'으로 실현되었을 것이지만 현대국어에서는 의문형어미에만 '의'가 결합할 수 있고 청유형, 감탄형, 평서형 어미 뒤에는 관형사형 어미가 결합한다. 물론 (18나)에서 (18라)의 선행성분에 작은따옴표와 같은 문장부호를 두거나 명사구로 재구조화하여 휴지를 둔다면 관형격조사가 허용될 수도 있다.

4.3. 'NP₁의 NP₂' 구성과 'NP₁ NP₂' 구성의 특성

국어의 명사구 'NP₁의 NP₂' 구성과 'NP₁ NP₂' 구성은 외현적으로 관형격조사의 실현 여부에서 차이가 난다. 전통문법에서는 'NP₁ NP₂' 구성은 '의'가 생략된 것이며 'NP₁의 NP₂' 구성과 의미적으로 차이가 발생하지 않는다고 보기도 하고, 임홍빈(1981)에서는 '의'가 독립적 의미를 함의하고 있으므로 다른 구조로 보기도 하였다. 두 구성이 동일한 기저구조에서 도출되었을 것으로 판단하는 것은 명사구의 의미적 유사성, 즉 인식론적 관점에서 가능하다. 본고에서는 두 명사구의 구성이

통사·의미·화용적 관점에서 어떠한 특성을 보이는지 확인해 보고자 한다.

4.3.1. 'NP₁의 NP₂' 구성과 'NP₁ NP₂' 구성의 통사적 특성

'NP₁의 NP₂' 구성과 'NP₁ NP₂' 구성이 통사적으로 어떠한 양상을 보이는지 수식 범위, 수식어 개입, 대용 현상의 기제를 이용하여 확인해 보고자 한다.[12]

첫째, 두 명사구 구성은 수식어의 수식 범위에서 차이를 보인다. 'NP₁의 NP₂' 구성은 수식어가 NP₁만 수식할 수도 있고 'NP₁의 NP₂' 구성 전체를 수식할 수도 있지만, 'NP₁ NP₂' 구성은 NP₁만 수식하면 수용성이 떨어진다. 만약 NP₁을 수식하려면 NP₁과 NP₂ 사이에 초분절적인 음소인 휴지가 사용되어야 한다.

> (19) 가. [[[밝게 웃는] 아이]의 표정]
> 　　 나. [[밝게 웃는] [아이의 표정]]
> (20) 가. ??[[[밝게 웃는] 아이] 표정]
> 　　 나. [[밝게 웃는] [아이 표정]]

수식어 '밝게 웃는'이 (19가)에서는 '아이'를 수식하고 (19나)에서는 '아이의 표정' 전체를 수식하지만 (20)에서는 (20나)의 '아이 표정'을 수식하는 구조가 자연스럽다. (20가)의 구조가 수용되려면 '[[밝게 웃는]

---

12) 김광해(1981)는 '의'가 생략된 구성과, '의' 생략과 무관한 구성으로 구분한다. 전자는 (1가)와 같이 두 명사 간의 의미적 관계가 있어 '의'가 생략된 것으로 'ø'(zero화) 구성이라 하였고 (1나)는 '의'의 실현 유무에 따라 의미가 차이가 있으므로 '의'가 실현되지 않은 것을 통사적 합성어(syntactic compound)라 하였다.
　(1) 가. 동생의 모자/ 동생 모자, 외삼촌의 집/외삼촌 집
　　　나. 중국의 요리/중국요리, 학생의 문제/학생문제

아이] # 표정'처럼 휴지가 들어가야 한다. 이것은 지시관형사의 수식 구조에서도 나타난다.

(21) 가. [그 [아이]]의 표정
　　　나. [그 [아이의 표정]]
(22) 가. ^{??}[그 [아이]] 표정
　　　나. [그 [아이 표정]]

지시 관형사 '그'가 사용된 경우에도 (21)에서는 'NP₁' 내지 'NP₁의 NP₂' 구성을 모두 수식할 수 있지만, (22)에서는 'NP₁'만 수식하려면 휴지가 필요하다.

둘째, 선행명사구와 후행명사구 사이에 수식어를 개입하는 것에서 차이를 보인다. 'NP₁의 NP₂' 구성은 후행명사구에 수식어 개입이 자연스러우나 'NP₁ NP₂' 구성은 어색하거나 안 된다.

(23) 가. 아이의 밝게 웃는 표정
　　　나. *아이 밝게 웃는 표정
(24) 가. 아이의 그 표정
　　　나. ?아이 그 표정

'NP₁의 NP₂' 구성은 (23가)의 관형어나 (24가)의 관형사가 선행명사구와 후행명사구 사이에 개입할 수 있으나, 'NP₁ NP₂' 구성은 (23나)와 같이 확장된 용언의 결합형이 개입할 수 없고 (24나)처럼 관형사가 개입되면 어색하다. 김기혁(1990 : 71)은 (24나)와 같은 구조가 자연스럽다고 하였으나 문장이 수용성을 얻으려면 휴지가 들어가거나 문맥적으로 특수한 환경에서만 가능하다. 이러한 어색한 구조는 수식어를 절 단위로 구성해 보면 더욱 명백해진다.

(25) 가. [현재 원금에 대해 물리고 있는 [은행]]의 연체 이자를 연체 발
생 후 일정 기간이 경과할 때까지는 이자에 대해서만 물리는
방안을 검토 중이다.
나. [은행의 [현재 원금에 대해 물리고 있는] 연체 이자]를 연체 발
생 후 일정 기간이 경과할 때까지는 이자에 대해서만 물리는
방안을 검토 중이다.
(26) 가. [현재 원금에 대해 물리고 있는 [은행 연체 이자]]를 연체 발생
후 일정 기간이 경과할 때까지는 이자에 대해서만 물리는 방안
을 검토 중이다.
나. *[은행 [현재 원금에 대해 물리고 있는] 연체 이자]를 연체 발
생 후 일정 기간이 경과할 때까지는 이자에 대해서만 물리는
방안을 검토 중이다.

수식어가 '현재 원금에 대해 물리고 있는'과 같이 긴 경우, (25)과 같
은 'NP₁의 NP₂' 구성에서는 수식어가 선행명사구 앞에 위치해도 되고,
선행명사구와 후행명사구 사이에 위치해도 의미에는 큰 차이가 없다.
그러나 'NP₁ NP₂' 구성은 (26가)와 같이 선행명사구 앞에는 위치할 수
있으나 (26나)와 같이 선행명사구와 후행명사구 사이에는 개입될 수
없는 제약이 있다.

셋째, 'NP₁의 NP₂' 구성은 선행명사구와 후행명사구가 모두 대용현
상이 일어날 수 있지만 'NP₁ NP₂' 구성은 선행명사구에서만 가능하다.

(27) 가. 개구리의 머리
나. 그것의 머리
다. 개구리의 그것
(28) 가. 개구리 머리
나. 그것 머리
다. *개구리 그것

'개구리의 머리'는 (27나)와 같이 선행명사구에 대용현상이 일어나기도 하고 (27다)와 같이 후행명사구에도 일어날 수 있다. 그러나 '개구리 머리'와 같은 경우는 (28나)와 같이 선행명사구에는 대용현상이 가능하지만 (28다)와 같이 후행명사구에는 일어날 수가 없다.

이상에서와 같이 'NP₁의 NP₂' 구성과 'NP₁ NP₂' 구성은 수식 범위, 수식어 개입, 대용 현상에서 뚜렷한 통사적 차이를 보였다. 이러한 현상은 'NP₁의 NP₂' 구성과 'NP₁ NP₂' 구성이 다른 구조임을 입증해 준다.

4.3.2. 'NP₁의 NP₂' 구성과 'NP₁ NP₂' 구성의 의미적 특성

선행명사구와 후행명사구의 의미관계는 쌍방형과 일방형이 있을 수 있다. 쌍방형은 선행명사구와 후행명사구가 모두 의미핵이 되는 구조이다.13)14) 선행명사구가 의미핵이 되면 선행명사구가 후행명사구의

---

13) 의미핵은 Cruse(1986), 최경봉(1998 : 119) 참조.

14) 명사구 구성의 의미관계의 관점이 본고와 유사한 것은 김기혁(1990)이다. 'NP₁의 NP₂' 구성은 중의적으로 해석되고, 'NP₁ NP₂' 구성은 그 중의성이 해소된다고 보았다.

(1) 가. 커피의 맛
    나. 맛

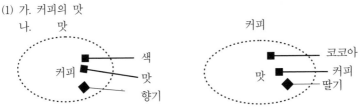

즉 '커피의 맛'은 '커피'가 중심어가 되어 '커피'의 여러 가지 속성 '맛, 색, 향기, …' 가운데 '맛'을 지시하는 것과 '맛'이 중심어가 되어 '맛'을 가진 여러 가지 속성들 '커피, 코코아, 딸기, …' 가운데 하나를 지시하는 의미도 가진다고 보았다. 그리하여 'NP1의 NP₂' 구성은 이러한 중의적 해석을 가지지만, 'NP1 NP₂' 구성 '커피 맛'은 한 가지 의미만을 가진다는 것이다. 즉 선행명사가 후행명사를 한정하는 것으로 '맛'이 중심어가 되어 여러 선행성분 중에서 한 요소를 지시하는 의미를 가진다는 것이다.

어휘 범주를 선택할 수 있고, 후행명사구가 의미핵이 되면 후행명사구가 선행명사구의 어휘 범주를 선택한다. 그러나 일방형은 선행명사구와 후행명사구 중 하나의 명사구가 의미핵이 되어서 다른 명사구의 어휘 범주를 선택하는 구조이다.

명사구의 의미관계에 대한 선행 연구를 살펴보면, 이남순(1988), 정희정(2000)에서는 'NP₁의 NP₂' 구성과 'NP₁ NP₂' 구성이 모두 일방형의 의미관계를 가진다고 보았다. 이남순(1988 : 75-77)은 'NP₁의 NP₂' 구성을 선행 체언이 동일한 패러다임 속에서 서로 대립하고 있는 체언들 중 어느 한 체언을 선택하여 한정하는 '선택한정'이라 하였고, 'NP₁ NP₂' 구성은 선행 체언이 후행 체언의 일부분을 한정하는 '부분한정'이라 하였다.

> (29) 가. 따스한 <u>어머니의 손길</u>이 느껴졌다.
> 나. 따스한 <u>어머니 손길</u>이 느껴졌다. (이남순 1988 : 75 참조)

지시하는 실질적 대상이 동일할지라도 구성의 유형에 따라 그 의미가 다르다는 것이다. (29가)의 '어머니의 손길'은 선택한정에 의한 'NP₁의 NP₂' 구성이고, (29나)의 '어머니 손길'은 부분한정에 의한 'NP₁ NP₂' 구성으로서, 전자는 주체가 이미 '어머니'의 존재를 의식하고 있어서 '손길' 이외의 '체온, 체취, 숨소리' 등으로 대치가 가능하지만 후자는 선행체언 '어머니'가 '손길'의 부분을 한정하는 것이므로 전혀 다른 양상을 가진다는 것이다.

> (30) 가. 어머니의 손길   나. 어머니 손길   (이남순 1988 : 76)

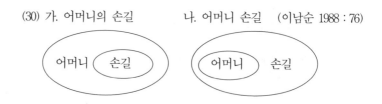

(30가)는 '어머니가' '손길'을 선택하여 한정하는 것이고 (30나)는 '손길'이 '어머니'를 부분적으로 한정하는 것이므로, 전자는 NP$_1$이 NP$_2$를 포함하는 의미관계를 가지고 후자는 NP$_2$가 NP$_1$을 포함하는 의미관계를 가지는 것이라 할 수 있다.

그러나 과연 (30가)와 같은 '어머니의 손길'이 어머니만을 의미핵으로 취하는가 하는 의문이 든다. 국어의 문법 구조상 'NP$_1$의 NP$_2$' 구성은 후행명사구가 핵의 기능을 가져 부가어인 수식성분을 취하는 것이 자연스럽기 때문에 'NP$_1$의 NP$_2$' 구성의 의미핵이 선행명사구만 가능하다는 것은 수긍하기 어렵다. '어머니'가 의미핵이 되어 '손길'을 선택한 것으로만 해석되는 것이 아니라, '손길'이 의미핵이 되어 '어머니'를 선택하는 것도 충분히 해석될 수 있다. 어떤 구성의 의미를 정확히 파악하는 방법에는 문맥을 통해 그 의미를 정확히 포착할 수 있지만 통사구조가 변하지 않는다면 통사적 구조가 의미 형성에 긴요하게 작용할 수도 있다.

반면에 'NP$_1$ NP$_2$' 구성은 앞에서 후행명사구만 의미핵이 될 수 있는데, 선행명사구가 후행명사구의 범위를 제한하는 것이 아니라 후행명사구가 선행명사구의 범위를 제한한다. '개구리 머리'의 경우, '개구리'가 후행명사구에 올 수 있는 단어 범위를 한정하는 것이 아니라, '머리'가 선행명사구에 올 수 있는 단어 범위를 한정하는 것이다. 그것은 'NP$_1$ NP$_2$' 구성의 통사적 특성상 선행명사구가 의미핵의 기능을 수행할 수 없기 때문이다. 그러므로 'NP$_1$의 NP$_2$' 구성은 의미론적으로 NP$_1$이 NP$_2$의 개체를 한정하기도 하고 NP$_2$가 NP$_1$의 개체를 한정하기도 하는 '쌍방형 의미관계'이며, 'NP$_1$ NP$_2$' 구성은 NP$_2$가 NP$_1$의 개체를 한정하는 '일방형 의미관계'라 할 수 있다.

(31) 가. 쌍방형 의미관계　　　　　나. 일방형 의미관계

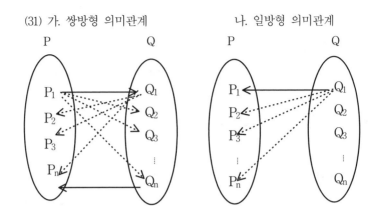

　　P집합의 각 원소 P_1부터 P_n은 Q집합의 한 원소를 선택할 수도 있고, Q집합의 원소도 P집합의 원소들을 선택할 수 있다. P집합의 원소에 '어머니, 아버지, 동생, 강아지' 등을 설정하고, Q의 집합 원소에 '손길, 느낌, 체취, 향기' 등을 설정하였다고 가정하자. 이들이 한 명사구로 결합하여 'NP_1의 NP_2' 구성인 '어머니의 손길'이 되면, '어머니'나 '손길'이 모두 의미핵이 되어 의미관계의 중심적 역할을 할 수 있으나 'NP_1 NP_2' 구성인 '어머니 손길'이 되면 Q집합만이 의미핵이 될 수 있다. Q집합의 한 원소 Q1는 P집합의 P_1에서 P_n 중의 한 원소를 설정할 수 있으나 그 역은 성립하기 어렵다. 그러므로 'NP_1의 NP_2' 구성과 'NP_1 NP_2' 구성은 두 명사구가 동일한 의미관계를 형성하는 것이 아니라 'NP_1의 NP_2' 구성은 쌍방형 의미관계, 'NP_1 NP_2' 구성은 일방형 의미관계를 형성함을 알 수 있다.

4.3.3. 'NP_1의 NP_2' 구성과 'NP_1 NP_2' 구성의 화용론적 특성

4.3.3.1. 전제와 초점

'NP_1의 NP_2' 구성과 'NP_1 NP_2' 구성에 대한 화용론적 논의는 전제와

초점을 받는 명사구가 무엇인가에 대해 중점적으로 논의되어 왔다. 선행명사구와 후행명사구 중에서 어느 명사구가 전제 성분인가에 대한 논의는 크게 세 가지로 나눌 수 있다. 첫째는 선행명사구가 전제가 된다는 '선행구 전제설'로서 이남순(1988, 1998), 김봉모(1992), 정희정(2000) 등에서 의미·화용론적으로 전제를 해석하였다. 둘째는 후행명사구가 전제가 된다는 '후행구 전제설'로서 최경봉(1995, 1998),15) 신선경(2001) 등에서 의미·통사론적으로 해석하였다. 셋째는 선행명사구와 후행명사구가 모두 전제가 된다는 '양방 전제설'로서 김기혁(1990)에서 설명하고 있다. 세 가지 전제설은 'NP$_1$의 NP$_2$' 구성에만 적용될 수 있고 'NP$_1$ NP$_2$' 구성은 모두 후행구 전제설로 해석하고 있다.

> (32) 가. 삼성의 컴퓨터
> 나. 삼성 컴퓨터

(32가)의 경우 선행구 전제설은 '삼성', 후행구 전제설은 '컴퓨터', 양방 전제설은 '삼성'과 '컴퓨터'가 모두 전제가 된다고 하지만, (32나)는 모두 '컴퓨터'가 전제가 된다고 보았다. 그리고 (32)의 전제설에 대한 해석은 '질문-대답' 기제를 이용하여 전제와 초점의 관계를 설명하고 있다.

> (33) 가. 어제 넌 삼성의 무엇을 샀니?
> 나. 삼성의 *컴퓨터*16)
> (34) 가. 어제 넌 어디 컴퓨터 샀니?

---

15) Cruse(1986)의 개념을 수용한 최경봉(1995)은 의미적으로 핵심된 것을 의미핵(semantic head)이라 하였다. 의미핵(sementic head)는 두 명사구 간의 의미적 공기제약이 상호 지향성을 가진다는 것을 바탕으로 하고 있다.
16) 굵은 이탤릭 글자체가 초점이 되는 성분이다.

나. *삼성* 컴퓨터

(33)에서는 '삼성'이 전제가 되고 '컴퓨터'가 초점이 되지만 (34)에서
는 그 반대로 해석된다. 이렇듯 '질문-대답' 기제를 이용하여 전제와
초점의 관계를 파악하는 것이 타당하다면 선행구 전제설이나 후행구
전제설은 상반되므로 둘 중 하나는 모순된 해석이라는 것을 입증한다.
그렇다면 이들이 구체적으로 어떻게 실현되는지 확인해 보자.

(35) 가. 철수가 어제 삼성의 컴퓨터를 샀다며?
　　 나. 아니, 삼성의 *모니터*를 샀어
　　 다. 아니, *애플*의 컴퓨터를 샀어

전제가 판정의문문과 설명의문문에서 차이를 보인다고 판단하기 어
렵기 때문에 (35)와 같은 판정의문문에서 (35나)는 '삼성', (35다)는 '컴
퓨터'가 전제가 된다. 동일한 문장 구조에서 전자는 선행구 전제설을
지지하고 후자는 후행구 전제설을 지지한다고 할 수 있다. 그러나 이
러한 상반된 해석이 나올 수 있는 것은 전제의 개념이 매우 문맥 의존
적이기 때문이다. 전제나 초점이 문맥 의존적이므로 화자나 청자의 정
보에 따라 다른 해석이 가능한 것이다. 그러므로 (35)의 해석은 선행구
전제설이나 후행구 전제설보다 양방 전제설이 더 설득력이 있음을 입
증한다.
　양방 전제설은 기존 연구에서 제시한 바와 같이 'NP$_1$의 NP$_2$' 구성에
국한되는 것도 아니다.

(36) 가. 철수가 어제 삼성 컴퓨터를 샀다며?
　　 나. 아니, 삼성 *모니터*를 샀어
　　 다. 아니, *애플* 컴퓨터를 샀어

(36)에서 확인할 수 있는 바와 같이 'NP₁ NP₂' 구성도 판정의문문 구조에서 양방 전제설이 가능함을 입증하고 있다. 동일 구조에 대해 전제가 다른 것은 문맥 의존적 성향이 강하기 때문이다. 명사구 구성만으로 전제를 결정하기 어렵고 전후 문맥을 고려하여 전제를 파악해야 하며 긍정문과 부정문을 비교하여 전제 관계를 명확히 하는 것이 필요하다.

다음으로 초점에 대한 논의도 필요하다. 신선경(2001 : 1100-1)은 명사구 연결 구성에서 '의'가 실현되면 문장에서 초점 성분으로 해석된다고 하였다.

> (37) 가. *자녀*의 문제를 자신의 문제와 혼동하는 부모가 많다.
> 나. 자녀 *문제*로 상담실을 찾는 부모가 많아지고 있다.
> (38) 가. *화성*의 연쇄 살인 사건과 유사한 사건이 광주에서도 발생했다.
> 나. 화성 연쇄 살인 사건과 유사한 사건이 광주에서도 발생했다.
> (신선경 2001 참조)

'NP₁의 NP₂' 구성이 'NP₁ NP₂' 구성과 다른 점은 선행명사구가 초점 성분이 되면 (37가)와 (38가)와 같이 '의'가 실현되지만 초점 성분이 되지 못하면 (37나)와 (38나)와 같이 'NP₁ NP₂' 구성이 된다는 것이다. 그러나 위의 (35)와 같이 'NP₁ NP₂' 구성에서도 선행명사구이든지 후행명사구이든지 초점이 될 수 있다. 초점도 어떠한 문맥 속에서 쓰였는지에 따라 해석이 다르다.

> (39) 요즘은 *자기* 문제보다 *자녀* 문제로 상담실을 찾는 부모가 많아지고 있다.

(39)에서와 같이 선행명사구에 초점이 주어지는 예도 있으므로 'NP₁

NP₂' 구성도 선행명사구와 후행명사구 모두 초점이 가능하다.

한편 일부 'NP₁의 NP₂' 구성에서는 전제와 초점이 명사구 전체와 관련되는 경우도 있다.

> (40) 가. 극도의 흥분
>   나. 불굴의 의지
>   다. 미증유의 사건

(40)의 예와 같이 비유적 표현 내지 관형명사가 나타나면 'NP₁의 NP₂' 구성 전체가 전제 내지 초점이 된다.[17] '극도, 불멸, 미증유'는 다른 명사들과는 달리 제한된 조사와만 결합하고 독립성이 없다. 이러한 명사는 홀로 전제가 될 수 없을 뿐 아니라 초점이 되기도 어려우므로 'NP₁의 NP₂' 구성 전체가 전제나 초점이 된다.

`4.3.3.2.` 초점 성분의 범주

주제나 초점과 같은 정보가 요구하는 최소한의 문법단위는 구 범주인가 어휘범주인가? 이 절에서는 초점의 최소 문법 단위가 무엇인지 검토해 보고자 한다. 우선 한정한(1999), 정희정(2000)은 Lambrecht(1994 : 216)의 논의를 바탕으로 하여,[18] 주제나 초점과 같은 정보의 최소단위

---

17) 정희정(2000)에서는 비유적 표현인 '성공의 주인공', '눈물의 손수건'이나, 고유명사와 작품의 관계인 '피카소의 그림', '이광수의 무정' 등에서는 다른 양상을 보인다고 설명하고 있다.

18) 한정한(1999), 정희정(2000)에서는 Lambrecht(1994)의 '초점' 개념을 다르게 해석한 것으로 보인다. 첫째, Lambrecht(1994)는 초점(focus)과 초점영역(focus domain)을 구분하고 있으나 이들 연구에서는 초점영역을 초점으로 해석한 듯하다. 둘째, 만약 어휘범주가 초점이 될 수 없다면 다음과 같은 문장을 해석하기 어렵다.
(1) 가. What color is your shirt?
     나. GREEN.

가 어휘범주가 아니라 구 범주가 되어야 한다고 한다.

(41) 가. Which shirt do you buy?
　　 나. I bought the green one.
　　 다. green one.
　　 라. *green.
(42) 가. 차가 무슨 색이죠?
　　 나. 빨간 색입니다.
　　 다. 빨간 색.
　　 라. *빨간.　　　　　　　　(한정한, 1999 참조)

(41라)의 'green'과 (42라)의 '빨간'이 모두 수용되지 못하는 것은 구 범주가 아닌 어휘범주로 실현되었기 때문이라는 것이다. 두 단어가 모두 (41다)나 (42다)로 실현되어야 초점이 되고 한 단어로만 실현되면 수용이 되지 못한다.

그러나 이러한 해석은 '초점 영역(forcus domain)'과 '초점(focus)'의 개념을 엄격히 구분하지 않은 데서 시작되었다고 할 수 있다. Lambrecht

---

(41라)의 'green'은 비문이지만 (1나)의 'green'은 정문이 되는 것은 무슨 이유에 근거한 것인가? 둘다 수식성분이며 어휘범주이다. Lambrecht(1994)는 형용사적 수식어는 독립된 초점영역이 될 수 없고 반드시 구 범주가 되어야 한다고 설명하지만 (1나)와 같은 수식어가 초점영역이 되어도 수용되는 것은 'green'이 단언 명제(asserted proposition)의 서술어로 해석될 수 있기 때문이라고 하였다. 즉 'The shirt is x-color'라는 전제가 가능하기 때문에 (1나)가 수용된다는 것이다. 그러므로 초점영역에서 가장 중요한 것은 구 범주보다 화용론적으로 전제된 명제를 가지는 것이 더 중요하다고 Lambrecht(1994)는 주장한다. 셋째, 한정한(1999)은 주제(topic)도 반드시 구 범주이어야 한다고 하지만 Lambrecht(1994 : 228)에 의하면 주제가 어휘범주도 가능함을 시사한다.
(2) *My CAR* broke down
(2)의 초점영역은 이털릭체 'my car'가 되고 초점은 'car'이다. 그리고 이때 주제는 화자인 'my'가 주제표현이 된다는 것이다. 그러므로 주제가 구 범주이어야 한다는 것은 더 많은 검토가 필요하다.

(1994)의 '논항초점구조(argument-focus)'에서는 초점 영역과 초점을 구분하고 있다.19)

> (43) Lambrecht(1994)의 초점 분석
> Sentence : My CAR broke down.
> Presupposition : speaker's X broke down
> Assertion : X=car
> Focus : car
> Focus domain : NP

(43)는 'I heard your motocycle broke down'이라는 문장에 대한 답변으로서 명사구 'my car'가 초점영역이 되고 'car'가 초점이 된다. 그리고 초점과 주제(topic)의 가장 큰 차이점은 주제는 회복가능성이 있지만 초점은 회복가능성이 없다는 것이다. 초점 영역과 초점을 엄격히 구별한다면 (44)의 초점 영역은 '나의 차'이며 그 중에서 초점은 '차'가 되며 (45)의 분석 과정을 통해 확인할 수 있다.

> (44) 가. 어제 너의 오토바이가 사고가 났다며?
> 나. [나의 차]가 사고가 났어.
> 다. 아니, 차.
> (45) 가. 문장 : 나의 차가 사고가 났다.
> 나. 전제 : 화자의 X가 사고가 났다.
> 다. 단언 : X=차
> 라. 초점 : 차
> 마. 초점영역 : NP

---

19) Lambrecht(1994)는 초점 구조를 논항초점구조(argument-focus), 서술어초점(predicate-focus)구조, 문장초점(sentence-focus)구조로 구분한다.

초점이 구 범주에 국한되는 것이 아니라 어휘 범주가 된다는 것은 부사에서도 확인 가능하다.

> (46) 가. 철수는 이제 기분이 많이 좋니?
> 　　　나. 응. 아주.
> (47) 가. 문장 : 철수가 이제 기분이 아주 좋다.
> 　　　나. 전제 : 철수가 이제 기분이 좋은 것은 'X'이다.
> 　　　다. 단언 : X=아주
> 　　　라. 초점 : 아주
> 　　　마. 초점영역 : VP

부사 '아주'는 수식성분이므로 체언인 명사보다 독립성이 약하지만 (46)과 같은 경우 충분히 초점이 가능하다. (46)의 '아주'는 (47마)의 초점영역 '아주 좋다' 중에서 초점을 받은 것이다.

지금까지 'NP₁의 NP₂' 구성과 'NP₁ NP₂' 구성이 화용론적 관점에서 어떠한 특성을 보이는지 확인하였다. 정리한다면, 선행명사구와 후행명사구가 두 명사구 구성에서 모두 전제와 초점이 될 수 있으며 초점의 최소 문법 범주는 어휘 범주라는 것이다.

4.4. 'NP₁의 NP₂' 구성의 유형

'NP₁의 NP₂' 구성에 대한 논의는 이현희(1994ㄱ), 김봉모(1992), 이광호(1997), 최경봉(1998), 신선경(2001) 등에서 부분적으로 다루어졌다. 이현희(1994ㄱ : 29–62)는 명사 자체가 명사구가 되는 '단일명사구'와 두 명사구가 결합한 '확장명사구'로 나누고, 확장명사구를 다시 나열 명사구, 아우름 명사구, 접속 명사구로 구분하였고,[20] 이광호(1997/2001 : 525–39)는

---

20) 확장명사구에 해당되는 예들을 제시하면 다음과 같다.

명사구 단일 수식구성과 명사구 복합 수식구성으로 구분하여 각 구성의 구조와 의미를 밝히고자 하였다. 최경봉(1995)는 후행명사가 의미핵(semantic head)이 되는 '집합관계 구성'과 논항과 함수자의 관계를 가지는 '논항관계 구성'으로 구분하였고, 신선경(2001)은 집합관계구성과, 선행명사와 후행명사의 관할(dominate)의 관계에 따라 구별되는 서술관계 구성으로 나누었다.

본고에서는 NP₁과 NP₂의 연결 유형에 따라 명사구 구성의 유형을 구분하고자 한다. 연결 구성은 선행 명사구와 후행 명사구가 의미적 상관성이 희박하여 '의'가 필수적으로 요구되는 구성이며, 비연결 구성은 선행명사구와 후행명사구가 의미적 상관성이 강한 구성으로, 부분 구성은 소유주-소유물, 전체-부분, 친족 관계 등의 의미적 관계를 가지며, 등가 구성은 선행 명사구와 후행 명사구가 의미적으로 등가 관계를 가지며, 논항 구성은 선행 명사구가 후행 명사구의 논항이 되는 것이다. 이들 명사구 구성은 합성어로 발달하는 경우도 있으므로 아울러 살펴보고자 한다.

4.4.1. 연결 구성

연결 구성은 선행명사구와 후행명사구가 의미적 상관성이 없거나 희박한 구성으로서 비유적 표현 구조 내지 관형격 조사구와 결합한 유형이 대부분이다.[21] 연결 구성 중에는 재구조화 과정을 거쳐 어휘부

---

(1) 가. ᄒᆞ다가 <u>男子 女人</u>이 이 부텻 일훔 듣ᄌᆞᄫᆞ면(월석 21 : 134)

　　나. <u>生 老 病 死 四相</u>이 한 受苦ㅅ 根源이라 (월석 12 : 23)

　　다. <u>부텻 恩德과 菩薩와 어딘 벋과 스승과 父母와 ᄯᅩ 衆生ᄃᆞᆯ</u>흘 念ᄒᆞ야 (월석 10 : 30)

　(1가)는 나열명사구, (1나)는 아우름 명사구, (1다)는 접속명사구이다.

21) 민현식(1982)는 '추상명사'가 선·후행 명사구 중 어느 위치에 오든지 '의'가 필수

에 합성명사로 등재될 수도 있다. 그러나 본고에서는 해당 명사구를 합성어로 인정하느냐 안 하느냐에 중점을 두는 것보다 두 명사구가 어떤 구조로 연결되어 있느냐에 중점을 두고 있다.

> (48) 가. 사랑의 기쁨, 평화의 종소리, 희생의 어린 양.
> 나. 자유로부터의 도피, 천국에로의 초대.

비유적 표현인 (48가)는 선행명사구와 후행명사구의 의미적 상관성을 찾기 힘들다. 뒤에서 살펴보게 될 비연결 구성에 비하여 두 명사구의 의미적인 상관관계가 소원하므로 두 명사구를 연결시키는 종속 장치 '의'가 필수적으로 요구된다. '평화'와 '종소리'를 종속적 구조로 형성하기 위해서는 '의'를 사용하여 명사구를 형성한다.

(48나)의 경우도 동일하다. 선행조사구와 후행명사구는 의미적으로 상관관계를 형성하기 어려우므로 관형격조사 '의'를 매개로 하여 명사구를 이룬다. 선행조사구는 부사어이므로 '의'가 사용되지 않으면 후행하는 명사를 수식하는 것이 아니라 후행하는 용언을 수식하게 되므로

적으로 실현됨을 제시하고 있다. 그러나 추상명사가 실현되어도 '의'가 수의적 양상을 보이기도 하고, 구상명사와 구상명사가 결합하였더라도 '의'가 필수적 양상을 보이기도 한다.
(1) 가. 마음의 밑바닥까지 보이더라.
    나. 마음 밑바닥까지 보이더라.
(2) 가. 감정의 굴곡이 심한 성격이지.
    나. 감정 굴곡이 심한 성격이지.
'의'의 필수적 실현은 추상명사의 의미자질을 가지느냐 그렇지 않느냐가 아니라 선행명사구와 후행명사구의 의미적 상관성이 중요하다. 의미적 상관성이 없는 경우에는 '의'가 필수적으로 요구되지만 그렇지 않으면 '의'가 'NP₁ NP₂' 구성으로도 실현된다. (1)의 '마음의 밑바닥'은 '마음'이 추상명사이지만 후행명사가 '밑바닥'이 오므로 '마음'을 구체명사화한 것으로 해석되기 때문에 '마음 밑바닥'이 되는 것이다. (2)의 '감정의 굴곡'는 '감정'의 속성이 일관성이 없는 굴곡성을 가지므로 '감정 굴곡'이 허용된다.

명사구를 형성하지 못한다. 선행조사구와 후행명사가 하나의 명사구가 되기 위해서는 반드시 연결 매개체인 '의'를 요구한다.

그러나 'NP₁의 NP₂' 구성이 어휘화 과정을 거치면 합성어가 될 수 있다. 'NP₁의 NP₂' 구성 전체가 하나의 명사 단어로 발전하기도 한다. 예를 들어, '스승의 날'이 재구조화 과정을 거쳐 곧바로 어휘화하여 합성어가 된 것처럼 공시적으로도 발생할 수 있다.22) 어휘화 과정에서 '～의 날'이 우선적으로 결합한 뒤에 '스승'이 결합한 구조로 볼 수도 있지만 '～의 날'이 관용적으로 굳어진 표현이 아니므로 적절한 해석이라고는 보기 어렵다. '구의 단어화'는 현대국어에서 더욱 확산되는 추세라고 볼 수 있다.23) 'NP₁의 NP₂' 구성이 합성어로 발전한 것으로는 다음의 예에서도 확인된다.

(49) 국군의 날, 학생의 날, 생명의 전화,24) 희망의 전화, 사랑의 교회,25) 고향의 봄,26) 대장간의 봄,27) 매기의 추억28)

---

22) 공시적인 구의 단어화와 연결 구성이 어떠한 차이를 가지는지 더 고민해 봐야 한다. 공시적인 구의 단어형성은 부분 구성보다 연결 구성에 밀접할 수 있기 때문이다. 이호승(2001)은 단어 형성이 공시적 현상임을 주장하지만, 송원용(2002)은 단어 형성의 한 과정으로 통시적 과정을 제시하고 있다.

23) '구의 단어화'란 명사구에 어떤 변형규칙을 적용하여 합성어를 유도해낸다는 뜻이 아니라, 주어진 구 자체가 단어로 재분석되어 단어의 자격을 가지게 되는 것이다(김창섭 1996 : 25). 이런 현상은 통시적 현상과 공시적 현상에서 모두 발견된다.

   (1) 가. 입때(이+뽸), 접때(뎌+뽸)
       나. 스승의 날, 학생의 날
       다. 아가방(상호명)
   (2) 돌기앓<蒙山 44>, 머구릐밥<訓蒙 상5>, 쇳고기<飜朴 상5>
   모두 구의 단어화가 일어난 것으로 (1가), (2)는 모두 통시적 과정을 거친 합성어이며, (1나)와 (1다)는 공시적인 합성어이다.

24) 김창섭(1996 : 26) 참조.

25) 서울시 서초구 서초동 위치.

4.4.2. 비연결 구성

비연결구성은 선행명사구와 후행명사구가 의미적으로 상관관계를 가진 구성으로 'NP₁의 NP₂' 구성과 'NP₁ NP₂' 구성으로 모두 실현 가능하며 'NP₁ NP₂' 구성은 합성어로 발전될 수 있는 가능성이 높은 구성이다. 비연결구성으로는 부분 구성, 등가 구성, 논항 구성으로 나눌 수 있는데, 등가 구성은 두 명사구의 의미 구조가 다르므로 'NP₁의 NP₂' 구성을 형성하지 못하는 제약이 있다. 이들에 대해 하나씩 살펴보자.

4.4.2.1. 부분 구성

부분 구성은 선행명사구와 후행명사구가 소유주-소유물, 전체-부분, 친족 관계 등의 의미적 상관관계를 가지는 것이다. 부분 구성은 'NP₁의 NP₂' 구성과 'NP₁ NP₂' 구성의 의미 차이를 잘 변별할 수 없으므로 '의'가 생략된 것으로 설명하지만, '의'가 생략된 것이 아니라 다른 구조이다. 그리고 'NP₁ NP₂' 구성과 합성어를 구별하기 어려운 경우도 있다. 예를 들어,[29] '중국 요리'와 '중국요리'를 모두 합성어로 인식하는 모어 화자도 있다. '중국의 요리'와 '중국요리'는 명백한 차이를 보이지

---

26) 홍난파의 가곡

27) 베르디(Verdi)의 곡

28) 버터필드(Butterfield)의 곡

29) 'N+N'형 합성명사와 명사구의 구별 기준으로 김창섭(1999)은 의미·문법·화용론적 구별기준을 제시한다. 의미적으로는 객관성이 부족하지만 직관을 수용하였고, 문법적으로는 A+B의 합성어인 경우 A에 조사가 올 수 없고, A나 B에 관형수식이나 다른 성분이 개입할 수 없으며, A나 B 중 한 명사가 생략되거나 대용현상이 일어날 수 없다. 그리고 화용론적으로는 A+B 구성에서 A가 [+특정성]을 가지면 합성어가 될 수 없다. 즉 '베란다국화'의 '베란다'가 특정성을 가지면 그것은 구 구성이 되기 때문이다. 우리는 합성어와 'NP₁ NP₂' 구성의 차이점에 대한 구체적인 논의는 김창섭(1999)을 참조하고자 한다.

만, '중국 요리'와 '중국요리'는 그 차이를 찾아내기 힘들기 때문이다.

'NP₁ NP₂' 구성은 통사적 합성어(syntactic compound)로서 합성어로 발달할 수도 있고 구 구성으로 남을 수도 있다. 통사적 합성어가 고정화(institutionalized), 특이화(idiosyncratic), 특수화(specialization) 과정을 거치면 합성어가 될 수 있다(Lyons 1977 : 534~543 참조).[30]

(50) 가. ₙₚ[ₙₚ[집] ₙₚ[오리]]
나. ₙₚ[ₙ[집] ₙ[오리]]
(51) 가. ₙₚ[ₙₚ[중국] ₙₚ[요리]]
나. ₙₚ[ₙ[중국] ₙ[요리]]
(52) 가. ₙₚ[ₙₚ[운동장] ₙₚ[돌]]
나. *ₙₚ[ₙ[운동장] ₙ[돌]]

(50나)의 '집오리'와 (51나)의 '중국요리'는 어휘화 과정을 거쳐 합성어가 된 것이다. 통사적 합성어의 사용 빈도가 높을수록, 그리고 사용

---

30) 김광해(1981)는 Lyons(1977 : 534-43)를 원용하여 명사구와 합성어(compound word)의 중간범주인 '통사적 합성어(syntactic compound)'를 수용하고 있으나 개념에서 차이가 발견된다. Lyons(1977)은 'N₁ N₂'의 합성어와 'NP₁ NP₂'의 통사적 합성어를 구별한다. 통사적 합성어는 생산규칙에 의해 무한정으로 생산될 수 있고, 언어규칙의 생산체계 내에서 설명이 가능하기 때문에 어휘부에 등재되지 않는 것이지만, 합성어는 생산이 제약적이고 어휘부에 등재된 단어라고 하였다. 'country house'의 경우, 통사적 합성어의 의미는 '시골에 있는 집'이지만, 영국 영어에서 합성어가 되면 귀족계급이 간헐적으로 가는 '별장'의 뜻을 가진다. 통사적 합성어가 고정화(institutionalized), 특이화(idiosyncratic), 특수화(specialization) 과정을 거치면 합성어가 되는 것이다. 그러나 김광해(1981/1984 : 169)는 Lyons(1977)의 합성어 개념을 통사적 합성어로 원용하여 사용하였다. 본고의 통사적 합성어는 김광해(1981)의 개념이 아니라 Lyons(1977)의 개념임을 밝혀두는 바이다. 한편, Bloomfield(1935 : 233)는 합성어를 'syntactic compound'와 'asyntactic compound'로 나누고, 전자는 'blackbird'나 'whitecap'과 같이 영어 문법구조와 동일한 관계를 형성하는 것이고, 후자는 'door-knob'와 같이 다른 관계를 형성하는 것이므로 김광해(1981)나 Lyons(1973)의 'syntactic compound'와는 다른 개념임을 주의할 필요가 있다.

범위가 넓을수록 합성어가 될 가능성이 높다. '중국요리'의 경우는 이런 응고화(solidification) 과정을 거친 어휘로 추정된다. 그러나 동일한 어휘범주에 있는 어휘들이 동일한 구 구성을 형성한다고 하더라도 그 구성의 모든 어휘들이 합성어로 발전하는 것은 아니다. 이것을 합성어의 수축성(shrinkage)라 하는데,[31] '아르헨티나 요리, 미국 요리, 멕시코 요리' 등과 '중국요리'를 비교해 본다면 그 의미 분포가 다르다는 것을 인식할 수 있다. 전자는 그 나라들 전체의 요리나 그 나라 음식의 양식(style)을 의미한다면, '중국요리'는 전자의 의미도 잔존하지만 그보다는 이미 일반사람들에게 알려진 '중국음식'을 의미한다.

합성어가 가지는 일반적 특징으로는 응고성과 수축성 외에 '의미의 특수화(semantic specialization)'가 있다. (50가)의 '집 오리'의 경우, '집의 오리'는 '집에 있는 오리, 집에서 사육하는 오리' 등의 의미를 가지지만, '집오리'는 (53)과 같이 오리의 한 종류로서 어휘부에 등재된 것이다.

(53) **집-오리** (동물학·동물병) 야생의 청둥오리를 개량한 품종. 집에서 기르는 오리로 청둥오리보다 좀 크고, 날개는 약함. 고기나 알을 이용하기 위해 기름. 준말 : 오리. ↔들오리

이러한 의미의 특수화 과정을 가진 합성어는 세계 여러 언어에서 쉽게 발견할 수 있다. 통사적 합성어가 응고성, 수축성, 의미적 특수화를 통해 합성어로 발전하는 것이다.[32]

---

31) Lyons(1977 : 536) 참조.
32) Lyons(1977), Leech(1974) 참조.

4.4.2.2. 등가 구성

등가 구성은 선행명사구와 후행명사구의 의미 관계가 종속적이지 않은 구성이다. 부분 구성이나 연결 구성은 선행명사구가 후행명사구의 수식 성분이었으나 등가 구성은 두 명사구가 의미적으로 등가성을 가진다.[33]

> (54) 가. 대학생 아버지, 요술공주 세라, 만능박사 엄마
> 　　나. 여자 친구, 남자 친구

(54)의 예들은 '대학생의 아버지'처럼 '의'에 의해 연결되는 것이 아니라 후행명사구가 선행명사구의 대상(theme)이 되면서 주어가 된다. 이러한 등가 구성은 선행명사구에 다른 수식 성분이 결합할 수 없다.

> (55) 가. [멋진 [대학생 아버지]]
> 　　나. [sup]?[/sup][[멋진 [대학생] 아버지]
> (56) 가. [예쁜 [여자 친구]]
> 　　나. [sup]?[/sup][[예쁜 [여자]] 친구]

등가구성의 명사구가 하나의 의미 덩어리가 된다면 (55가)나 (56가)와 같은 수식 구조는 가능하지만, 선행명사구만 수식한다면 (55나)나 (56나)처럼 등가 구성을 형성하지 못하고 부분 구성이 된다.

등가 구성은 선행명사구에 대명사가 올 수 없는 제약을 보인다.

> (57) 가. 그 아버지
> 　　나. 그 친구

---

33) 김기혁(1990)은 이러한 등가 구성을 '명사 수식 구성'이라 하고, 합성명사와 구 구성의 중간범주로 설정한다.

(57)처럼 대명사가 오면 더 이상 등가 구성을 형성하지 못한다. 이러한 등가 구성의 통사적 현상은 통사적 합성어에서 합성어로 발전할 가능성이 짙음을 시사한다. '대학생 아버지'는 합성어로 발달하지 못했지만 '여자친구'는 '교제하는 사람 내지 애인'의 의미를 가진 합성어로 발달하였다. 이러한 구의 어휘화는 공통된 통사적 양상을 보이는 것이 아니라 개별적으로 발전한다.

4.4.2.3. 논항 구성

논항 구성은 선행명사구가 후행명사구의 논항이 되는 구성으로 서술명사가 후행명사구에 실현된다. 동사는 특별한 담화 상황을 제외하고는 논항이 필수적으로 실현되어야 하지만 서술명사는 필수적으로 실현되지 않아도 된다. 이제 논항 구성의 실현 양상을 살펴보자.

> (58) 가. <u>최 의원의 명령</u>으로 운전기사와 김 비서관은 그대로 차 안에 앉아 있는 모양이었다
> 나. 사실 나는 여행사를 통해 어학연수 서류를 이미 만들어놓은 상태라 <u>교장의 승낙</u>만이 필요하던 차였다
> 다. 이 협의 기구는 양국 산업과 관련되는 <u>정보의 상호교환</u>을 다루게 된다.

(58가)의 '명령'과 (58나)의 '승낙'은 '행위주(agent), 대상(theme), 피행위주(patient)'의 세 논항을 요구하지만 행위주만 실현되었고, (58다)의 '상호교환'도 '행위주, 대상, 동반주(companion)'을 요구하지만 대상만 실현되었다. 이처럼 논항 구성은 서술명사의 한 논항 성분이 선행명사구로 실현되는 것이다.

그러나 논항 구성이 합성어로 발전하는 경우는 선행명사구의 의미

역으로 행위주가 오지 못하고 대상역이나 다른 의미역이 오는 것이 일반적이다.

(59) 가. 가처분 명령, 작전 명령, 배상 명령
　　　나. 지불 승낙, 지급 승낙
　　　다. 실물 교환, 어음 교환, 정보 교환, 화폐 교환

서술명사가 선행명사구와 결합하여 합성어로 발전한 경우는 (59)와 같이 전문적 용어에서 많이 발견되며, 선행명사구의 의미역으로 행위 주가 오지 않음을 확인할 수 있다.

지금까지 우리는 'NP₁의 NP₂' 명사구의 유형을 연결 구성과 비연결 구성으로 나누고, 비연결 구성은 부분 구성, 등가 구성, 논항 구성으로 나누어 살펴보았다. 연결 구성은 비유적 표현이나 의사관형구조의 구성을 가져서 '의'가 필수적으로 요구되는 것이며,[34] 비연결 구성은 선행명사구와 후행명사구가 의미적으로 상관성을 가져 '의'의 실현이 필수적이지 않다. 비연결 구성 중에서 부분 구성은 선행명사구와 후행명 사구의 관계가 소유주-소유물, 전체-부분, 친족관계 등의 의미적 관계를 가지는 것이고, 등가 구성은 선행명사구와 후행명사구가 의미적으로 등가성을 가지는 것이며, 논항 구성은 선행명사구가 후행명사구의 논항이 되는 것이다.

---

34) 의사관형구조는 김선효(2009ㄱ) 참조.

제5장 관형어 확장 구조의 특성과 유형

5장에서는 관형어 확장 구조의 특성과 유형을 살펴보는 것을 목적으로 한다. 관형어의 확장 구조는 관형사의 겹침 현상, 용언의 관형사형의 겹침 현상, 관형사와 용언의 겹침 현상이 있으며 이들은 이중 겹침 또는 삼중 겹침이 가능하다. 그러면 관형어가 확장될 때에 어떠한 규칙이 있는지 확인해 보자.

5.1. 선행 연구

관형어의 확장 구조는 관형어의 수식 구조와 밀접한 관계를 가진다. 관형어가 둘 이상 오면 전통문법에서는 각각의 관형어가 머리명사를 수식하는 '동일 수식 구조'로 해석한 반면, 변형생성문법 이후에는 관형어와 머리명사의 의미 관계에 따라 수식 구조가 다른 '복합 수식 구조'로 해석하고 있다. 전자의 관점에 따른 연구는 주시경(1910), 최현배(1937/1961 : 577), 정인승(1968 : 88), 이인모(1968 : 117) 등이 있으며 후자는 박근우(1970), 김봉모(1978/1992), 남기심 · 고영근(1987), 정영주(1989), 송효빈(1998), 김기복(1999) 등에서 확인할 수 있다. 이제 이들이 관형어의 확장 구조를 어떻게 해석하고 있는지 확인해 보자.

우선 동일 수식 구조는 주시경(1910 : 48)에서 비롯되었다.

(1) 저 붉은 봄꽃이 곱게 피오.

(1)의 '저', '붉은', '봄'은 '금이임'(머리명사)인 '꽃'을 각각 수식한다는 것이다. 즉 '저 꽃', '붉은 꽃', '봄 꽃'이 독립적으로 머리명사인 '꽃'을 수식하는 구조로 상정하고 있는데, 이러한 해석은 전통문법학자들에게 일반적이었다.

다음으로 복합 수식 구조는 수식성분이 머리명사를 일관된 구조로 수식하는 것이 아니라 관형어와 머리명사의 의미 관계에 따라 다른 양상을 보인다는 것이다. 이러한 수식 구조는 변형생성문법의 구조적 인식이 영향을 끼친 것으로 보이는데, 수식 성분이 머리명사를 각각 수식할 수도 있고 선행하는 모든 수식 성분이 머리명사를 수식할 수도 있다. 김봉모(1978/1992 : 165-96)에서는 관형어의 겹침 어순과 수식 구조를 다음과 같이 제시하고 있다.

(2) 가. N의-동작동사-상태동사-지시-수량-성상-Nø-(중심어)
　　나. [우리의 [새로 [이사할 [아담한 [저 [새 [집]]]]]]]

관형어의 기본적 어순은 (2가)이며 휴지가 필요 없지만 기본적 어순이 바뀌면 휴지가 필요하다는 것이다.

(3) 가. 우리의 저 # 새로 이사할 아담한 새 집
　　나. 새로 이사할 아담한 # 우리의 새 집

다. 저 # 새로 이사할 아담한 # 우리의 새 집

  (3)은 (2)의 기본 어순이 변경되었으므로 문장의 수용성을 위해서는 휴지가 사용되어야 한다는 것이다. 그리고 어순이 변경된 구조라도 (2 나)의 수식 관계에 영향을 끼치지 않는다고 보았다.

  정영주(1989)는 관형사가 나열될 경우에는 '지시 관형사-수 관형사-성상 관형사'가 기본 어순이며, 관형어와 관형사가 나열될 경우에는 '관형어-성상 관형사' 순서이며 부정 지시 관형사 중에는 '어느, 무슨, 어떤, 아무'와 성상 관형사가 결합할 수 있다고 하였다.

    (4) 가. 훌륭한 새 일꾼 : *새 훌륭한 일꾼
        나. 맨 쓸모없는 물건 : *쓸모없는 맨 물건
    (5) {어느/무슨/어떤/*아무} 몇몇 새 옷을 가져 갈까?

                                      (정영주 1989 : 160 참조)

  (4가)의 '새'가 머리명사를 직접 수식하는 것처럼 (4나)의 '맨'을 제외한 모든 성상 관형사는 다른 수식 성분보다 머리명사와 가장 가깝고, 부정 지시 관형사는 (5)에서와 같이 일부 관형사만 성상 관형사에 선행할 수 있다고 하였다. (5)의 '아무'도 '아무 헌 옷이라도 좋아'에서처럼 성상 관형사에 선행할 수 있다. 다만 (4나)의 '맨'은 관형사가 아니라 부사이므로 '관형어-성상 관형사'의 어순은 국어의 기본 어순임에 틀림없다. 한편, 송효빈(1998)은 관형사, 관형격 조사구, 용언의 관형사형 등의 관형어 겹침 현상을 14 유형으로 세분화하여 논의한 것에 의의가 있다.

  김기복(1999)은 관형어의 겹침 현상을 '[관형어 [관형어 [중심어]]]' 구조인 Ⅰ형과 '[[관형어 [관형어]] 중심어]' 구조인 Ⅱ형으로 나누고 국어의 진정한 관형어 겹침 구조는 Ⅰ형임을 주장하고 있다.[1] 관형어의 어순 도치는 의미 보존이 되지 않는 범위 내에서 가능하며 용언의 관형사형의 겹침은 관형사형 어미가 연결 표지로 실현될 수도 있음을 제시하고 있다. 그러나 용언의 관형사형 어미의 겹침은 Ⅰ형의 구조이므로 관형사형 어미를 연결 표지로 설정하기에는 상당히 무리가 따른다. 한편, 박근우(1970 : 78)는 관형어의 어순은 고정되어 있지 않으며, 문체나 강조에 따라 다르고, 수식 성분과 머리명사의 관계에 따라 자유롭게 이동할 수 있다고 설명하고 있다. 그러나 관형어의 기본 어순이 없다는 것은 국어의 문장 구조에서도 기본 어순을 인정할 수 없다는 것과 일맥상통하므로 통사적 논의와 화용적 논의를 구별하여 논의해야 할 필요가 있다.

5.2. 관형어 확장 구조의 특성

관형어의 어순 연구는 국어보다 인구어에서 많은 관심을 가진 분야이다.[2] 영어의 수식 성분은 수식어의 종류에 따라 어순이 정해져 있고 같은 계열의 관형어가 겹치면 쉼표나 등위 접속사를 사용하여 그 어순을 엄격히 지키지만 국어의 수식 성분은 영어에 비해 어순 경계가 엄격하지 않다.

> (6) 가. this fresh milk
> 　　나. *fresh this milk

---

1) 이것은 김봉모(1978), 남기심·고영근(1987 : 266-7)에서도 이미 설명한 바 있는 것이다. 남기심·고영근(1987 : 267)은 '저 두 벽돌 집'의 '저', '두', '벽돌'은 모두 '집'을 꾸미지만, '이 동화 속의 주인공'은 '이'가 '동화'를 꾸미고, '이 동화'는 '속'을 꾸미고, '이 동화 속의' 전체가 '주인공'을 꾸미는 것으로 설명한다.

2) 한국어와 영어의 관형어들을 비교 연구한 것으로는 박근우(1970) 참조.

(7) 가. big black sheep

　　나. *black big sheep

　(6)과 같이 영어는 한정사와 형용사가 나열되거나 (7)과 같이 형용사와 형용사가 나열될 때에는 엄격한 어순을 요구하며,[3] 여러 개의 관형어가 동시에 실현되더라도 관형어의 어순은 엄격하다.[4] 그러나 국어의 관형어 어순은 그리 엄격하지 않다.

　(8) 가. 이 신선한 우유

　　나. 신선한 이 우유

　(9) 가. 큰 검은 양

　　나. 검은 큰 양

　(8)이나 (9)는 두 관형어가 어순을 바꾸어도 의미의 변화가 크게 생기지 않으며 어순이 어색할 경우에는 (10)에서와 같이 두 관형어 사이에 휴지(pause)를 두면 자연스러워진다.

　(10) 가. 큰 # 검은 양

　　나. 검은 # 큰 양

---

3) Bloomfield(1935 : 202-6)는 수식어를 크게 기술적 형용사(descriptive adjectives)와 한계적 형용사(limiting adjectives)로 나누고, (6)의 'this'는 한계적 형용사, 'fresh'는 기술적 형용사로 설명하였다. 그리고 한계적 형용사는 기술적 형용사에 선행한다고 한다.

4) Francis(1963 : 41)는 후행명사에 선행할 수 있는 모든 관형어를 나열하고 그 어순을 다음과 같이 제시하였다.

all－the－ten－other－big－hunting－dogs

　6　　5　　4　　3　　2　　　1

1 : Adjunct, 2 : Adjective, 3 : Particularizer, 4 : Quantifier, 5 : Determiner,

6 : Predeterminer (김봉모 1978/1992 : 168 재인용)

국어의 관형어 어순은 영어와 같이 필수적이지 않고 수의적인 양상을 띤다. 그러나 관형어의 어순이 수의적이라는 것과 기본 어순이 없다는 것은 다른 문제이다. 국어의 관형어가 지닌 기본 어순은 다음 절에서 검토하겠지만, (9)의 어순은 허용될 수 있으나 동일한 의미를 지니는 것은 아니다. 즉 용언의 관형사형 구조가 둘 이상 나열될 수 있고 어순이 바뀌어 실현될 수는 있으나 의미가 동일한 것은 아니므로 국어의 관형어 겹침 현상을 천착할 필요가 있다.

이상의 논의를 바탕으로 하여 국어의 관형어 확장 구조가 지닌 특징을 간략히 제시하면 다음과 같다.

(11) 가. 국어의 관형어는 동시에 여러 개가 실현될 수 있다.
　　 나. 국어의 관형어는 기본 어순이 있으나 그 어순이 엄격하지 않다.

국어의 관형어 확장 구조는 (11)과 같은 특징을 지니지만 어순의 변화가 의미의 변화를 동반하는 것을 간과해서는 안 된다.

5.3. 관형어 확장 구조의 유형

국어의 명사구에 선행하는 관형어는 관형사, 관형격 조사구, 명사구, 용언의 관형사형 등이 있다. 이 중에서 관형격 조사구와 명사구는 앞 장에서 언급되었으므로 여기에서는 관형사의 겹침 현상, 용언의 관형사형 겹침 현상, 복합 겹침 현상에 대해 살펴보고자 한다.

5.3.1. 관형사의 겹침 현상

국어의 관형사는 지시 관형사, 성상 관형사, 수 관형사로 구분되는데, 세 관형사가 동시에 실현되기보다는 하나 또는 두 개의 관형사가 머리명사를 수식하는 구조가 일반적이다. 둘 이상의 관형사가 겹쳐질 때는 '지시-수, 지시-성상, 수-성상, 지시-수-성상'으로 나타나는 것이 일반적이다. 이제부터 두 관형사가 겹치는 구조와 세 관형사가 겹치는 구조를 하나씩 검토해 보고자 한다.[5]

우선 두 관형사가 겹쳐서 실현되는 구조를 살펴보고자 한다. '지시-수' 관형사의 겹침 현상은 총칭 수 관형사와 비총칭 수 관형사에 따라 겹침 구조의 실현이 다른 양상을 띤다.

　　　(12) 가. 저 두 학생
　　　　　나. *두 저 학생
　　　　　다. *두 # 저 학생
　　　(13) 가. 저 모든 옷
　　　　　나. ?모든 저 옷
　　　　　다. 모든 # 저 옷

(12)의 비총칭 수 관형사와 (13)의 총칭 수 관형사는 지시 관형사와의 겹침에서 다른 양상을 보인다. 비총칭인 경우에는 어순 바꾸기가 성립되지 못하는 반면, 총칭에서는 (13다)와 같이 휴지를 두면 자연스럽지만 (13나)에서와 같이 휴지가 없으면 수용성에서 약간 어색하다.[6]

그러면 '수-성상' 관형사의 겹침 구조에서는 어떠한지 확인해 보자. '수-성상' 관형사의 겹침 구조에서는 (14)와 (15)처럼 어순 도치가 수용되지 못하며 휴지를 두더라도 수용성에서 떨어진다.

　　　(14) 가. 두 새 건물

---

5) 김봉모(1978/1992 : 191-5), 김기복(1999 : 94-6) 참조.
6) 한영목(1980 : 228)은 관형사의 겹침 구조에서 '지시-수' 구조는 어순 도치가 가능하다고 하였으나 (12)의 예와 같이 비총칭에서는 적합하지 않음을 알 수 있다.

　　　　나. *새 두 건물
　　　　다. ⁷새 # 두 건물
　　(15) 가. 모든 헌 가방
　　　　나. *헌 모든 가방
　　　　다. *헌 # 모든 가방

　'지시-성상' 관형사의 겹침 구조에서는 지시 관형사의 성격에 따라
차이를 보인다. 지시 관형사가 미지칭이 쓰이면 (17)과 같이 더 수용성
이 높아진다.

　　(16) 가. 저 새 학교
　　　　나. *새 저 학교
　　　　다. ⁇새 # 저 학교
　　(17) 가. 어떤 새 학교
　　　　나. *새 어떤 학교
　　　　다. ⁷새 # 어떤 학교

　지시 관형사는 (16)의 '저'보다 (17)의 '어떤'이 어순 도치에서 더 자
연스럽지만 기본 어순은 '지시-성상'임에는 틀림없다.⁷⁾ 국어의 관형사
가 겹쳐서 실현될 때에는 지시 관형사의 의미적 자질이나 수 관형사
의 특성에 따라 어순 도치에서 차이점을 보이지만 궁극적으로는 '지시
-수, 지시-성상, 수-성상'이 기본 어순 구조이다.
　다음으로는 지시 관형사, 수 관형사, 성상 관형사가 모두 동시에 실
현되는 경우를 살펴보자. (18)에서 확인할 수 있는 바와 같이 (18가) 외
에는 수용되기 어렵다. 이것은 세 관형사의 기본 어순이 '지시-수-성

---

7) '지시-성상' 구조의 어순 도치에 대해 김영송(1973), 김민수(1971)에서는 가능하다
　고 하였고 김창식(1984 : 13), 김기복(1999 : 93)에서는 불가능하다고 보았다.

상'임을 입증한다.

  (18) 가. 이 두 새 마차
    나. *이 새 두 마차
    다. *두 이 새 마차
    라. *두 새 이 마차
    마. *새 이 두 마차
    바. *새 두 이 마차

 그러나 (18)에서 비문으로 확인된 구조들도 (19)에서와 같이 휴지를 두면 그 수용성에서 다른 양상을 보인다.

  (19) 가. 이 두 새 건물
    나. *이 # 새 두 건물
    다. *두 # 이 새 건물
    라. *두 # 새 이 건물
    마. 새 # 이 두 건물
    바. 새 # 두 # 이 건물
    사. 이 # 새 # 두 건물

 (19)의 수용성은 국어 모어 화자의 개인적 직관에 따라 편차가 있을 수도 있으나 두 관형사가 동시에 실현되는 것에 비하여 다른 양상을 보인다. (14)에서 '성상-수' 어순이 수용성이 거의 없었지만 지시 관형사와 같이 쓰이면 (19바)와 (19사)와 같이 가능할 수 있다. 이것은 세 관형사의 의미적 상관성이 어순에도 영향을 끼친 것으로 추정된다.

 한편 미지칭 지시 관형사가 사용되거나 총칭 수 관형사가 나타나면 이들이 관형사 어순에 영향을 끼치는 것으로 판단된다.

(20) 가. 어떤 두 새 마차
　　 나. 어떤 새 두 마차
　　 다. *두 어떤 새 마차
　　 라. *두 새 어떤 마차
　　 마. *새 어떤 두 마차
　　 바. *새 두 어떤 마차
(21) 가. 이 모든 새 마차
　　 나. *이 새 모든 마차
　　 다. 모든 이 새 마차
　　 라. 모든 새 이 마차
　　 마. *새 모든 이 마차
　　 바. *새 이 모든 마차

(20)의 미지칭 지시 관형사와 (21)의 총칭 수 관형사가 제일 앞에 실현되면 이들이 주제 성분 역할을 하여서 관형사 어순 경계가 무너지는 것으로 추정된다. 미지칭 '어떤'이나 총칭 '모든'이 제일 앞에 실현되면 기존 어순 구조에서는 수용되지 못하던 것이 수용 가능한 구조로 변하는 것을 확인할 수 있다. 이러한 수용 가능성은 미지칭이나 총칭 관형사가 지니고 있는 의미자질과 아울러 주제 성분적 역할이 영향을 끼친 것으로 판단된다.

그러면 지금까지 검토한 관형사의 확장 구조에 대해 정리해 보면 다음과 같다.

(22) 가. 관형사의 이중 겹침 현상
　　　　 두 관형사가 동시에 실현되면 '지시-수, 지시-성상, 수-성상'이
　　　　 기본 구조이며 미지칭 지시 관형사나 총칭 수관형사가 '지시-
　　　　 수, 지시-성상' 구조에 사용되면 어순에 제약을 받지 않는다.
　　 나. 관형사의 삼중 겹침 현상
　　　　 세 관형사가 동시에 실현되면 '지시-수-성상'이 기본 구조이며

미지칭 지시 관형사가 오거나 총칭 수관형사가 쓰이면 이들이
제일 앞에 오는 것이 자연스럽다.

5.3.2. 관형사형의 겹침 현상

용언의 관형사형의 겹침 현상은 동사와 형용사에 따라 다른 양상을
보인다. 형용사의 관형사형은 피수식어의 속성을 나타내어 (23가)와
같이 두 형용사가 쓰일 수 있으나 동사의 관형사형은 피수식어의 사
태를 나타내므로 (24)와 같이 동시에 두 관형사형이 쓰이지 못한다.

(23) 가. 아름다운 흰 기러기 (김봉모 1978/1992 : 172)[8]
　　　나. *푸른 넓은 하늘
(24) 가. *달리는 가는 기차
　　　나. *햄버거를 먹는 걸어가는 삐에로

(23가)의 '기러기'는 아름다우면서도 흰 속성을 동시에 지닐 수 있지
만, (24가)의 '기차'는 다른 두 사태가 동시에 나타날 수 없으므로 비문
이 된다. (24)가 수용되기 위해서는 접속어미 '-면서'를 사용해야 한다.
(23가)의 수식 구조에 대해 김봉모(1978)는 두 가지의 구조를 상정하
였다. 우선 기본 구조는 '아름다운'과 '흰'이 '기러기'를 각각 수식하는

---

8) 김영송(1973 : 6)에서는 관형사형이 나열되면 관형사형 어미가 대등접속어미 '-고'
로 대체 가능하다고 하였다. (1)의 관형사형 겹침 구성이 모두 '-고' 연결어미와
대체 가능하므로 적법하다고 하였으나 이것은 수용하기 어렵다. 첫째, 관형사형
어미와 접속어미의 역할은 분명히 다른 것이다. 관형사형 어미는 후행 명사를
수식하는 기능이 중점적이라면 접속어미는 두 구성을 연결시키는 기능이 중점적
이다. 둘째, 일반적으로 용언이 겹쳐진 구성에서는 접속어미로 연결한다. 셋째, 아
래의 관형사형 겹침 구성은 용언들 사이에 휴지를 두지 않으면 성립될 수 없다.
가. 밝은, 깨끗한 집 ↔ 밝고 깨끗한 집
나. 정숙한, 순결한, 현명한 여성 ↔ 정숙하고 순결하고 현명한 여성

구조이며, 다음으로는 '아름다운'과 '흰' 사이에 휴지를 두고 '아름다운'이 '흰 기러기'를 수식하는 구조이다.

(25) 가. [[아름다운] [흰] 기러기]
    나. [아름다운 [흰 [기러기]]]

그러나 (25가)가 형용사의 관형사형 겹침 현상의 기본 구조라면 (23나)가 왜 수용성이 없는지 이해하기 어렵다. '푸른'과 '넓은'이 모두 '하늘'의 속성인데 왜 (23가)는 성립할 수 있고 (23나)는 성립하지 못하는가 하는 것이다. (23가)의 수식어가 피수식어를 수식할 수 있다면 (23나)도 수식할 수 있어야 하는데 그러지 못하다는 것이다. 이것은 형용사의 관형사형 겹침 현상의 기본 수식 구조가 (25가)가 아니라 (25나)임을 입증하는 것이다. 그리하여 (23나)도 형용사의 관형사형 사이에 휴지를 둔다면 (25나)와 같은 수식 구조가 가능하고 수용성도 훨씬 높아진다.

(26) 가. [푸른 # [넓은 하늘]]
    나. [햄버거를 먹는 # [걸어가는 삐에로]]

형용사의 관형사형 사이에 휴지를 둔다면 (26가)과 같은 수식 구조로 판단되어 수용 가능하며 동사의 관형사형도 (26나)와 같이 수용성이 높아진다.

동사의 관형사형 겹침 현상은 선행 수식어와 후행 수식어의 시제가 다르면 가능해진다.

(27) 가. 다음 정거장에 도착할 달리는 기차

나. 햄버거를 먹던 걸어가는 삐에로

　동사의 관형사형이 동일 시제이면 동일한 사태가 같은 시간에 연속적으로 나타나는 것이므로 (24)는 수용성이 없었지만 (27)과 같이 시제가 다르면 다른 사태로 인식되므로 문법적인 표현이 된다. (27가)는 지금 달리고 있는 기차가 다음 정거장에 도착할 것이라는 것을 나타내고, (27나)는 햄버거를 먹던 삐에로가 지금 걸어간다는 것을 나타낸다.
　한편 동사와 형용사가 동시에 실현되어 피수식어를 수식하면 형용사가 피수식어에 더 근접하는 현상을 지닌다.

　　(28) 가. 달리는 빠른 기차
　　　　 나. *빠른 달리는 기차
　　(29) 가. 햄버거를 먹는 착한 삐에로
　　　　 나. *착한 햄버거를 먹는 삐에로

　(28가)의 '동사-형용사' 어순이 (28나)의 '형용사-동사' 어순보다 더 자연스러운 것은 두 용언의 의미 자질, 즉 동사는 피수식어의 사태와 관련되고 형용사는 속성과 관련되기 때문이다. 이러한 현상은 (29)에서도 동일하게 적용된다.
　지금까지 살펴본 관형사형의 겹침 현상을 대략 요약하면 다음과 같다.

　　(30) 관형사형의 겹침 현상
　　　　 가. 형용사는 피수식어의 속성을 나타내므로 동시에 두 관형사형
　　　　　　 이 실현될 수도 있으나 동사는 피수식어의 사태를 나타내므로
　　　　　　 두 관형사형이 동시에 실현될 수 없다.
　　　　 나. 형용사와 동사가 피수식어를 동시에 수식할 때에는 '동사-형용

사'가 기본 어순이다. '형용사-동사' 어순은 형용사와 동사 사이에 휴지를 둘 수 있는 경우에만 수용된다.

5.3.3. 복합 겹침 현상

국어의 관형어 겹침 현상은 동일한 통사범주보다 다른 통사범주들과 겹쳐서 실현되는 것이 일반적이다. 관형사(Det), 관형격 조사구(N의), 관형사형(V)이 복합적으로 나타나 피수식어를 수식한다. 이 절에서는 다른 통사범주의 복합적 실현 양상, 즉 이중 겹침 현상과 삼중 겹침 현상을 각각 살펴보고자 한다.

관형어의 이중 겹침 현상은 'Det-N의', 'Det-V', 'N의-V'이 있다. 우선 'Det-N의' 구성부터 살펴보도록 하자.

    (31) 가. 이 학교의 전통
         나. 어떤 학교의 전통
         다. 두 학교의 전통
         라. 모든 학교의 전통
    (32) 가. 학교의 이 전통
         나. 학교의 어떤 전통
         다. 학교의 두 전통
         라. 학교의 모든 전통

(31)의 구조에서 확인할 수 있는 바와 같이 (31다)의 어순을 제외하고 모두 중의적으로 해석될 수 있다. 수 관형사와 피수식어는 수량사구가 우선적으로 적용되어 중의성이 해소되지만 (31라)의 '모든' 총칭 수 관형사는 다른 관형사와 동일한 중의성을 가진다. 관형사가 후행하는 명사를 수식하는지 명사구 전체를 수식하는지 불분명하기 때문이다. 그러나 (32)와 같이 관형사가 피수식어 앞에 오면 중의적 의미가

해소되는데, 관형사가 관형격 조사구보다 우선적으로 수식 기능을 담당하기 때문이다.

다음으로 'Det-V'의 구성에 대해 알아보자. 관형사형은 동사와 형용사에 따라 관형어의 겹침에서 다른 양상을 보인다.

> (33) 가. 저 멋진 기차, 저 달리는 기차
>   나. 어떤 멋진 기차, 어떤 달리는 기차
>   다. 두 {귀여운, 멋진, *달리는, *가는} 아이
>   라. 모든 {귀여운, 멋진, *달리는, *가는} 아이
> (34) 가. 멋진 저 기차, 달리는 저 기차
>   나. 멋진 어떤 기차, 달리는 어떤 기차
>   다. {귀여운, 멋진, 달리는, 가는} 두 아이
>   라. {귀여운, 멋진, 달리는, 가는} 모든 아이

관형사와 관형사형의 겹침 구조에서는 동사와 형용사의 의미적 자질이 가장 큰 영향력을 끼친다. (33다)와 (33라) 중에서 형용사의 관형사형은 문제가 되지 않으나 동사의 관형사형은 수용성이 떨어진다.[9] 물론 '달리는 아이' 또는 '가는 아이'가 통사적 구조 형성에 제약을 받지 않으므로 수식어와 피수식어의 의미적 상관성과 무관하다. '두'가 '귀여운 아이'는 수식할 수 있으나 '달리는 아이'를 수식하는 데 제약이 있다는 것은 수 관형사가 요구하는 후행 명사구의 의미적 특성과 밀접하리라 본다. 수 관형사가 상태성을 가진 구 구성은 수식할 수 있으나 동작성을 가진 구 구성을 수식하지 못하는 것은 후자를 하나의 통사 단위로 인식하기 때문이다. 형용사는 상태성 자질을 가지고 있으므로 수식어와 피수식어의 명사구를 하나의 통사 단위로 인식하지만 동

---

9) 김기복(1999 : 104)는 'Det-V' 구성의 어순 도치는 자연스럽다고 말하지만, 관형사의 종류나 용언의 종류에 따라 다른 현상을 보인다는 것을 확인할 수 있다.

사는 동작성 자질을 가지고 있으므로 어떤 장면을 단위화하는 데 제약을 받는 것이다. 그러나 (34다)나 (34라)와 같이 관형사형이 수 관형사에 선행하면 수 관형사가 피수식어와 결합하여 수량사구로 인식되어 제약이 사라진다. 한편 지시 관형사와 관형사형의 겹침 양상은 (33가, 33나) 그리고 (34가, 34나)에서 확인할 수 있는 바와 같이 수 관형사와 같은 제약이 발생하지 않는다.

'N의-V' 구성은 수식어와 피수식어의 의미 관계가 형성될 수 있으면 통사적 제약이 발생하지 않는다.

(35) 가. 나라의 위태로운 운명, 엄마의 애타는 마음, 여인의 아름다운 목소리
     나. 아들의 자라는 모습, 개의 짖는 소리, 호랑이의 으르렁거리는 소리
(36) 가. 위태로운 나라의 운명, 애타는 엄마의 마음, 아름다운 여인의 목소리
     나. 자라는 아들의 모습, '짖는 개의 소리, 으르렁거리는 호랑이의 소리

(35)의 'N의-V' 구성이나 (36)의 'V-N의' 구성은 통사적 제약은 발생하지 않으나 (36)에서 의미적 중의성이 발생한다. (36가)의 '위태로운'이 '나라'를 수식할 수도 있고 '나라의 운명'을 수식할 수도 있듯이 'V-N의' 구성은 중의적으로 해석되지만 통사적 제약은 없다. 다만 (36나)의 '짖는 개의 소리'가 어색한 것은 '[짖는 [개의 소리]]'로 해석하기 때문이며 '[[[짖는 [개]]의] 소리]'의 수식구조를 가진다면 충분히 수용될 수 있다.

다음으로 관형어의 삼중 겹침 구성은 다양한 유형이 존재하는데 그유형을 제시하면 아래와 같다.

(37) 가. Det-V-NP(의)

　　나. Det-NP(의)-V

　　다. NP(의)-Det-V

　　라. NP(의)-V-Det

　　마. V-Det-NP(의)

　　바. V-NP(의)-Det

　국어의 통사 구조가 (37)과 같은 다양한 어순을 허용한다면 국어의 수식 성분은 자유 어순임을 입증한다고 할 수 있다. (38)에서도 (38나)를 제외하면 어순이 자유롭다. 그렇다면 과연 국어의 관형어 복합 겹침 구조에서는 어순이 자유로운가 하는 것이다.

(38) 가. 저 자랑스러운 대한민국의 태극전사

　　나. [?]저 대한민국의 자랑스러운 태극전사

　　다. 대한민국의 저 자랑스러운 태극전사

　　라. 대한민국의 자랑스러운 저 태극전사

　　마. 자랑스러운 저 대한민국의 태극전사

　　바. 자랑스러운 대한민국의 저 태극전사

　국어의 수식 성분이 자유 어순인지를 확인하기 위해 다른 단어들도 사용하여 보았다. (39)에서 확인할 수 있듯이 (38)과 동일한 통사 구조를 보이지만 (39마)의 어순을 제외하면 대부분의 어순이 심각한 제약을 받는다.

(39) 가. ^{?*}두 성실한 형사의 승진

　　나. [*]두 형사의 성실한 승진

　　다. [*]형사의 두 성실한 승진

　　라. [*]형사의 성실한 두 승진

　　마. 성실한 두 형사의 승진

바. *성실한 형사의 두 승진

(39)의 이러한 제약은 두 가지 요인이 작용한 것으로 볼 수 있다. 첫째는 수 관형사의 의미적 제약이다. 수 관형사는 후행 명사를 분류사로 동화시키는 힘이 있어서 추상명사와 결합하지 않는 경향이 있으므로 '두 형사'는 가능하지만 '두 승진'은 적합한 표현이 아니다. 다음으로 관형사형의 용언과 머리명사의 의미적 제약이다. '성실한 형사'는 수용되지만 '성실한 승진'이 수용될 수 없으므로 제약적 어순이 나타난 것이다.

관형어의 복합 겹침 현상은 관형어와 피수식어의 의미 관계에 의해 결정난다. (40가)와 같이 관형어가 피수식어와 결합할 수 있으면 어순 교체에서 자유롭지만 (40나)와 같이 관형어와 피수식어가 결합할 수 없으면 어순 교체에서도 제약이 발생할 수밖에 없다. 즉 '빨간'은 '앵두'와만 관련되고 '젊은'은 '청년'과만 관련되므로 어순 교체에 제약을 가진다. 그리고 '한 청년'과 같이 수 관형사와 후행 명사가 하나의 분류사구로 인식되어도 어순 교체에 제약을 받는다.

(40) 가. 저 강한 헤드라이트의 불빛, 나의 가라앉은 감정의 상태
나. 요 빨간 앵두의 모양, 어떤 젊은 청년의 턱, 한 청년의 지극한 정성

관형어의 복합적 겹침 유형은 (37)에서와 같이 다양하게 실현될 수 있었으나 'NP의'에서 관형격조사가 실현되지 않으면 관형어의 겹침 구조가 제약을 받는다. (40)과 같이 관형격조사 '의'를 사용하지 않으면 명사구의 수용성이 떨어진다.

(41) 가. 저 자랑스러운 대한민국 태극전사
　　　나. *저 대한민국 자랑스러운 태극전사
　　　다. *대한민국 저 자랑스러운 태극전사
　　　라. *대한민국 자랑스러운 저 태극전사
　　　마. 자랑스러운 저 대한민국 태극전사
　　　바. *자랑스러운 대한민국 저 태극전사

　(41가)와 (41마)의 어순 구조를 제외하면 관형어의 복합적 실현은 거의 성립되지 못한다. 이러한 성립 조건에는 수식어와 피수식어의 의미적 제약도 중요한 역할을 하겠지만 관형격조사 '의'의 통사적 역할 장치도 중요한 몫을 한다는 것을 확인할 수 있다. 즉 관형격조사는 관형어의 복합 겹침 구조를 유지시키기 위한 중요한 통사적 연결 장치임을 알 수 있다.

　지금까지 관형어의 복합 겹침 구조, 즉 이중 겹침 현상과 삼중 겹침 현상을 중점적으로 살펴보았다. 이들을 요약하여 제시하면 다음과 같다.

(42) 가. 관형어의 이중 겹침 현상
　　　① 'Det-N의' 구성은 의미적으로 중의성을 가지나 'N의-Det'로
　　　　도치되면 중의성이 해소된다. 다만 수관형사는 'Det-N의' 구
　　　　성에서 중의적이지 않다.
　　　② 'Det-V' 구성은 관형사 유형에 따라 통사적 제약이 다르다.
　　　　수 관형사는 용언의 의미에 따라 제약이 발생하는 반면에,
　　　　지시 관형사는 이러한 제약이 없다.
　　　③ 'N의-V' 구성과 'V-N의' 구성은 'V-N의'가 중의적으로 해석될
　　　　수 있다는 것 외에는 어순 도치가 자유롭다.
　　나. 관형어의 삼중 겹침 현상
　　　관형어의 삼중 겹침 현상은 어순 도치가 자유롭지만 수식어와
　　　피수식어의 의미 관계에 따라 영향을 받는다.

제6장 새로운 관형사형 어미 '-다는'*

6장의 목적은 인용문의 '-다고 하는'과 '고 하-'가 탈락된 '-다는'이 보문명사와의 상관성에서 차이점을 보이며, 문법화한 '-다는'은 독립된 통사 단위가 될 수 있음을 밝히는 것이다. 통시적 관점에서 '-다고 하는'을 고찰한 뒤에 공시적 관점에서 '-다고 하는'과 '-다는'의 통사·의미적 차이점을 제시하고, 비환원적 융합형인 '-다는'의 문법화 과정과 문법범주에 대해 논의하고자 한다.

6.1. 선행 연구

인용문은 피인용문과 상위문으로 구성되는데, 피인용문에는 화자가 청자에게 전달하고자 하는 명제가 오고, 상위문에는 인용표지 '고'[1]와

---

* 제6장은 김선효(2004ㄱ)의 내용을 수정 및 보완한 것이다.
1) '고'의 범주는 부사격 조사(남기심·고영근 1985/1998 : 99-101, 임동훈 1995 : 110-120, 박만규 1993), 보문자(양인석 1972, 남기심 1973, 양동휘 1976) 등 논자의 관점에 따라 다양하나, 필자는 아직 '고'의 문법 범주에 대한 관점이 명백히 서지 않아 본고에서는 임시적으로 인용표지라 한다.

형식동사 '하-' 또는 발화 동사가 나타난다. 이때 상위문의 '고 하-'는 '고'나 '하-'가 탈락하기도 하고, 둘 다 탈락하기도 하여 다른 문장 유형에 비해 문법화가 발생할 개연성이 높은데, '고 하-'가 탈락되어도 정보를 전달하는 명제의 의미나 문장 전체의 의미가 크게 다르지 않기 때문이다. '-다는'은 '-다고 하는'과 의미적으로 동일한 양상을 보이기도 하지만 '-다고 하는'으로 환원이 불가능한 경우도 있다.[2]

인용 구문에 대한 논의는 남기심(1973)에서 처음으로 구체적으로 논의되기 시작하여 송진오(1978), 신선경(1986), 장경희(1987), 안명철(1990), 임동훈(1995), 이필영(1993/1995ㄱ, 1995ㄴ), 이지양(1996) 등은 공시적인 관점에서 연구하였고 이현희(1986), 이승재(1992), 석주연(2002) 등은 중세국어 인용문의 구조적 특성과 통시적 과정에 대해 논의하였다. 초기 연구에서는 '-다는'을 '-다고 하는'의 단순한 축약 내지 융합 현상으로 판단하고 두 유형이 의미의 차이를 가져오지 않는다고 하였으나 이필영(1993, 1995ㄴ), 이지양(1996)은 '-다고 하는'과 '-다는'이 융합 현상에서 차이점이 있음을 밝히고, 융합 현상을 원래 형태로 환원이 가능한 환원적 유형과 환원이 불가능한 비환원적 유형으로 구분하였다.

임동훈(1995)은 '-다는'을 '-다고 하는'의 '고 하-'가 탈락된 것으로 보는 것이 아니라, '-다는'과 '-다고 하는'이 각각 다른 구문에서 발전한 것이라 하였다. 즉 '-다는'의 '는'은 속격조사 'ㅅ'이 발전한 형태이며, '-다고 하는'의 '고'는 'ᄒᆞ야'가 문법화한 부사격 조사라는 것이다. 반면, 이필영(1995ㄴ)은 '-다는'과 '-다고 하는'이 처음부터 다른 구문에서 발전한 것이므로, '-다는'은 '-다고 하는'에서 '고 하-'가 탈락된 것이 아니

---

2) 6장에서는 공시적인 언어 현상을 참고하기 위하여 고려대 민족문화연구원 전자 텍스트연구소 용례추출기와 KAIST 콘코든스 프로그램에서 추출한 용례를 참고하였다.

라, '-다 하는'의 '하-'가 탈락된 것이라 하였다.

선행 연구에서는 '-다고 하는'과 '-다는'의 의미적 차이점이 발생하는 원인과 그 특성이 무엇이며, 그 의미적 차이점이 무엇인지 그리고 비환원형 '-다는'의 문법범주가 무엇인지 구체적으로 논의되지 않았다. 그리하여 본고는 이 부분에 초점을 두고, '-다고 하는'과 '-다는'의 제 현상에 대해서 살펴보고자 한다.

6.2. '-다고 하는'의 통시적 고찰

인용표지 '고'가 국어에 나타나기 시작한 것은 16세기이다(이필영 1995 ㄴ : 1). 중세 국어의 인용문은 'NP이 S ᄒᆞ야 니ᄅᆞ다'와 'NP이 S 니ᄅᆞ다'의 구조가 있으며 보문명사를 수식하는 구문일 때는 'NP₁이 S ᄒᆞ야 니ᄅᆞ논 NP₂'와 'NP₁이 S ᄒᆞ논 NP₂'로 실현된다. 이때 'ᄒᆞ-'(爲)의 활용형인 'ᄒᆞ야'가 문법화하여 '*ᄒᆞ고'가 되고, 'ᄒᆞ고'의 'ᄒᆞ-'가 탈락되어 '고'만 근대국어에서부터 나타난 것이다.[3]

> (1) 가. 須達이 病ᄒᆞ얫거늘 부톄 가아보시고 阿那含ᄋᆞᆯ 得ᄒᆞ리라 니르시
>   니라(석보상절 6 : 44b)
> 　　나. 부톄 니ᄅᆞ샤ᄃᆡ 자ᄇᆞᆫ 이리 無常ᄒᆞ야 므뭀 몯 미듫거시니 네 목수
>   믈 미더 즐랋 時節을 기드리ᄂᆞ다 ᄒᆞ시고(석보상절 6 : 11b)

(1가)는 중세 국어의 직접 인용문으로 석가모니가 수달에게 말한 것이며, (1나)는 석가모니가 설법하던 중, 나운이 궁금히 여긴 것에 대해 답변한 부분이다. 중세 국어에서는 (1)과 같이 직접 인용문임을 판단할 수 있는 문장도 있으나 대부분은 문맥을 통하지 않고서는 직접 인

---

3) 안병희(1967 : 256-6), 이현희(1994ㄴ : 68-9), 임동훈(1995 : 110-24) 참조.

용문과 간접 인용문을 명백하게 구분하기 어렵다. 중세 국어에서는 직접 인용문에서 간접 인용문으로 전환할 때 인칭어, 시칭어, 지시어, 선어말어미 '오' 등의 전이가 상당히 수의적으로 나타난다.[4] 현대국어에서는 직접 인용문과 간접 인용문이 명백한 차이를 보이지만 근대국어에서는 이러한 차이가 뚜렷하지 못하다.

중세 국어의 인용문이 보문명사를 수식하는 구문일 때에는 상위문의 동사가 직접 나타나는 경우는 극히 드물고 대개 'ᄒᆞ다'의 활용형 'ᄒᆞᆫ'으로 실현된다.

> (2) 가. 沙彌ᄂᆞᆫ 새 出家ᄒᆞᆫ 사ᄅᆞ미니 世間앳 ᄠᅳ들 그치고 慈悲ㅅ 힝뎌글 ᄒᆞ다 ᄒᆞᆫ ᄠᅳ디니(석보상절 6 : 2a)
> 나. 天人師ᄂᆞᆫ 하놀히며 사ᄅᆞ미 스스이시다 ᄒᆞᆫ 마리라(석보상절 9 : 3b)

(2)에서도 관형사절의 구성에 발화 동사보다 형식동사 'ᄒᆞ-'가 사용되었다. 즉 발화 동사 '니ᄅᆞ-'가 나타나지 않고 'ᄒᆞ-'가 사용된 'ᄒᆞᆫ'이 나타난다. 'S ᄒᆞᆫ NP'가 점차적으로 'S 하는 NP' 내지 'S고 하는 NP'으로 발달되었을 가능성이 높다. 이때 '고'는 앞에서 설명한 부동사 'ᄒᆞ다'의 활용형 'ᄒᆞ야'가 '고'로 발전한 것이며, '하는'은 형식동사 'ᄒᆞᆫ'에서 발전하는 것이다.

문제는 '-다는' 구문이 '-다고 하는'에서 '고 하-'가 탈락된 것인지 아니면 전혀 다른 유형에서 발전한 것인지 하는 것이다. 임동훈(1995 : 110-24)은 'S는 NP'와 'S고 하는 NP'가 기원적으로는 모두 'NP (ᄒᆞ야) V'에서 출발하였지만, 그 통시적 형성 과정은 동일하지 않음을 주장하였다. 이것은 공시적으로 '-다는'이 '-다고 하는'에서 '고 하-'가 탈락된

---

4) 이필영(1995ㄱ : 23), 석주연(2002 : 1-10) 참조.

것이 아니라는 것이다. '고 ᄒ-'가 결합된 구문은 'NP이 S ᄒ논 말→ S ᄒ논 말, S ᄒᆞ논 말→ S-고 ᄒᆞ논 말'의 발달 단계를 거쳐서 형성된 것이라 하였다. 그러나 비록 '고'의 원형인 'ᄒ야'가 피인용문과 인용동사 사이에 수의적으로 개재되었다 하더라도 마지막 단계에서 '고'가 개재되는 이 과정은 수긍하기 힘들고, 'S고 ᄒ는 NP' 구문이 'NP이 S고 V'에 이끌리어 'S고 ᄒ는 NP'로 변화하였다는 것은 추정일 뿐 정확한 자료를 찾아내기가 쉽지 않다.[5]

중세국어에서 나타난 'ᄒ-'의 생략 현상을 살펴보면 '-다는'은 '-다고 ᄒ는'에서 '고 ᄒ-'가 생략된 현상임을 알 수 있다. 중세 국어에서 'ᄒ-'의 생략 현상은 소망 표현이나 의도 표현에서 16세기 이래 산발적으로 나타나기 시작했는데(이현희 1994ㄴ : 78-9), 이러한 현상은 단어 경계뿐 아니라 절 경계까지 확장되었다. 처음에는 '아니ᄒᆞᄂ니라'의 표현이 '아닛ᄂ니라'로, '-고져 ᄒ노라'나 '-려 ᄒ노라'의 구조에서 'ᄒ-'가 생략되어 '-고졋노라'나 '-렷노라'가 된 것처럼 피인용문과 상위문 동사 사이의 절 경제인 '고 ᄒ-'에서도 'ᄒ-'가 생략된 것으로 판단된다.

(3) 가. 붇 ᄒ 업스니 ᄡ던 거시나 얻고젼노라(청주김씨언간 159)
　　나. 냥셩님이 무댱 갓더니 우리게로 ᄃ녀 가련노라 ᄒ니(병자일기 1639. 1.9.)
　　다. 올 年事ᄅᆞᆯ 보와여 始役狀啓ᄅᆞᆯ 하렷노라 ᄒ여 계시던 거시 올너니(강화 하 2)
　　라. 거희를 쓰련는가(백석 교린 3 : 9)　(이현희 1994ㄴ : 78 재인용)

---

5) '-다고 하는'과 '-다는'의 기원이 동일하지 않다고 본 것은 이필영(1995ㄴ)에서도 발견된다. 간접인용문의 '-다고'가 현재와 같이 굳어진 것은 19세기 이후로 추정하고 있는데 그 이전에는 '-다코'가 사용되었다. 그리고 공시적으로도 인용동사가 인지동사류이거나 후행절에 대한 접속의 기능을 가질 때는 '고'가 생략되지 못하는 현상이 있으므로 이 두 유형을 동일하게 처리하는 것은 적합하지 않다고 보고 있다.

(3가)와 (3나)는 16세기 이래 '고'의 탈락이 산발적으로 나타난 것이며, (3다)와 (3라)는 19세기에도 동일한 양상을 보인다는 것이다. 'ㅎ려 (고) ㅎᄂ-'가 'ㅎ렷ᄂ-'나 'ㅎ련ᄂ-'로 나타난다는 것이다. 소망 표현이나 의도 표현에서 'ㅎ-'가 생략되기 시작한 것이 인용 구문에도 적용되었던 것이다.

문제는 형식동사 'ㅎ-'는 16세기 이후부터 발음의 경제성으로 인해 생략되었지만, 활발하게 쓰이던 '고'가 18세기 이후에 생략될 수 있었던 원인은 무엇인가 하는 것이다. '고'의 생략 원인으로 추정할 수 있는 것은 '고'의 재구형인 'ㅎ야'에서 찾을 수 있다. 중세국어의 인용문에서 'ㅎ야는 수의적으로 사용되었다는 데에 주의를 둘 필요가 있다. 언어의 변화 양상이 복잡한 경우도 있으나 매우 단순한 경우도 있듯이 '고'의 생략 현상도 중세국어의 단순한 언어 현상에 기인할 수도 있다. 즉 'ㅎ야가 피인용문과 인용 동사 사이에 수의적으로 개재된 것과 현대국어의 '고'가 수의적으로 실현되는 것에는 관련성이 있다는 것이다. 인용표지 '고'는 근대 국어에 나타났지만 '고'가 인용문에서 필수적으로 사용되지는 않았다.

(4) 가. 나가라 지촉ㅎ니 ᄉ방의셔 통인 와셔(일동장유가 1 : 19)
　　나. 덕을 ᄲᅡ고 경을 기르므로 가히 일커러 니ᄅ리라 ㅎ즉(조야첨재 29a)
　　다. 아직 두임(斗任)의 ᄉ셩으로 보아 쳐결ㅎ오미 맛당ㅎ니이다 우상의 의논디로 시힝ㅎ라 ㅎ오시다 (조야회통 17a)
　　라. 가이사 외에는 우리가 님금이 업ᄂ이다 ㅎ니(요한복음 19 : 16)

(4)은 모두 인용 구문이지만 인용표지 '고'가 사용되지 않은 문장이다. (4가)의 <일동장유가>에서도 '고'가 사용되지 않은 문장이 상당히

있고, (4나)와 (4다)의 18세기 문헌으로 추정되는 <조야첨재>나 <조야회통>, (4라)의 1900년의 신약전서에서도 '고'가 사용되지 않은 문장이 발견된다. (4)의 이러한 예들은 인용표지 '고'가 실현될 수 있는 환경에서 나타나지 않은 경우이다. 근대국어에서 확인되는 수의적인 인용표지 '고'가 현대국어에도 영향을 끼친 것으로 추정된다. 인용표지 '고'는 인용문에서 반드시 사용해야 되는 필수적 요소가 아닌 수의적 요소인 것이다. 이러한 '고'의 수의적 성격으로 인하여 현대 인용문에서 '고'가 쉽게 생략되는 것이다.

지금까지 살펴본 바에 의하면 '-다는'은 '-다고 하는'에서 '고 하-'가 탈락되어 나타난 현상으로 볼 수 있다. 이러한 '고 하-'의 탈락 현상은 인용표지 '고'의 수의적 실현 현상과, 소망표현이나 의도표현에서 동사 '하-'가 탈락하는 현상이 단어 경계뿐 아니라 절 경계까지 확대되면서 나타난 것으로 판단된다. 시간이 흐름에 따라 '-다는'의 이러한 현상은 '고 하-'가 탈락된 통사론적 단위에서 형태론적 단위로 문법화된다. 다음 장에서는 공시적으로 '-다는'이 어떻게 실현되는지 살펴보고자 한다.

6.3. '-다고 하는'과 보문명사

현대국어의 '-다고 하는'은 '-다는'과 교체가 가능하고 의미의 변별성도 나타나지 않으므로 두 유형을 동일한 범주에 포함시키는 것이 일반적이다. 다음 문장은 두 유형의 동일성을 입증해 준다고 할 수 있다.

(5) 가. 효실은 차마 사랑에 빠졌<u>다고 하는</u> 말을 입 밖으로 내기가 쑥스러웠던 것이다.

나. 효실은 차마 사랑에 빠졌<u>다는</u> 말을 입 밖으로 내기가 쑥스러웠던 것이다.

(6) 가. 루브르 박물관으로 가면 다빈치의 <모나리자> 원본을 볼 수 있

다고 하는 소문이 일행들 사이에 쫘악 퍼졌다.

　나. 루브르 박물관으로 가면 다빈치의 <모나리자> 원본을 볼 수 있
　　　다는 소문이 일행들 사이에 쫘악 퍼졌다.

　(5)와 (6)는 '-다고 하는'과 '-다는'이 서로 교체가 가능하며 유사한
의미로 사용되었다. (5가)와 (6가)에서 '-고 하-'를 생략하면 각각 (5나)
와 (6나)가 되며, 두 문장의 의미적 차이는 크게 발견되지 않는다. 그
러나 이러한 환원적 관계가 모든 문장에 적용될 수 있는가 하는 것이
다.

　(7) 가. 신 여사는 의심스럽다는 눈초리로 딸을 쏘아보았다.
　　　나. *신 여사는 의심스럽다고 하는 눈초리로 딸을 쏘아보았다.
　(8) 가. 아빠도 안됐다는 기색이었다.
　　　나. *아빠도 안됐다고 하는 기색이었다.
　(9) 가. 자신이 지금 뛰고 있다는 느낌조차 들지 않았다.
　　　나. *자신이 지금 뛰고 있다고 하는 느낌조차 들지 않았다.

　(7)~(9)를 통해 '-다는'이 '-다고 하는'으로 항상 환원될 수 없다는
것을 알 수 있다. (7가)와 (8가)는 각각 (7나)와 (8나)로 환원하면 문장
수용력이 떨어지며, (9가)도 (9나)로 환원하면 비문에 근접한다. 비문
의 정도성은 다르지만 (7)~(9)의 문장들은 '-다는'에서 '-다고 하는'으
로 환원하기 어렵다.[6)]

---

6) 이필영(1995ㄱ : 121-23)은 '하-'를 '하-' 단축형과 '하-' 탈락형으로 구분하였다.
　'하-' 단축형은 환원이 가능한 통사론적 구성이고, '하-' 탈락형은 환원이 불가능
　한 형태론적 구성이다. 그러나 이필영(1995ㄱ)의 논의 방법은 종결어미나 연결어
　미에서 나타나는 문법화 현상에는 적합하지만, (7)~(9)의 문장 구조에서는 적합
　하지가 않다.
　(1) 가. 철수도 내일 비가 {온다더라/온대더라}.
　　　나. 비가 {온다면/?온대면} 안 갈 수도 있다.

그렇다면 공시적 관점에서 (5)과 (6)에서는 환원이 가능한 '-다는'이 (7)~(9)에서는 왜 환원이 불가능하거나 어색한가 하는 의문이 든다. 현대국어에서 동일한 통사 단위가 다른 통사 현상을 보인다는 것은 더 이상 동일한 통사 단위가 아니라는 것을 입증한다. '-다고 하는'과 '-다는'이 언제나 환원 가능한 구조가 아니라는 것은 이들을 동일한 유형으로 인정할 수 없다는 것을 의미한다. 그렇다면 어떤 구조에서 '-다는'이 '-다고 하는'으로 환원 가능한지 그것을 밝혀낼 필요가 있다. 우리는 (5)와 (6)의 환원형 '-다는'과 (7)~(9)의 비환원형 '-다는'이 쓰인 예문을 통해 두 유형의 차이를 확인할 수 있는데, 통사적 구조보다 '-다고 하는'이 수식하는 보문명사에 주의를 둘 필요가 있다. 즉 환원성과 비환원성의 가장 큰 차이는 'S-다고 하는' 관형사절과 보문명사의 의미적 상관성에 있다는 것이다. 원래 '-다고 하는'은 인용의 한 유형으로서, 발화행위의 산물인 구체적 발화를 피전달부로 삼는 전달 행위이다 (신선경 1986 : 95). 화자가 누군가로부터 들은 발화 내용을 청자에게 객관적 관점에서 전달하는 한 유형인 것이다. 이러한 유형이 문법화 단계를 거치면서 완전한 인용의 자격을 상실하고 국어의 어미의 한 유형으로 변모하게 된 것이다. 즉 '-다는'의 문법 범주의 속성이 변한 것이다.[7] 이렇게 '-다는'의 범주가 변했다고 입증하는 것 중의 하나가 '-다고 하는' 구문이 요구하는 보문명사와 '-다는' 구문이 요구하는 보문명사가 다르다는 것에 있다. 공시적 관점에서 두 구문 뒤에 오는 보문명사가 다른 양상을 보여 준다.

---

(2) 가. 내일 비가 {온다면서/온대면서}?
  나. 내일 비가 {온단다/ *온댄다}.
  (1가), (1나), (2가)는 '하-' 단축형이며, (2나)는 '하-' 탈락형이라고 한다.
7) '-다는'의 문법 범주와 의미적 특성에 대해서는 다음 절에서 구체적으로 언급할 것이다.

(5나)와 (6나)의 '-다는'이 환원이 가능한 것은 보문명사 '말'과 '소문'과 상관성을 가진다. 이들 보문명사는 모두 관형사절을 필연적으로 요구하는 보문명사로서, 그 내포문은 화자가 제삼자로부터 들은 내용이다. 이와 동일한 현상을 보이는 것이 (10)와 (11)의 경우이다.

(10) 가. 옆집 할아버지가 어제 돌아가셨<u>다는</u> 소식에 우리들은 갑자기 숙연해졌다.
　　 나. 옆집 할아버지가 어제 돌아가셨<u>다고 하는</u> 소식에 우리들은 갑자기 숙연해졌다.
(11) 가. 지금 공부하지 않으면 평생 후회한<u>다는</u> 충고를 자주 들었다.
　　 나. '지금 공부하지 않으면 평생 후회한<u>다고 하는</u> 충고를 자주 들었다.

보문명사가 (10)의 '소식'과 (11)의 '충고'의 경우에는 '-다는'을 '-다고 하는'으로 환원할 수 있다. '고 하-'가 들어가면 인용성이 강조되어 그 의미가 더 명확해지는 것은 있지만, 의미가 변하거나 비문이 되지는 않는다. 이렇게 환원이 가능한 유형들의 보문명사들은 공통적으로 완형보문을 요구하는 의미자질을 가지고 있다. 그리고 이 명사들은 의사소통적 명사이거나 정신활동적 명사인 경우가 많다(송진오 1978). 보문명사 중에서 화자가 청자에게 의사소통적 의미 기능을 가진 '언어수행성 명사'는 화자가 보문명사가 피인용문의 명제를 청자에게 전달하는 기능을 가진 것이다(김선효 2002ㄱ : 149).

그렇다면 보문명사 중에서 어떤 명사가 '-다는'에서 '-다고 하는'으로 환원이 가능한지 살펴보자. 국어의 명사 중에서 보문을 요구하는 명사에 대한 연구는 남기심(1973/1996 : 165)에서 시작되었는데 명사 분류를 제시하면 다음과 같다.8)

(12) 가. [-보문] : 책, 나무, 사람, 차

　나. [+완보]

　　① 약점, 사실, 욕심, 이점, 결심, 목적, 흔적

　　② 소문, 낭설, 소식, 연락, 질문, 불안, 얘기, 보도, 헛소문, 보고, 오보, 정보, 문제, 독촉, 명령, 의미, 전언, 농담, 고백, 눈짓, 이론, 말, 설명, 믿음, 이유, 인상

　다. [-완보] : 가능성, 용기, 불상사, 사건, 기억, 경험, 일, 모양, 눈치, 줄, 바, 수, 데, 리

　라. [±완보]

　　① 죄목, 혐의, 의심, 전력(前歷)

　　② 것

(12나)와 (12라)와 같은 명사는 완형보문이 허용되는 것으로서 피인용문에 대한 사실성을 전제로 한다. 이들 명사는 화자가 청자에게 피

---

8) 남기심(1973) 이후 보문명사를 분류한 자료를 제시하면 다음과 같다.
　(1) 송진오(1978)
　　가. 직접 보문명사 : 소리, 경치, 말, 냄새, 맛, 기분 등.
　　나. 간접 보문명사
　　　① 의사소통 명사 : 전보, 전화, 편지, 약속, 명령, 요구, 충고, 보도, 답, 고백 등.
　　　② 정신활동 명사 : 예상, 가정, 생각, 사고, 예감, 의견, 희망, 주장, 결론, 기대, 판단.
　(2) 이익섭·임홍빈(1983)
　　가. 직접 보문명사 : 경우, 가능성, 까닭, 줄, 수, 바, 리, 듯, 양, 척, 체, 만, 법, 성 등.
　　나. 간접 보문명사 : 소문, 소식, 말, 주장, 단언, 약속, 보고, 보도, 명령, 요청, 고백, 낭설, 생각, 믿음, 죄목, 느낌, 견해, 설(說), 이론 등.
　　다. 직·간접 보문명사 : 사실, 약점, 것.
　(3) 강범모(1983)
　　가. '-는' : 행위, 용기, 눈치, 모양, 소리.
　　나. '-고 하는' : 소문, 명제, 보도, 농담, 연락, 믿음, 의견, 명령, 제안, 질문, 예상, 희망, 공포, 불안감 등.
　　다. '-는', '-고 하는' : 사실, 진실, 약점, 잘못, 불상사, 죄, 전력, 사건, 소식.

인용문의 명제을 전달하는 것으로 언어수행성을 가진다. 이것은 인용문의 보문명사가 언어수행성을 가지면 완형보문을 취할 수 있다는 것이다. 물론 (12다) 중 '불상사, 사건, 기억, 경험, 일' 등도 완형보문 구조를 취할 수 있다.

(10)의 '소식'이나 (11)의 '충고'와 같은 의사소통과 관련되는 명사는 언어수행성이 높은 명사로 (12나②)도 대부분 여기에 포함되는데, 이들은 '-다고 하는'과 '-다는'의 환원성이 자연스럽게 일어난다. 그러나 정신활동적 명사는 언어수행적 명사에 비해 그 환원성이 그리 자연스럽지 못하다.

> (13) 가. 죽은 아버지가 반드시 다시 살아난<u>다는</u> 믿음을 가지고 있다.
> 　　나. [?]죽은 아버지가 반드시 다시 살아난<u>다고 하는</u> 믿음을 가지고 있다.
> (14) 가. 나는 그녀가 몸이 약해 자주 쓰러진<u>다는</u> 생각이 들었다.
> 　　나. [?]나는 그녀가 몸이 약해 자주 쓰러진<u>다고 하는</u> 생각이 들었다.

(13나)와 (14나)의 문장 수용성에 의문을 제기한 것은 이들이 각각 (13가)와 (14가)와 완전히 동일한 의미를 가지지 않기 때문이다. 언어수행적 명사는 '-다고 하는'과 '-다는'의 호환성이 매우 자연스럽지만, 정신활동적 명사는 환원성 정도가 문장에 따라 다르게 나타난다. (13가)는 (13나)로 환원되면, 동일한 의미로 해석될 수도 있지만, 믿음의 주체인 공범주 주어가 피인용문을 인용문의 객체에게 전달하는 인용문 고유 속성이 모호해지는 것을 알 수 있다. 그 이유는 정신활동적 명사는 화자와 청자가 동일인물이기 때문이다. 화자와 청자가 동일한 지시 대상인 경우에는 인용문의 고유 속성이 불분명하게 될 수 있다. 이런 모호한 현상은 (14)와 같은 문장에서도 드러난다. 물론 어떤 국어

화자들은 (14가)에서 (14나)로 환원되는 것이 자연스럽다고 한다. 그런 경우에는 인용동사 '하다'를 발화동사가 아닌 형식동사로만 해석하기 때문이다. '-다고 하는'이 '-다는'보다 훨씬 더 강한 전달성을 가지는 것으로 볼 수 있기 때문이다. 그러나 언어수행적 명사가 사용된 (10)이나 (11)과 같은 구문에서 인용동사 '하다'는 발화동사로도 해석 가능하다. 즉 언어수행적 명사가 정신활동적 명사에 비해 그 전달성이 강하다. 그것은 앞에서 살펴본 바와 같이, 인용동사 '하다'가 발화동사에서 시작되었기 때문이다.

이런 현상은 사건이나 상태를 나타내는 보문명사에도 동일하게 적용된다.

(15) 가. 어느 정도 돈은 있지만 언니가 무척 외로워하고 있<u>다는</u> 사실을.
　　　나. [?]어느 정도 돈은 있지만 언니가 무척 외로워하고 있<u>다고 하는</u> 사실을.
(16) 가. 지금 결코 다희가 명랑하지 않<u>다는</u> 것을.
　　　나. ^{??}지금 결코 다희가 명랑하지 않<u>다고 하는</u> 것을.

(15)의 '사실'이나 (16)의 '것'과 같은 명사는 환원이 어느 정도 수용될 수 있지만, 그 환원성이 자연스럽지는 않다. (15가)의 '-다는'은 언니가 무척 외로워하고 있는 사건을 직접적인 사태로 해석하지만, (15나)의 '-다고 하는'은 동일 사건을 간접적인 사태로 해석할 수도 있다. 이러한 해석은 (16)에도 적용된다. 의존명사 '것'은 의미적인 추상성으로 인하여 (16나)처럼 그 수용성이 더욱 희박해진다. 이것은 '-다는'이 점점 문법화하고 있다는 것을 입증한다. '-다는'이 문법화한 통사 단위이면 통사적 구성이 아니라 형태적 구성이 되는 것이다. '-다는'이 통사적 구성이면 '-다고 하는'으로 환원 가능하지만 형태적 구성이면 하

나의 어미로 어휘부에 등재되어야 한다.

이상과 같이 '-다는'과 '-다고 하는'의 환원성은 보문명사의 의미자질과 관련됨을 확인할 수 있다. '-다는'이 '-다고 하는'으로 환원이 자연스러운 것은 언어수행적 보문명사가 사용되는 경우이며, 그 외 정신활동적 보문명사나 사태를 나타내는 보문명사가 사용된 경우는 환원성이 약함을 알 수 있다. 그리하여 환원이 자연스러운 언어수행적 보문명사는 다음과 같다.

> (17) 언어수행적 명사
>   소문, 낭설, 질문, 보도, 헛소문, 보고, 오보, 정보, 독촉, 명령, 전언, 농담, 고백, 말, 설명, 연락, 얘기, 전보, 전화, 편지, 약속, 요구, 충고, 답, 요청, 견해 등.

(17)의 언어수행적 명사는 다른 보문명사와 달리 인용문 구조에서 '-다는'이 '-다고 하는'으로 환원되는 것이 자연스럽다.9)

6.4. '-다고 하는'과 '-다는'의 변별성

6.4.1. '-다고 하는'과 '-다는'의 통사적 변별성

인용문의 융합형에 대한 통사적 논의는 지금까지 '고 하-'가 종결어미에 실현된 '-다고 하다/단다'에 대해 중점적으로 연구되어 왔다. 이필영(1995ㄱ : 123)은 내포절과 상위문 동사에 선어말어미와 종결어미가 환원되느냐 그렇지 않느냐에 따라 구별하였고, 이지양(1996 : 195)은 인

---

9) 물론 관점에 따라 문장의 수용성에서 차이가 있겠지만, 언어수행적 명사가 사용되어도 그 환원성이 자연스럽지 않는 경우도 있다.
    가. 그는 명희가 결혼했다는 말을 하였다.
    나. ?그는 명희가 결혼했다고 하는 말을 하였다. (임동훈 1995 : 120 인용)

칭이나 상위문 동사의 활용 등에 따라 구별 가능하다고 보았다. 이제부터는 환원적 융합형과 비환원적 융합형의 통사적 차이를 논의한 선행연구를 바탕으로 하여, '-다고 하는'과 '-다는'이 선어말어미 결합 양상과 인칭 제약에서 어떤 차이점을 가지는지 확인해 보고자 한다.

먼저 환원적 융합형 '-단다'와 비환원적 융합형 '-단다'의 통사적 제약 현상을 살펴보자.

(18) 가. 그분은 내일 가신단(댄)다.
　　 나. {나, 그}는 내일 간단(댄)다.
　　 다. {나, 그}는 어제 갔단(댄)다.
　　 라. {나, 그}는 내일 가겠단(댄)다.
　　 마. {나, 그}는 어제 갔더란(댄)다.
(19) 가. 그분은 내일 오신단다.
　　 나. {나, 그}는 내일 간단다.
　　 다. {나, 그}는 어제 갔단다.
　　 라. *{나, 그}는 내일 가겠단다.
　　 마. *{나, 그}는 어제 갔더란다.

(18)의 '-단다'는 환원형으로 상위문의 선어말어미의 결합과 인칭에 제약을 받지 않는 반면, (19)의 '-단다'는 비환원형으로 피인용문에 '-겠-'이나 '-더-'가 허용되지 않는다. 비환원적 '-단다'는 인용동사 '하-'가 실질동사의 기능을 상실하고 형식동사로만 기능하여, '하-'가 탈락한 경우에는 선행어미와 결합하여 어미구조체를 형성함으로써 더 이상 상위문의 어미 역할을 할 수 없게 되고, 선행절에 대한 화자의 태도를 나타내는 서법적 기능만 가능하게 된다.[10] 이와 같이 '-단다'는 '-다

---

10) (18)과 (19)의 '-단다'에 대한 논의는 이필영(1993/1995ㄱ : 124, 132-3, 143)의 논의를 참조하였다. 이 외 '-단다'에 대한 개별적 연구는 박나리(1998) 참조.

고 한다'로 환원이 가능한 경우에는 시제 선어말어미나 인칭에 제약을 받지 않지만, (19)와 같이 '-단다'가 비환원적 융합형인 경우에는 일부 시제 선어말어미와 인칭에 제약을 받는다.

그렇다면 통사론적 구성 '-다고 하는'과 형태론적 구성 '-다는'은 어떤 통사적 차이점을 가지고 있는지 확인해 보도록 하자.

(20) 가. {내, 네, 그}가 어제 다쳤다고 하는 소문을 들었어.
　　 나. {내, 네, 그}가 내일 떠난다고 하는 소문을 들었어.
　　 다. *{내, 네, 그}가 내일 집으로 돌아가겠다는 소식을 들었어.
　　 라. {내, 네, 그}가 어제 집으로 돌아가더라는 소식을 들었어.
(21) 가. {나, 너, 그}는 의심스럽다는 눈초리로 쳐다보았다.
　　 나. {나, 너, 그}는 의심스러웠다는 눈초리로 쳐다보았다.
　　 다. *{나, 너, 그}는 의심스럽겠다는 눈초리로 쳐다보았다.
　　 라. *{나, 너, 그}는 의심스럽더라는 눈초리로 쳐다보았다.

(20)의 '-다고 하는'은 시제나 인칭에 큰 제약이 없다. 다만 (20다)에서 선어말어미 '겠'과 1인칭 대명사가 상충하는데, 선어말어미 '겠'의 주어가 1인칭 대명사이면 '겠'이 추정이나 예상의 의미가 아닌 의지의 의미로 해석되고, 시제 선어말어미가 아닌 서법 범주의 개념으로 해석되기 때문이다.[11] 이것은 '겠'이 2인칭 대명사나 3인칭 대명사와도 결합에 제약을 보이는 것으로도 확인할 수 있다. '겠'의 추정 내지 의지의 의미는 피인용문의 주어가 관할하는 것이 아니라 상위문의 주어가 관할하기 때문에 선어말어미 '겠'과 인칭이 결합상 제약을 가진다. 그

---

11) 물론 '겠'이 서법범주인지 양태범주인지에 대한 관점은 논자마다 다르다. 여기서는 Lyons(1995)의 개념을 수용하여, 서법은 서술어의 굴절에 의해 실현되는 문법 범주로, 양태는 의미범주로 간주하며, 양태는 다시 진리양태, 인식양태, 당위양태로 구분한다.

러나 (21)의 형태론적 구성 '-다는'은 비환원적 융합형 '-단다'와 동일한 제약 현상을 보인다. (21다)와 (21라)와 같이 '-다는'은 선어말어미 '겠'과 '더'와 결합하지 못하고, 이들은 모든 인칭과의 결합에 제약을 보였다. 이것은 '겠'이나 '더'가 시제 선어말어미 '었'이나 '(으)ㄴ'과 다른 선어말어미 기능을 가지고 있을 가능성이 높음을 말한다.

보문 구조에서의 환원형과 비환원형의 차이를 확인할 수 있는 또 다른 통사적 기제로는 접속문에서의 작용역이다.

> (22) 가. 가이드는 나에게 모나리자를 닮았다와 눈빛이 예쁘다고 하는 말을 쉽게 했다.
> 나. *신여사는 나를 사랑스럽다와 의심스럽다는 눈초리로 쳐다보았다.

(22가)는 '고 하–' 구문에서 대등접속문이 피인용문으로 사용되었을 경우, 보문명사의 작용역이 문장 전체에 적용된다. 가이드가 나에게 한 말은 '모나리자를 닮았다'와 '눈빛이 예쁘다'는 것이다. 즉 언어수행적 명사가 사용되면 인용문이 피인용문 전체에 작용역을 가진다. 그러나 (22나)와 같이 보문명사가 언어수행성을 가지지 않으면 '-다는'이 '사랑스럽다'와 '의심스럽다'에 대해 작용역을 가진다고 볼 수 없다. 명사 '눈초리'가 접속문의 선행문까지 작용역을 가진다고 보기에는 문장의 수용성이 상당히 떨어진다. 그러므로 (22나)와 같은 구문에서는 '-다'와 '-는'을 각각 하나의 형태소로 처리하는 것보다 '-다는'을 하나의 형태소로 처리하는 것이 더 타당하다. 비환원형의 구조에서는 '-다는'이 하나의 형태소가 되므로 접속문 구조에서의 영향권은 접속문 전체에 주어지는 것이 아니라 선행절이나 후행절 중 하나에만 적용된다.

'-다고 하는'과 '-다는'의 의미적 변별성

'-다고 하는'은 원래 인용문에서 사용되는 것이므로, 화자가 명제의 사태를 제삼자의 중립적 위치에서 청자에게 전달하는 간접성을 가진다. 이러한 간접성은 '고 하-'가 탈락된 '-다는'에서도 동일하게 적용된다. 그러나 비환원적 '-다는'은 원형의 '-다고 하는'이 가지는 간접성의 의미를 가지지 않는다.

> (23) 가. 효실은 차마 사랑에 빠졌다고 하는 말을 입 밖으로 내기가 쑥스러웠던 것이다.
> 나. 다희가 아무렇지도 않다는 듯 활짝 웃으며 두 팔을 앞으로 뻗었다.

(23가)는 인용표지 '고'와 동사 '하-'가 사용됨으로써 화자가 청자에게 전달하는 명제에 대해 중립적 관점을 가지지만, (23나)는 주어가 사태에 대해 인식하는 것과 관련된다. 즉 '-다고 하는'은 화자가 중립적 위치에서 명제를 전달하는 간접성의 의미를 가지는 반면, 비환원적인 '-다는'은 주어진 사태나 명제에 대한 화자의 인식 상태의 의미를 가진다.

문법화한 '-다는'은 이제 더 이상 통사론적 구성이 아니므로, 명제의 사태를 간접적으로 전달하는 의미 기능을 가지지 않는다. 그리하여 형태론적 단위인 '-다는'의 의미 기능을 좀더 명백히 하기 위해서는 유사한 통사적 기능을 담당하는 관형사형 어미 '-(으)ㄴ'과 구분할 필요가 있다.

> (24) 가. 의심스럽다는 눈초리
> 나. 의심스러운 눈초리

(24)의 의미적 차이는 인용문과 비인용문에서 발생한 것으로 추정된다. 인용문은 화자가 제삼자로부터 들은 사실을 청자에게 재전달하는 방식이므로 명제에 대한 화자의 입장은 중립적일 수밖에 없다. 그러나 비인용문인 문장들은 선어말어미나 종결어미를 통해 명제에 대한 화자의 인식 상태를 표현한다. 특히 국어는 선어말어미나 종결어미가 서법이나 양태의 영역을 담당하고 있는 것이 일반적인데, 관형사형 어미도 명제에 대한 화자의 인식 양상을 표현한다.12)

그렇다면 형태론적 구성인 '-다는'과 '-ㄴ'가 명제에 대한 화자의 인식 상태의 정도성이 어떠한 차이를 가지는지 생각해 보면, '-다는'은 어떤 명제나 현상에 대한 화자의 인식 상태가 확실성(certainty)을 갖지 못하고 개연성(probability)을 가지는 반면, '-ㄴ'은 화자가 명제에 대한 인식이나 지각이 확실성을 가진다고 할 수 있다. (24가)는 명제의 주체가 어떤 사물이나 현상을 보고 의심스러워하는 것처럼 보인다고 화자가 인식한 것이며, (24나)는 명제의 주체가 그 사물이나 현상을 보고 의심스러워한다고 화자가 인식한 것이다.

그러므로 '-다고 하는'과 환원적 '-다는'은 화자가 제삼자로부터 들은 내용을 청자에게 중립적 관점에서 전달하는 '간접성'의 의미를 가지는 반면, 비환원적 '-다는'은 명제에 대한 화자의 인식 태도가 '개연성'을 나타내며, '-ㄴ'은 '확실성'을 나타낸다.

---

12) 심재기(1979)는 관형사형 어미 '-ㄴ'과 '-ㄹ'이 동명사형 어미에서 관형사형 어미로 기능 분화된 것으로, '-ㄴ'은 [+결정성], '-ㄹ'은 [-결정성]을 표현하는 인식 양상으로 설명하고, 이러한 의미자질은 상적 속성인 완료상이나 비완료상과도 표리의 관계를 가진다고 보았다. 한편 안명철(1990 : 133)은 '하고프다, 한단다' 등에서 '-다'를 선어말어미로 처리하고, 명제에 대한 화자의 태도를 보이는 서법적인 기능을 가진 것으로 설명하고 있다.

비환원적 융합형 '-다는'의 문법범주

통사적 구성 '-다고 하는'과 형태적 구성 '-다는'은 앞에서 살펴본 바와 같이 통사·의미적으로 다른 현상을 보였다. 두 유형은 통사적으로 선어말어미나 인칭과의 결합에서 차이를 보였고, 접속문의 작용역 범위도 다르게 나타났다. 의미적으로 '-다고 하는'은 간접성, '-다는'은 개연성의 의미를 가지고 있었다. 지금까지의 논의를 바탕으로 한다면 '-다는'의 문법화 과정을 아래와 같이 상정할 수 있다.

(25) -다고 하는> -다는$_1$> -다는$_2$

'-다고 하는'은 통사적 구성이며, '-다는$_1$'는 '고 하-' 탈락된 통사적 구성이며 '-다는$_2$'는 하나의 통사적 단위로 재분석된 형태적 구성이다. '-다는$_1$'과 '-다는$_2$'의 통사적으로나 의미적으로 뚜렷한 차이를 보였고 후행하는 보문명사에서도 '-다는$_1$'는 언어수행성 명사와 결합할 수 있지만 '-다는$_2$'는 비언어수행성 명사와 결합하므로 형태적으로는 동일하지만 통사의미적으로 다른 문법 범주임을 알 수 있었다.

사실 '-다는$_2$'와 같은 문법화 과정은 세계 여러 언어에서 발견된다. 다음은 영어에서 문법화한 어휘들이다.

(26) 가. be-계 : behind, below, because, become, before
　　　나. a-계 : about, above, afore, aloft
　　　다. wanna(want to), gonna(going to)　　　(이성하 1998 : 240-45)

(26)의 예들은 문법화의 기제 중 재분석이 사용된 것으로, 두 문법범주가 재분석에 의해 하나의 문법범주가 된 경우이다. 이 중에서 (26다)는 음운축약과 재분석이 모두 적용된 것으로 영어 화자들은 이것들을

하나의 단어로 인식하고 있다. 이것은 '-다는₂'를 국어 화자들이 하나의 문법형태소로 인식하는 것과 같다.

'-다는₂'를 하나의 문법형태소로 인정한다면 어느 문법범주에 포함되어야 하는가? 일단 형태상으로 용언의 어간에 후행하므로 어미가 되며, 후행명사를 수식하는 통사적 기능하므로 관형사형 어미의 범주에 포함될 수 있다.13) 물론 '-다는₂'가 관형사형 어미가 된다면, 관형사형 어미 체계에 대한 혼란을 야기할 수도 있다.14) 기존의 관형사형 어미 설정도 여전히 혼란스러운데, 문법화한 '-다는₂'까지 관형사형 어미로 설정한다면 문제가 더욱 복잡해질 수 있다. 그러나 '-다는₂'는 더 이상 통사적 구성이 아닌 문법화된 하나의 어미이며 후행명사를 수식하는 통사적 기능을 담당하고 있으므로 새로운 관형사형 어미의 범주에 포함시키는 것이 적절하다.15)

지금까지 국어의 인용 구문 '-다고 하는'과 '-다는'에 대해 고찰해 보았다. 통시적으로 '-다는'은 '-다고 하는'에서 인용표지 '고'와 형식동사 '하-'가 탈락하여 문법화한 것이며, 공시적으로는 '-다고 하는'은 언어수행성을 가지는 보문명사와 결합하고, 비환원적 융합형 '-다는'은 언어수행성을 가지지 않는 보문명사와 결합함을 확인하였다. 무엇보다 '-다고 하는'은 명제에 대한 간접성의 의미를 가지지만, 하나의 형태론

---

13) '-다는'가 관형사형 어미로 인정될 수 있는 것은 문법화의 일반적 현상과 일맥상통한다. 문법화 단계에 대한 논의는 Givon(2001 : 367)에서 '주동사>조동사>접어>접사>굴절어미'와 같이 제시하고 있다.

14) 관형사형 어미는 크게 세 가지로 구분하고 있는데, 남기심(1974), 서정수(1979), 이홍식(1990, 1999)은 '은, 을, 는, 던', 이익섭·임홍빈(1983), 임홍빈·장소원(1995)은 '은, 는', 박병수(1974), 양동휘(1978)은 '은, 는, 을'이다.

15) '-다는'을 관형사형 어미로 인정할 경우 계열 관계를 가진 다른 종결어미와의 결합형 '-자는, -라는, -(으)ㄴ가는'도 고려해야 한다. 이 부분에 대해서는 앞으로 연구하고자 한다.

적 단위인 '-다는'은 개연성의 의미를 가짐을 확인하였다. 그리하여 문법화한 '-다는'은 독립된 통사 단위인 관형사형 어미임을 알 수 있다.

제7장 결론

7.1. 요약

지금까지 국어의 관형어의 특성과 유형을 전체적으로 살펴보았다. 관형어는 명사구의 머리명사에 선행하는 성분으로서 관형사, 관형명사, 관형격 조사구, 용언의 관형사형에 대해 중점적으로 검토하였다. 각 장에서 논의한 것을 요약하여 제시하면 다음과 같다.

2장에서는 관형사의 품사의 자격과, 형태통사적 특성과 유형을 살펴보았다. 관형사가 독립된 품사로 인정받을 수 있는 것은 후행명사와 분리될 수도 있고, 후행명사의 제약이 거의 없으며, 둘 이상의 관형사가 배열될 수 있고, 구 구성을 수식할 수 있기 때문이다. 관형사가 보편성과 분리성을 통해 단어의 자격을 획득하더라도, 국어의 '수식어+피수식어'의 통사 구조로 인하여 수식어에 실현되는 어떤 어휘 요소 X는 관형사로 발전할 가능성이 높다. 이러한 모호성을 해결하기 위해서는 관형사의 형태적 특성과 통사적 특성을 명시적으로 파악하는 것이 중요하다. 관형사의 형태적 특성은 불변어이며, 통사적 특성은 모든

제7장 결론 **205**

관형사에 적용되는 일반적 특성과, 일부 관형사에 적용되는 상대적 특성으로 구분되었다.

(1) 관형사의 형태적 특성
관형사는 형태적으로 활용하지 않는 불변어이다.
(2) 관형사의 통사적 특성
가. 일반적 특성
① 관형사는 어떤 조사와도 결합하지 못한다.
② 관형사는 후행하는 명사나 명사구를 수식한다.
③ 관형사는 자립성이 없다.
나. 상대적 특성
① 대체로 관형사는 후행 성분으로 고유명사가 올 수 없다.
② 대체로 관형사는 후행 성분으로 상태성 명사가 올 수 없다.

관형사의 형태통사적 특성을 바탕으로 하여 관형사의 하위 범주들을 검토하였다. 주요 하위 범주는 접미사 '-적'과 결합한 'X적', 수 관형사, 한자어 관형사, 어휘화한 관형사로서 이들의 특성을 검토하여 최종적으로 품사 범주를 결정하였다.

'X적'은 통사적으로는 조사의 결합에 제약이 있고 홀로 피수식어의 위치에 올 수 없는 수식 의존성 명사에 해당되며, 의미적으로는 X의 범위를 포함하거나 관련되는 '근접성'과 X의 속성 일부를 부각시키는 '도식성'의 의미 속성을 지녔다. 수 관형사는 수사와 관련해 범주 분리적 관점을 취하고 형태통사적 기준에 따라 '한, 두, 세(서, 석), 네(너, 넉), 닷, 엿, 스무, 한두, 서너, 너댓'과 '일이, 이삼, 삼사, 사오, 오륙, 육칠, 칠팔, 팔구'만을 수 관형사로 인정하였다. 한자어 관형사는 통사·의미·음운론적 기준에 따라 한자어 접두사와 구별하였다. 한자어 관형사의 통사적 기준은 수식 범위가 구 구성이 가능해야 하고, 관형사와 후행

성분 사이에 다른 어휘가 삽입 가능해야 하며, 후행명사의 제약이 심하지 않아야 하며, 의미적 기준으로는 관형사가 의미의 투명성을 가지고 있어야 하며, 음운론적 기준은 관형사와 후행성분 사이에 휴지를 둘 수 있어야 한다는 것이다. 어휘화한 관형사는 용언의 어간에 관형사형 어미가 결합된 것이 완전히 관형사로 굳어진 것으로 어휘화와 문법화의 개념을 검토한 뒤에 형태의미적 기준에 따라 어휘화한 관형사를 판별하였다. 형태론적으로는 굴절요소가 붙지 않아야 된다는 것과 의미론적으로는 관형사형 어미 '-은/을'이 더 이상 시상의 의미를 가질 수 없는 것이어야 한다. 그리고 어휘화한 관형사는 단어 형성 과정이 통시적이고, 관형사의 파생 접미사가 발달되지 못한 닫힌 집합이다. 관형사가 다른 품사에 비해 단어 형성에 소극적인 것은 관형사형 어미가 관형사 파생접미사 형성에 형태론적 저지 현상을 한 것과 관형사가 다른 품사에서 소급된 것이 많기 때문이다. 이상과 같은 논의를 바탕으로 하여 다음과 같이 관형사를 분류하였다.

(3) 가. 고유어 관형사
　① 지시 관형사 : 그, 고, 고런, 그런, 다른, 어느, 어떤, 이, 이런, 이런저런, 그런저런, 고런조런, 저, 저런, 조, 조런, 그만, 딴, 무슨, 아무런, 아무, 요, 요런, 요런조런, 웬, 이, 이딴, 이런, 이런저런, 저, 저딴, 저런, 저만, 조, 조런, 조만
　② 수관형사 : 너, 너댓, 너더댓, 너덧, 넉, 네댓, 네, 두, 두서너, 두세, 두어, 서, 서너, 서너너댓, 석, 세, 스무, 모든, 여남은, 여러, 예닐곱, 첫, 한두
　③ 성상 관형사 : 갖은, 고까짓, 고깟, 고따위, 고만, 고얀, 괜한, 그까짓, 그깟, 그따위, 그딴, 긴긴, 까짓, 너까짓, 네까짓, 네깐, 네깟, 단돈, 대모한, 때아닌, 맞은, 매, 먼먼, 몇, 몇몇, 모모한, 몹쓸, 무려, 바로, 바른, 별(別), 별별, 별의별, 불과, 새, 애먼, 약(約), 어인, 어쩐, 옛, 오랜, 오른, 오직, 온, 온갖, 올, 외딴, 요까

짓, 요따위, 이까짓, 이깟, 이따위, 저까짓, 저깟, 저따위, 제까
짓, 제갓, 조까짓, 조깟, 조따위, 지지난, 한다는, 한다하는, 한
다한, 허튼, 헌, 넨장맞을, 넨장칠, 떡을할, 배라먹을, 빌어먹을,
썩을, 염병할, 육시랄, 제미붙을, 제밀할, 젠장맞을, 젠장칠

나. 한자어 관형사

① 지시 관형사 : 당(當), 모(某), 본(本)

② 수관형사 : 일이(一二), 이삼(二三), 삼사(三四), 사오(四五), 오
륙(五六), 육칠(六七), 칠팔(七八), 팔구(八九), 양(兩), 전(全), 제
(諸)

③ 성상 관형사 : 각(各), 고(故), 구(舊), 귀(貴), 근(近), 단(單), 동
(同), 만(滿), 매(每), 성(聖), 소(小), 순(純), 신(新), 연(延), 원(原
/元), 작(昨), 전(前), 제(第), 주(主), 준(準), 총(總), 타(他), 폐
(廢), 현(現)

3장에서는 관형명사의 특성과 그 유형에 대해 살펴보았다. '국제(國
際), 긴급(緊急), 선행(先行)' 등의 관형명사는 관형사와 명사의 중간범주로
서 조사와 결합할 수 없고, 후행성분만 수식하여 후행명사가 나열되더
라도 중의적으로 해석되지 않으며, 관형사나 관형사형의 수식을 홀로
받지 못한다. 다시 말해, 관형명사는 독립적으로 사용되지 못하고 항
상 수식성분으로만 사용되는 수식 의존성 명사이다. 이러한 특성을 바
탕으로 하여 관형명사를 판별할 수 있는 기준을 정립하여 한자어 명
사와 구별하였다.

(4) 관형명사의 식별 기준

가. 'N₁ N₂' 구성에서 어떤 한자어 명사가 N₂에도 실현되면 관형명
사에서 제외한다.

나. 단 하나의 명사와 결합하면 합성어로 처리한다.

다. 어떤 한자어 명사가 여러 조사와 결합하면 보통명사로 처리한다.

(4)의 기준에 따라 관형명사의 총목록을 제시하였다. 관형명사는 관형사와 달리 접미사와 결합할 수 있으므로 접미사 '-적(的), -성(性), -화(化), -하'와 결합할 수 있는 유형으로 구분하였고 결합 가능한 관형명사는 서술성 어근과 비서술성 어근으로 구분하였다. 그 결과 '-적' 결합형은 비서술성 어근과 결합하고 '-하-' 결합형은 서술성 어근과 결합하는 배타적 결합 양상을 보였고 '-성'과 '-화' 접미사는 서술성과 비서술성이 유사한 분포를 보였다.

4장에서는 관형격조사 '의'의 문법적 지위와 격 기능을 검토하고 'NP₁의 NP₂' 구성의 특성과 유형을 살펴보았다. 본고에서는 격이 체언과 다른 성분과의 관계에 의해 형성되는 것이라는 전제 하에 관형격도 격이 될 수 있다고 보았다. 즉 동사에 의해서만 격이 할당되는 것이 아니라 체언이 명사나 다른 성분과 통사적 관계를 형성한다면 관형격의 자격을 부여받을 수 있다는 것이다. 그리고 관형격과 부정격을 같은 층위에서 보는 관점을 비판하고 'N₁ N₂' 구성을 '의'의 생략으로 보지 않는다. 이러한 논의를 바탕으로 하여 관형격조사 '의'의 기능을 다음과 같이 정리하였다.

(5) '의'의 기능
관형격조사 '의'는 문법격의 자격을 지닌 격조사이며 특별한 고유의 의미를 지니지 못하고 명사구 구조를 확대하는 종속적 연결 장치의 기능을 담당한다.

국어의 명사구 'NP₁의 NP₂' 구성과 'NP₁ NP₂' 구성이 구조적 유사성으로 '의'의 탈락 또는 해석하기도 하지만 두 구성은 통사·의미·화용적 관점에서 뚜렷한 차이를 보인다. 통사적으로는 수식범위, 수식어 개입, 대용현상에서 다른 양상을 보였고, 의미적으로는 'NP₁의 NP₂' 구성이 NP₁과 NP₂의 개체를 모두 한정할 수 있는 쌍방형 의미관계이지만, 'NP₁ NP₂' 구성은 NP₂가 NP₁의 개체를 한정하는 일방형 의미관계를 형성하였다. 화용적으로는 두 명사구 구성에서 NP₁와 NP₂가 모두 전제가 될 수 있으며 초점 성분이 될 수 있다. 전제나 초점은 문맥 의존적이므로 하나의 명사구만 전제가 되거나 초점이 되는 것이 아니다. 그리고 초점을 받는 최소한의 문법범주는 구 범주가 아니라 어휘 범주임도 밝혔다.

다음으로 'NP₁의 NP₂' 구성의 유형은 NP₁과 NP₂의 의미 관계에 따라 연결 구성과 비연결 구성으로 나누고, 비연결 구성은 다시 부분 구성, 등가 구성, 논항 구성으로 구분하였다. 연결 구성은 '의'가 필수적으로 요구되는 비유적 표현이나 의사관형구조와 같은 구성이며, 비연결 구성은 '의'의 실현이 필수적이지 않는 구성이다. 부분 구성은 선행명사구와 후행명사구의 관계가 소유주-소유물, 전체-부분, 친족관계 등의 의미관계를 가지는 것이고, 등가 구성은 선행명사구와 후행명사구가 의미적으로 등가의 관계를 가지는 것이며, 논항 구성은 선행명사구가 후행명사구의 논항의 자격을 가지는 것이다.

5장에서는 관형어의 확장구조의 특성과 유형에 대해 살펴보았다. 국어는 여러 관형어가 겹쳐서 실현될 수 있는데, 이 장에서는 관형사의 겹침 현상, 용언의 관형사형의 겹침 현상, 그리고 이들이 서로 복합적으로 실현되는 현상에 대해 논하였다. 관형사의 겹침 현상에서, 관형사가 이중으로 겹쳐질 때는 '지시-수, 지시-성상, 수-성상'을 기본 구조로 하되, 부정칭 지시 관형사나 총칭 수관형사가 '지시-수, 지시-성상' 구조에 사용되면 어순에 제약을 받지 않는다. 그러나 관형사가 삼중으로 겹쳐지면 '지시-수-성상'을 기본 구조로 하며, 부정칭 지시 관형사나 총칭 수관형사가 사용되면 이들이 제일 앞에 오는 것이 일반적이었다. 용언의 관형사형의 겹침 현상에서는 형용사와 동사가 다른 양상을 보였다. 형용사는 머리명사의 속성을 나타내므로 겹쳐서 나타날 수 있지만, 동사는 머리명사의 사태를 나타내므로 겹쳐서 나타날 수 없는데, 동사의 시제가 다르면 겹쳐서 나타날 수 있었다. 그리고 동사와 형용사가 같이 머리명사 앞에 실현되면 '동사-형용사-NP'의 순서가 일반적이지만, 형용사와 동사 사이에 휴지를 둔다면 '형용사-동사-NP'도 가능하였다. 관형사와 용언의 관형사형이 복합적으로 겹쳐질 때는 특별한 어떤 규칙이 발견되지 않고, 관형어와 머리명사의 상호 의미관계에 따라 다르게 실현되었다.

6장에서는 인용 구문 '-다고 하는'과 '-다는'에 대해 고찰한 뒤에 새로운 관형사형 어미 '-다는'을 제시하였다. 통시적으로 '-다는'은 '-다고 하는'에서 인용표지 '고'와 형식동사 '하-'가 탈락하여 나타난 것이다. 인용표지 '고'의 수의적 실현 현상과 더불어 동사 '하-'의 탈락 현상이 절 경계에까지 확대되면서 '-다는'이 쓰이게 되고, 시간이 흐름에 따라 형태론적 단위로까지 발전하게 된다. 공시적으로는 '-다고 하는'과 환원적 융합형 '-다는'은 언어수행성을 가지는 보문명사와 결합하고, 비환원적 융합형 '-다는'은 언어수행성을 가지지 않는 보문명사와 결합하며, 통사적으로도 시제나 인칭의 제약, 접속문에서의 작용역 범위에서 환원형과 비환원형이 뚜렷한 차이를 보였다. 의미적으로는 '-다고 하는'은 화자가 제삼자로부터 들은 내용을 청자에게 중립적 관점에서 전달하는 간접성의 의미를 가지지만, 하나의 형태론적 단위인 '-다는'은 명제에 대한 화자의 인식 태도가 개연성을 지님을 확인하였다. 이러한 현상을 통하여 비환원적 융합형 '-다는'은 더 이상 통사적 구성이 아닌 문법화된 하나의 어미이며 후행명사를 수식하는 통사적 기능을 담당하고 있으므로 새로운 관형사형 어미의 범주에 포함시키는 것이 적절함을 밝혔다.

7.2. 남은 문제와 전망

지금까지 국어의 관형어에 해당하는 여러 하위 범주들을 검토하였
다. 이 책에서 명사구의 내적 구조 전체를 검토하여 국어의 관형어가
지닌 고유의 특성을 재발견하고자 하였으나 여전히 부족하거나 다루
지 못한 부분이 있다.

우선 이 책에서 다루지 못한 대표적인 관형어로는 관형사절이다. 관
형사절은 국어의 통사 구조에서 매우 중요한 위치를 차지하고 있으나
김선효(2002ㄱ)보다 더 발전된 연구 방법으로 접근하고자 하여 추후 연
구 과제로 남겨 놓게 되었다. 관형사절에는 관계관형사절과 명사구 보
문 구조로 형성되지만 다음과 같은 유형도 있다.

(6) 가. 영희는 심장이 약하다
　　나. 심장이 약한 영희
(7) 가. 생선은 도미가 맛있다.
　　나. *도미가 맛있는 생선
(8) 가. 해장국은 청진동이 맛있다.
　　나. *청진동이 맛있는 해장국

문장 구조는 동일하지만 (6)은 관형사절을 형성할 수 있고 (7)과 (8)
은 비문이 된다. 이것은 '영희'와 '심장', '생선'과 '도미', '해장국'과 '청진
동'의 의미 관계가 중요한 역할을 한다고 할 수 있다. 임동훈(1997)은
이중 주어문 구조가 모두 관계화가 일어나지 못하므로, 관계화를 주제
와 주어를 구별하는 통사적 기준으로 제시하였다. 그러나 (8가)와 같
은 예문은 '청진동'을 주제가 도치되어 실현된 것으로 해결할 수 있지

만 (7가)와 같은 것은 이런 방법으로도 설명하기 곤란하다. 이 외에 '새빨간 거짓말', '막다른 골목' 등의 구문을 어떻게 처리할 것인지 앞으로 연구해 보고자 한다.

어떤 관형사는 이 책의 기준에 따라 새로운 관형사로 인정받을 수도 있다. '가공(可恐)할, 만장(滿場)하신'과 같은 단어도 관형사가 될 수도 있지만, 한자어 '가공'과 '만장'의 의미가 강하고 아직 관형사로 굳어진 표현이 아니므로 관형사 목록에 넣지 않았다. 그것은 한자어 특유의 현상에 의한 것으로 볼 수도 있기 때문이다. 이러한 한자어 구성에 의한 현상은 관형명사에서도 발견된다. 3장에서 관형명사의 설정 기준을 제시한 뒤에 관형명사의 목록을 제시하였지만 모든 관형명사를 총망라하였고 보기 어려울 수도 있다. 한자는 고립어이므로 국어에서 쉽게 새로운 단어를 형성하는 속성이 있기 때문이다. 그리고 관형명사와 결합할 수 있는 접미사가 '-적, -성, -화, -하-'만 있는 것이 아니라 '-되-'도 발견되며 접미사와 결합한 관형명사의 의미 특성도 더 세분할 필요가 있다.

관형격 조사구나 명사구 구조에 대해서는 'NP$_1$의 NP$_2$' 구성과 'NP$_1$ NP$_2$' 구성의 통사적·의미적 특성에 국한하였고 다른 관점에서 명사구를 논의하지 못했다. 명사구 구조는 그것 자체만으로도 매우 큰 연구이므로, 이것에 대한 본격적인 논의는 필자의 역량도 부족하고 전체 논의의 관점에 문제가 생기므로 다음으로 미룰 수밖에 없었다.

앞으로 연구하고자 하는 범주는 관형사형 어미이다. 6장에서 새로운 관형사형 어미 '-다는'를 제시하였으나 여기에는 많은 문제가 도사리고 있다. 다른 종결어미의 결합형 '-자는, -라는, -구나는, -(으)냐는'는 어떻게 처리할 것인지, 융합형과 비융합형의 경계가 모호한 부분은 무엇으로 판단해야 할 것인지 등 간단하게 새로운 어미를 열어주기 어럽다. 그러나 비융합형 '-다는'은 문법화하여 형태적 단위로 발전하였으므로 어휘부에 등재해야 하고 통사 단위를 결정할 수밖에 없다.

국어의 관형어 전반에 대한 연구는 매우 포괄적이지만 국어의 매개변인적 특성을 한층 더 발전시키는 역할을 하리라 본다. 본 연구에서 미처 다루지 못했거나 미비하게 논의된 것을 더욱 발전시키면 국어의 관형어 연구에 작은 보탬이 되리라 본다.

참고문헌

강범모(1983), 「한국어의 보문의 구조와 의미 특성 연구」, 서울대학교 석사
  학위논문.
강영세(1986), 「Korena Syntax and Universal Grammar」, Ph. D. dissertation,
  Harvard University.
계봉우(1947), 『조선문법』, 제1권 필사본.
고석주(2004), 『현대 한국어 조사의 연구 I』, 한국문화사.
고신숙(1987), 『조선어 리론 문법』, 과학백과사전출판사.
고영근(1968), 「주격조사의 한 종류에 대하여」, 『이숭녕박사 송수기념논총』,
  을유문화사.
고영근(1970), 「현대국어의 준자립형식에 대한 연구 - 형식명사를 중심으로」,
  『어학연구』 6 : 1, 고영근(1989) 재수록, 63-111.
고영근(1983), 『국어문법의 연구』, 탑출판사.
고영근(1987/2010), 『표준 중세국어 문법론』(개정3판), 집문당.
고영근(1989/1999), 『국어 형태론 연구』, 서울대학교 출판부.
고영근(2001), 『역대한국문법의 통합적 연구』, 서울대학교출판부.
고영근·이현희(1986), 『주시경 국어문법』, 탑출판사.
과학원 언어문학연구소(1961), 『조선어문법 I』, 학우서방.
구본관(1996/1998), 『15세기 국어 파생법에 대한 연구』, 태학사.
구본관(2001), 「수사와 수관형사의 형태론」, 『형태론』 3권 2호, 265-284.
구소령(2000), 「국어 명사구의 관형명사 범주 연구」, 서울대학교 석사학위논문.
국립국어연구원(1999), 『표준국어대사전』, 두산동아.
국립국어연구원(2009), 『21세기 세종계획 최종 성과물』, 문화체육관광부·
  국립국어원
권숙렬(1981), 「국어 관형사 연구」, 고려대학교 교육대학원 석사학위논문.
권영달(1941), 『朝鮮語文正體』, 『역대문법대계』 제1부 23책(58권), 탑출판사.
권용경(2000), 「국어 사이시옷에 대한 통시적 연구」, 서울대학교 박사학위논문.
권재일(1998), 「한국어 인용 구문 유형의 변화와 인용표지의 생성」, 『언어학』
  22, 59-79.

김광해(1981), 「'의'의 연구」, 서울대학교교육학 석사학위논문, 『문법연구』 (1984) 5 재록, 161-228.

김광해(1982), 「복합명사의 신생 및 어휘화과정에 대하여」, 『국어국문학』 88, 『어휘연구의 실제와 응용』(1995) 재록, 36-59.

김광해(1983ㄱ), 「계사론」, 『난대 이응백 박사 화갑기념 논문집』, 보진재.

김광해(1983ㄴ), 「의미의 도식화와 접미사 '-적'」, 『덕성어문학』 2, 『어휘연구의 실제와 응용』(1995) 재록, 60-82.

김광해(1990), 「양화표현」, 『국어연구 어디까지 왔나』, 동아출판사.

김광해(1995), 『어휘 연구의 실제와 응용』, 집문당.

김규식(1909), 『大韓文法』, 『역대문법대계』 제1부 5책(14권), 탑출판사.

김규식(1912), 『朝鮮文法』, 『역대문법대계』 제1부 5책(15권), 탑출판사.

김규철(1980), 「한자어 단어형성에 관한 연구」, 『국어연구』 41.

김규철(1981), 「단어형성 규칙의 정밀화」, 『언어』 6-2.

김근수(1947), 『중학 국문법책』, 『역대문법대계』 1부 28책(71권), 탑출판사.

김기복(1999), 「국어의 관형어 연구」, 충남대학교 박사학위논문.

김기혁(1989), 「국어 문법에서의 격의 해석」, 『말』 14, 5-54.

김기혁(1990), 「관형구성의 통어현상과 의미관계」, 『한글』 209, 59-97.

김두봉(1916), 『조선말본』, 『역대문법대계』 제1부 8책(22권), 탑출판사.

김두봉(1922), 『깁더조선말본』, 『역대문법대계』 제1부 8책(23권), 탑출판사.

김명희(1987), 「'의'의 의미기능」, 『언어』 12권 2호, 248-260.

김민수(1971), 『국어문법론』, 일조각.

김민수·남광우·유창돈·허 웅(1960), 『새 고교문법』, 『역대문법대계』 1부 36책(96권), 탑출판사.

김병삼(1985), 「수량단위어의 문법상 특징에 대하여」, 『어문논집』 19, 중앙대학교, 65-78.

김병일(2000), 「국어 명사구의 내적구조 연구」, 부산대학교 박사학위논문.

김병하·황윤준(1957), 『조선어 문법 : 상편』, 모쓰크와 : 국립교육도서출판사.

김봉모(1978), 「매김말의 겹침 구조 연구」, 『국어국문학』 15, 부산대학교 국어국문학과.

김봉모(1979), 「매김말의 변형연구」, 『동아논총』 16, 동아대학교.

김봉모(1992), 『국어 매김말 문법』, 태학사.

김석득(1963),「국어변형구조의 연구」,『인문과학』9, 연세대.

김선효(2002ㄱ),「현대 국어의 관형어 연구」, 서울대학교 박사학위논문.

김선효(2002ㄴ),「'-적'형의 통사적 범주와 의미」,『관악어문연구』27, 서울대학교 국어국문학과, 207-223.

김선효(2004ㄱ),「인용 구문 '-다고 하는'과 '-다는'의 특성」,『어학연구』40 : 1, 서울대학교 어학연구소.

김선효(2004ㄴ),「어휘화한 관형사의 특성과 그 유형」,『형태론』6 : 2, 박이정, 339-354.

김선효(2005),「관형격조사 '의'의 격 지위와 기능」,『우리말 연구 서른아홉 마당』, 태학사.

김선효(2009ㄱ),「의사관형구조 '에의'의 형성과정과 요인」,『국어학』55, 국어학회, 105-124.

김선효(2009ㄴ),「관형격 조사구에서의 조사 결합 양상과 변천」,『어문연구』37 : 3, 한국어문교육 연구회.

김선효(2010),「『교린수지』에서의 조사 '의'와 '에'의 분포와 특성」,『개신어문연구』31, 개신어문학회.

김선효(2011ㄱ),「근대국어의 조사 '의'의 분포와 기능」,『어문론집』46, 중앙어문학회.

金善孝(2011ㄴ),「朝鮮語の助辭結合と通時通語論」,『朝鮮學報』218, 日本朝鮮學會.

김성규(1987),「어휘소 설정과 음운 현상」,『국어연구』77, 서울대학교 국어국문학과.

김성환(2002),「국어의 명사 통합 구성 연구」, 서강대학교 박사학위논문.

김수태(1999),『인용월 연구』, 부산대학교 출판부.

김수호(1990),「한자어 접미사 '-적'연구」,『문학과 언어』11, 문학과 언어연구회, 5-28.

김숙이(1998),「국어 관형사 연구」, 동국대학교 석사학위논문.

김승곤(1969),「관형격조사고 - 현대어를 중심으로」,『겨레어문학』5, 겨레어문학회, 65-75.

김영근(2000),『국어 수량사 연구』, 문창사.

김영송(1973),「관형변형 연구」,『논문집』16, 부산대학교, 1-33.

김영욱(1994), 「불완전계열에 대한 형태론적 연구」, 『국어학』 24, 87-109.

김영희(1973), 「한국어의 격문법 연구」, 연세대학교 석사학위 논문.

김영희(1976), 「한국어 수량화 구문의 분석」, 『언어』 1 : 2, 한국언어학회.

김영희(1981), 「부류 셈숱말로서의 셈 가름말」, 『배달말』 6, 1-28.

김영희(1984), 『한국어 셈숱화 구문의 통사론』, 탑출판사.

김영희(1986), 「복합명사구, 복합동사구 그리고 겹목적어」, 『한글』 193, 한글
학회.

김영희(1987), 「특칭의 통칭화 구문」, 『한글』 196, 한글학회.

김용석(1986), 「접미사 '적'의 용법에 대하여」, 『배달말』 11, 73-89.

김용하(1990), 「국어 명사구의 구조 연구」, 계명대학교 석사학위논문.

김윤경(1948), 『나라말본』(고급용), 『역대문법대계』 제1부 22책(54권), 탑출판사.

김의수(2002), 「언어단위로서의 상당어 설정 시고」, 『형태론』 4 : 1, 81-102.

김일성종합대학출판사(1976), 『조선문화어문법규범』, 평양 : 김일성종합대학
출판사.

김재윤(1976), 「[N+적]류 명사에 대한 형태 통사론적 고찰」, 『논문집』 12,
청주교육대, 155-172.

김지홍(1994), 「수량사를 가진 명사구의 논항구조」, 『배달말』 19, 배달말학회.

김진해(2000), 「국어 연어 연구」, 경희대학교 박사학위 논문.

김창근(1976), 「현대국어의 '매김씨' 처리에 대한 관견」, 『새국어교육』 24,
한국국어교육학회.

김창섭(1984), 「형용사 파생접미사들의 기능과 의미」, 『진단학보』 58.

김창섭(1996), 「국어의 단어형성과 단어구조 연구」, 국어학총서 21, 태학사.

김창섭(1998), 「접두사의 사전적 처리」, 『새국어생활』 8 : 1, 국립국어연구원.

김창섭(1999), 「국어 어휘 자료 처리를 위한 한자어의 형태·통사론적 연구」,
국립국어원 연구 보고서.

김창섭(2001), 「'X하다'와 'X를 하다'의 관계에 대하여」, 『어학연구』 37 : 1,
서울대학교 어학연구소.

김창식(1969), 「관형사 설정의 한계에 대한 연구」, 계명대학원.

김창식(1984), 「관형어의 통어구조와 결합관계」, 『논문집』 6, 안동대학.

김흥범(1987), 「'-다면서, -다고, -다니'의 구조와 의미」, 『말』 12, 71-91.

김흥수(1994), 「속격 명사화, 명사병치 명사화의 양상과 기능」, 『어문학 논

총』13, 국민대.

김희상(1909), 『初等國語語典』, 『역대문법대계』 제1부 6책(16호~18권), 탑출
　　　판사.

김희상(1911), 『조선어전』, 보급서관.

남궁억(1913), 『조선문법』, 『역대문법대계』 제1부 9책(24권), 탑출판사.

남기심(1973), 「국어 완형보문법 연구」, 탑출판사. 『국어문법의 탐구1』(1996)
　　　재록. 133-254.

남기심(1986), 「'이다' 구문의 통사적 분석」, 『한불연구』 7, 남기심(1996) 재록.

남기심(1996), 『국어문법의 탐구1』, 태학사.

남기심(2001), 『현대국어 통사론』, 태학사.

남기심 · 고영근(1987), 『표준국어문법론』, 탑출판사.

노대규(1977), 「한국어 수량사구의 문법」, 『어문논집』 18, 고려대.

노명희(1998), 「현대 국어 한자어의 단어구조 연구」, 서울대학교 박사학위논문.

노명희(2002), 「어근류 한자어의 문법적 특성」, 국어연구회 발표요지.

도수희(1965), 「그러나, 그러고, 그러니, 그러면 등 어사고」, 『한국언어문학』
　　　3집.

도수희(1976), 「이, 그, 저의 품사 문제」, 『어문연구』 9.

목정수(2001), 「한국어 관형사와 형용사 범주에 대한 연구」, 『언어학』 31,
　　　서울대학교 언어학과, 71-97.

민현식(1982), 「현대국어의 격에 대한 연구」, 『국어연구』 49, 서울대학교 국
　　　어국문학과.

민현식(1983), 「학교문법의 격 교육에 대하여」, 『국어교육』 46·47, 307~327.

민현식(1990), 「명사화」, 『국어연구 어디까지 왔나』, 서울대학교 대학원 국
　　　어연구회편, 동아출판사.

박근우(1970), 「한 · 영어의 관형어류에 관한 대조연구」, 『논문집』 11, 부산
　　　대학교, 63-80.

박금자(1985), 「국어 수량사 연구」, 『국어연구』 65, 서울대학교 국어국문학과.

박나리(1998), 「비환원적 '단다' 유형 연구」, 이화여자대학교 석사학위논문.

박만규(1993), 「이른바 보문자 '-고'의 통사적 지위 재분석」, 『관대논문집』
　　　21, 관동대학교.

박병수(1974), 「한국어 명사 보문구조의 분석」, 『문법연구』 1.

박상섭(1988), 「관형사를 어떻게 써야 하는가」, 『문화어학습』 1988년 4호.

박상준(1932), 『개정철자기준 조선어법』, 동명서관.

박상준(1947), 『조선어 문법 : 품사편』, 북조선 인민 위원회 교육국.

박성훈(1986), 「단위어의 쓰임에 대하여 I - 묶음과 덩이」, 『동양학 간보』 5, 단국대학교, 32-38.

박수항(1959), 「관형사와 접두사는 어떻게 다른가?」, 『말과 글』 4호.

박승빈(1935), 『朝鮮語學』, 『역대문법대계』 1부 20책(50권), 탑출판사.

박승빈(1937), 『簡易朝鮮語文法』, 『역대문법대계』 1부 19책(49권), 탑출판사.

박재연(2000), 「'-다고'류 어미에 대한 화용론적 접근」, 『애산학보』 14.

박진호(1994), 「통사적 결합관계와 논항구조」, 『국어연구』 123, 서울대학교 국어국문학과.

서재극(1970), 「개화기 외래어와 신용어」, 동서문화 4, 계명대학교 동서문화 연구소.

서정목(1977), 「15세기 국어 속격의 연구」, 『국어연구』 36, 서울대학교 국어 국문학과.

서정목(1978), 「체언의 통사특징과 15세기 국어의 '-ㅅ, -의/의'」, 『국어학』 7, 국어학회.

서정목(1982), 「15세기 국어 동명사 내포문의 주어의 격에 대하여」, 『진단학 보』 53·54, 171~194.

서정수(1968), 「국어 기본문형과 명사구절의 생성문법적 분석」, 『어학연구』 4권 2호, 서울대학교 어학연구소.

서정수(1975), 『동사 '하-'의 문법』, 형설출판사.

서정수(1978), 『국어 구문론 연구』, 탑출판사.

서정수(1979), 「'(었)던'에 대하여」, 『서병국박사 화갑기념논문집』, 남기심·고 영근(공편)(1983) 재록.

서정수(1994/1996), 『국어문법』, 한양대학교 출판부.

서정수(1995), 「의존명사의 새로운 고찰」, 『태릉어문연구』 5 · 6, 195-224.

서태룡·민현식·안명철·김창섭·이지양·임동훈 편(1998), 『문법 연구와 자료』(이익섭 선생 회갑기념), 태학사.

석주연(2002), 「중세국어의 인용문과 선어말어미 '오'」, 『형태론』 4 : 1, 1-10.

성광수(1973), 「국어 관형격 구성」, 『국어국문학』 58-60, 『격표현과 조사의 의미』(1999) 재록, 89-112.

성광수(1999ㄱ), 『격 표현과 조사의 의미』, 월인.

성광수(1999ㄴ), 「격론 : 격 기능과 격표지」, 『국어의 격과 조사』, 월인, 113-150.

성낙수(1976), 「보문명사 '터, 지'의 연구」, 『문법연구』 3.

송기중(1992), 「현대국어 한자어의 구조」, 『한국어문』1, 한국정신문화연구원.

송 민(1985), 「파생어 형성 의존형태소 '적'의 시원」, 『우운 박병채박사 환력기념논총』, 고려대, 285-301.

송원용(1998), 「활용형의 단어 형성 참여 방식에 대한 연구」, 『국어연구』 153, 서울대학교 국어국문학과.

송원용(2002), 「국어 어휘부와 단어 형성 체계에 대한 연구」, 서울대학교 박사학위논문.

송진오(1978), Noun Complementation in Korean, *Korean Linguistics* 1.

송철의(1988/1992), 『국어의 파생어 형성 연구』, 태학사.

송철의(2001), 「어휘 자료 처리를 위한 파생접사 연구」, 국립국어연구원 연구보고서.

송효빈(1998), 「국어 관형어의 중출현상 연구」, 충남대학교 석사학위논문.

시정곤(1994), 「국어의 단어형성 원리」, 고려대학교 대학원 박사학위논문.

시정곤(2000), 「수량사구의 통사구조」, 『언어』 25 : 1, 73-101.

신명균(1933), 『조선어문법』, 삼문사 출판부.

신서인(2000), 「현대국어 의존명사에 대한 연구」, 『국어연구』 162, 서울대학교 국어국문학과.

신선경(1986), 「인용문의 구조와 유형 분류」, 서울대학교 석사학위논문.

신선경(2001), 「'의'의 실현 양상에 대한 일고찰」, 『국어연구의 이론과 실제』, 이광호교수 회갑기념논총위원회, 태학사, 1091-1113.

신익성(1971), 「격의 일반론」, 『한글』 156, 58-98.

심재기(1979), 「관형화의 의미기능」, 『어학연구』 15 : 2, 서울대학교 어학연구소, 109-121.

심재기(1980), 「명사화의 의미기능」, 『언어』 5권 1호, 79-102.

심재기(1982), 『국어 어휘론』, 집문당.

심재기(1987), 「한자어의 구조와 그 조어력」, 『국어생활』 8, 국어연구소.

안경화(1995), 「한국어 인용 구문의 연구」, 서울대학교 언어학과 박사학위논문.

안명철(1990), 「국어의 융합 현상」, 『국어국문학』 103, 국어국문학회, 121-137.

안병희(1966), 「부정격(casus indefinitus)의 정립을 위하여」, 『동아문화』 6, 『현
　　　대국어문법』(1975), 계명대출판부 재록, 99-101.

안병희(1967), 「한국어발달사 중 (문법사)」, 『한국문화사대계』 5(상), 고려대
　　　학교 민족문화연구소.

안병희(1968), 「중세국어 속격어미 'ㅅ'에 대하여」, 『이숭녕박사 송수기념논
　　　총』, 337-345.

안성호(1993), *Korean Quantification and Universal Grammar*, 태학사.

안효경(1994), 「현대 국어 접두사 연구」, 『국어연구』 117, 서울대학교 국어
　　　국문학과.

안희돈(1997), 「영어의 명사구와 일치소, 『생성문법연구』 7 : 1, 생성문법연
　　　구회, 49-66.

양동휘(1976), On Complementizers in Korean, 『언어』 1 : 2, 18-46.

양명희(1990), 「현대국어 동사 '하-'의 의미와 기능」, 『국어연구』 96, 서울대
　　　학교 국어국문학과.

양인석(1972), *Korean Syntax : Case Markers, Delimiters, complementation, and Relativization*,
　　　백합출판사.

양재연·김민수(1955), 『대학국어』, 영화출판사, 『역대한국문법대계』 1부 37
　　　책(97권), 탑출판사.

양주동·유목상(1966), 『(새중등) 국어문법』, 대동문화사, 80-81.

양주동·유목상(1968), 『새문법』, 대동문화사.

연세대언어정보개발원(1998), 『연세한국어사전』, 두산동아.

王力/박덕준 외(역)(1997), 『중국어 어법 발전사』, 사람과 책.

왕문용(1989), 「명사 관형 구성에 대한 고찰」, 『주시경학보』 4, 139-157.

왕문용·민현식(1993), 『국어문법론의 이해』, 개문사.

원우흠 편(1954), 『조선어 문법 : 어음론, 형태론』, 교육도서출판사.

유길준(1897), 『조선문전』, 『역대한국문법대계』 제1부 1책, 탑출판사.

유길준(1907), 『대한문전』, 『역대한국문법대계』 제1부 1책, 탑출판사.

유동준(1983), 「국어 분류사와 수량화」, 『국어국문학』 89, 53-72.

유순희(1999), 「한국어의 '-的'에 대한 연구」, 서울대학교 국어교육학과 석사
　　　학위논문.

유승섭(1997), 「국어 보문의 통사·의미론적 연구」, 원광대학교 박사학위논문.

유창돈(1968), 「관형사고」, 『국어국문학』 30, 1-20.

이관규(1992), 「격의 종류와 특성」, 『국어학연구 백년사』, 일조각, 243~256.

이광정(1999), 「전통문법에서의 격연구」, 『국어의 격과 조사』, 월인, 9~48.

이광호(1976), 「중세국어 속격조사의 일고찰」, 『국어국문학』 70, 이광호
    (2001) 재록, 11-34.

이광호(1988), 『격조사 '을/를' 연구』, 탑출판사.

이광호(1997), 「후기 중세국어 명사구 수식에 대한 연구」, 『조선학보』 162,
    이광호(2001) 재록, 525-39.

이광호(2001), 『국어문법의 이해1』, 태학사.

이광호교수 회갑기념논총 간행위원회(2001), 『국어 연구의 이론과 실제』, 태
    학사.

이남순(1982), 「단수와 복수」, 『국어학』 11, 국어학회.

이남순(1988), 『국어의 부정격과 격표지 생략』, 국어학 총서 14, 태학사.

이남순(1990), 「계산 방식과 수량사 구성」, 『강신항 선생 화갑기념 논문집』,
    태학사.

이남순(1998), 『격과 격표지』, 월인.

이병모(1995), 『의존명사의 형태론적 연구』, 학문사.

이상억(1970), 「국어의 사동·피동구문 연구」, 『국어연구』 26, 서울대학교
    국어국문학과.

이상춘(1946), 『국어문법』, 『역대문법대계』 제1부 14책(37권), 탑출판사.

이상혁(1991), 「'-적' 파생어의 형태통사론적 고찰」, 고려대학교 석사학위논문

이선웅(2000), 「국어의 한자어 '관형명사'에 대하여」, 『한국문화』 26, 35-58.

이선웅(2004ㄱ), 「미지의 한자어 의존명사에 대하여」, 『형태론』 6 : 2, 박이정.

이선웅(2004ㄴ), 「국어 명사의 논항구조 연구」, 서울대학교박사학위논문.

이성하(1998), 『문법화의 이해』, 한국문화사.

이숭녕(1956), 『고등국어문법』, 『역대문법대계』 제1부 34책(90권), 탑출판사.

이숭녕(1961/1981), 『중세국어문법』, 을유문화사.

이승재(1992). 「융합형의 형태분석과 형태의 화석」, 『주시경학보』 10, 59-79.

이익섭(1968), 「한자어 조어법의 유형」, 『이숭녕박사 송수기념논총』, 475-83.

이익섭(1973), 「국어 수량사구의 통사기능에 대하여」, 『어학연구』 9 : 1, 서

울대학교 어학연구소, 46-63.

이익섭(1975), 「국어 조어론의 몇 문제」, 『동양학』 5, 단국대, 155-165.

이익섭·임홍빈(1983), 『국어문법론』, 학연사.

이인모(1949), 『재미나고 쉬운 새조선말본』, 『역대문법대계』 제1부 30책(77권), 탑출판사.

이인모(1968), 『새문법』, 영문사.

이재철(1993), 「구조격과 AGR」, 『현대문법연구』 3, 109~146.

이전경(1996), 「'던'의 통사제약과 의미」, 『국어문법의 탐구Ⅲ』, 567-96.

이정민(1975), 「국어의 보문화에 대하여」, 『어학연구』 11 : 2, 서울대학교 어학연구소, 277-288.

이정민(1989), (In)Definites, Case Markers, Classifiers and Quantifiers in Korean, *Harvard WOLK* 3, 한신문화사,

이정민(1992), 「(비)한정성/(불)특정성 대 화제(Topic)/초점」, 『국어학』 22, 397-423.

이정식(1999), 「구조격과 내재격에 대하여」, 『국어의 격과 조사』, 월인, 821~840.

이주행(1985), 「불완전명사에 대한 연구」, 『중대논문집』 29, 471-96.

이지양(1985), 「융합형 '래도'에 대하여」, 『관악어문연구』 10, 309-32.

이지양(1996), 『국어의 융합현상』, 국어학총서22, 태학사.

이지양(2003), 「문법화의 이론과 국어의 문법화」, 『정신문화연구』 26 : 3, 211-39.

이창호(1997), 「'의' 연결명사구의 연구」, 고려대학교 석사학위논문.

이충구(1976), 「관형사와 접두사의 한계설정」, 충남대학교 석사학위논문.

이필영(1990), 「관계화」, 『국어연구 어디까지 왔나』, 동아출판사, 467-78.

이필영(1993/1995ㄱ), 『국어의 인용구문 연구』, 탑출판사.

이필영(1994), 「속격 및 수량사구 구성의 격 중출에 대하여」, 『박갑수 선생 화갑기념 논문집』, 태학사.

이필영(1995ㄴ), 「통사적 구성에서의 축약에 대하여」, 『국어학』 26, 국어학회, 1-32.

이필영(1998), 「명사절과 관형사절」, 서태룡 외(1998), 491-516.

이향천(1981), 「명사의 의미와 지시」, 서울대학교 석사학위논문.

이향천(1988), 「고유명사의 의미」, 『언어학』 11, 127-143.

이현규(1980), 「國語 轉用法의 史的 硏究 : 中世語以後 變遷을 中心으로」, 영남대 박사학위논문.

이현규(1987), 「단어의 범주변화」, 『한글』 196, 『국어 형태 변화의 원리』 (1995) 재록, 411-32.

이현규(1995), 『국어 형태 변화의 원리』, 영남대학교 출판부.

이현우(1995), 「현대국어의 명사구의 구조 연구」, 서울대학교 박사학위논문.

이현희(1986). 「중세국어 내적 화법의 성격」, 『한신대 논문집』 3. 한신대학교.

이현희(1991), 「국어 어휘사의 흐름」, 『국어학연구 백년사Ⅱ』, 일조각, 529-40.

이현희(1992), 「중세국어의 명사구 확장의 한 유형」, 『강신항선생 화갑기념 국어학논총』, 태학사.

이현희(1994ㄱ), 『중세국어 구문 연구』, 신구문화사.

이현희(1994ㄴ), 「19세기 국어의 문법사적 고찰」, 『한국문화』 15, 57-81.

이호승(2001), 「단어형성과정의 공시성과 통시성」, 『형태론』 3 : 1, 113-9.

이홍배(1975), 「국어의 관계절화에 대하여」, 『어학연구』 11 : 2, 서울대학교 어학연구소, 289-300.

이홍배(1984), 「지배·결속이론과 한국어」, 『말』 9, 127~146.

이홍식(1990), 「현대국어 관형절 연구」, 『국어연구』 98, 서울대학교 국어국문학과.

이홍식(1999), 「명사구 보문」, 『국어학』 33, 국어학회, 364-398.

이홍식(2000), 『국어 문장의 주성분 연구』, 월인.

이희승(1949), 『초급 국어문법』, 『역대문법대계』 제1부 32책(85권), 탑출판사.

이희승(1955), 『국어학 개설』, 민중서관.

이희승(1968), 『새문법』, 일조각.

이희승(1975), 「단어의 정의와 조사·어미의 처리 문제」, 『현대국어문법』, 계명대 출판부, 23-31.

임동훈(1991), 「현대국어 형식명사 연구」, 『국어연구』 103, 서울대학교 국어국문학과.

임동훈(1995), 「통사론과 통사단위」, 『어학연구』 31권 1호, 서울대학교 어학연구소, 87-138.

임동훈(1997), 「이중 주어문의 통사구조」, 『한국문화』 19, 31-66.

임동훈(2004), 「한국어 조사의 하위 부류와 결합 유형」, 『국어학』 43, 국어
　　　학회, 119~154.

임홍빈(1972), 「국어의 주제화 연구,『국어연구』 28, 서울대학교 국어국문학과.

임홍빈(1974ㄱ), 「명사화의 의미특성에 대하여」, 『국어학』 2, 임홍빈(1998)
　　　재록, 529-551.

임홍빈(1974ㄴ), 「주격 중출문을 찾아서」, 임홍빈(1998) 재록, 태학사, 169-206.

임홍빈(1979), 「복수성과 복수화」, 『한국학 논총』 1, 국민대, 임홍빈(1998) 재
　　　록, 515-548.

임홍빈(1981), 「존재 전제와 속격표지 {의}」, 『언어와 언어학』 7, 한국외국
　　　어대 언어연구소, 임홍빈(1998) 재록, 283-306.

임홍빈(1982ㄱ), 「기술보다는 설명을 중시하는 형태론의 기능정립을 위하여」,
　　　『한국학보』 26, 임홍빈(1998) 재록, 7-33.

임홍빈(1982ㄴ), 「동명사 구성의 해석 방법에 대하여」, 백영 정병욱선생 환
　　　갑기념논총, 신구문화사, 임홍빈(1998) 재록, 553-568.

임홍빈(1987), 「국어의 재귀사 연구」, 서울대학교 박사학위논문.

임홍빈(1991ㄱ), 「국어 분류사의 성격에 대하여」, 『김완진선생 회갑기념 논
　　　문집』, 민음사, 임홍빈(1998) 재록, 235-62.

임홍빈(1991ㄴ), 「국어 분류사의 변별기준에 대하여」, 『이승욱선생 화갑기
　　　념 논문집』, 임홍빈(1998) 재록.

임홍빈(1997), 『북한의 문법론 연구』, 한국문화사.

임홍빈(1998), 『국어문법의 심층1 · 2 · 3』, 태학사.

임홍빈(1999), 「국어 명사구와 조사구의 통사구조에 대하여」, 『관악어문연
　　　구』 24, 서울대학교국어국문학과, 1-62.

임홍빈(2000), 「가변 중간 투사론 : 표면구조 통사론을 위한 제언」, 『21세기
　　　국어학의 과제』, 월인, 1279-1320.

임홍빈(2001), 「국어 품사 분류의 몇 가지 문제에 대하여」, 『국어 연구의 이
　　　론과 실제』, 태학사, 704-61.

임홍빈·장소원(1995), 『국어문법론1』, 방송통신대학교 출판부.

장경희(1987), 「국어의 완형보문의 해석」, 『국어학』 16, 국어학회.

장석진(1975), 「비단절문법 : '스퀴시'와 '불투명논리'를 중심으로」, 『언어와
　　　언어학』3, 117-131.

정경해(1953), 『國語講義』, 『역대문법대계』 제1부 33책(87권), 탑출판사.

정렬모(1946), 『신편고등국어문법』, 『역대문법대계』 제1부 25책(61권), 탑출판사.

정영주(1989), 「우리말 매김씨 연구」, 건국대 박사학위논문.

정인승(1949), 『표준중등말본』, 『역대문법대계』 1부 31책(79권), 탑출판사.

정인승(1968), 『표준문법』, 계몽사.

정철주(1985), 「파생접미사 '적'의 단어형성」, 『소당 천시권 박사 화갑기념 국어학 논총』, 형설출판사.

정희정(2000), 『한국어 명사 연구』, 한국문화사.

조남호(1988), 「현대국어의 파생접미사 연구」, 『국어연구』 85, 서울대학교 국어국문학과.

조선어문연구회(1949), 『조선어문법』, 평양 : 삽도.

조선어학회(1949), 『조선말 큰사전』, 을유문화사.

주덕희(1997), 『현대 중국어 어법론』, 허성도 (역), 사람과 책.

주시경(1910), 『國語文法』, 『역대문법대계』 제1부 4책(11권), 탑출판사.

채 완(1982), 「국어 수량사구의 통시적 고찰」, 『진단학보』 53~54, 진단학회, 155-169.

채 완(1983), 「국어 수사 및 수량사구의 유형적 고찰」, 『어학연구』 19 : 1, 서울대학교 어학연구소, 19-33.

채 완(1990), 「국어 분류사의 기능과 의미」, 『진단학보』 70, 진단학회, 167-180.

채현식(2000), 「유추에 의한 복합명사 형성 연구」, 서울대학교 박사학위논문.

채현식(2001), 「한자어 연결구성에 대하여」, 『형태론』 3 : 2, 박이정, 241-263.

최경봉(1995), 「국어 명사 관형구성의 의미결합 관계에 대한 고찰」, 『국어학』 26, 국어학회.

최경봉(1998), 『국어 명사의 의미 연구』, 태학사.

최광옥(1908), 『大韓文典』, 『역대문법대계』 제1부 2책(5권), 탑출판사.

최규일(1990), 「한자어의 어휘형성과 한자어에서의 접사 처리 문제」, 『강신항 교수 회갑기념 국어학 논문집』, 태학사.

최영석(1988), 「A Reanalysis of Quantifier Floating in Korean」, 『언어』 13 : 1, 언어학회.

최재희(1999), 「국어의 격표지 비실현 현상과 의미해석」, 『한글』 245, 49-78.

최택호(1987), 「일본어의 조사 'の'와 한국어의 조사 '의'에 대한 고찰」, 계명대 석사학위논문.

최현배(1937/1961), 『우리말본』, 정음문화사.

최현배(1965), 「낱말에 대하여」, 『한글』135, 16-47.

최형용(2000), 「'-적' 파생어의 의미와 '-적'의 생산성」, 『형태론』2 : 2, 박이정, 215-38.

최형용(2002), 「국어 단어의 형태·통사론적 연구」, 서울대학교 박사학위논문.

한송화(1999), 「수사와 수량사구」, 『사전편찬학연구』9, 연세대 언어정보개발연구원, 265-290.

한영목(1980), 「국어 관형사 연구」, 『장암 지헌영 선생 고희 기념 논총』, 형설출판사.

한정한(1999), 「의미격과 화용격 어떻게 다른가?」, 『국어의 격과 조사』, 월인, 361-406.

한정한(2000), 「수량사 유동(Quantifier Float) 구문의 정보구조」, 『한국어 의미학』6, 한국어 의미학회.

한학성(1989), 「Nominative Assignment in Korean」, 『어학연구』25 : 3, 서울대학교 어학연구소.

허 웅(1983/1995), 『국어학』, 샘문화사.

허철구(1997), 「국어의 합성동사 형성과 어기 분리」, 서강대학교 박사학위논문.

홍기문(1947), 『朝鮮文法研究』, 『역대문법대계』제1부 15책(39권), 탑출판사.

홍기문(1966), 『조선어 력사 : 문법』, 사회과학원출판사.

홍순성(1981), 「수식어와 피수식어의 관계에 대하여」, 『한국학 논집』8, 계명대 한국학연구소, 1-19.

홍순성(1982), 「'적'에 대하여」, 『긍포 조규설교수 화갑기념 국어학 논총』, 형설출판사.

홍윤표(1969), 「15세기 국어의 격 연구」, 『국어연구』21, 서울대학교 국어국문학과.

홍재성 외(2000), 「21세기 세종계획 전자사전 개발분과 연구보고서」, 문화관광부.

홍재성 외(2001), 「21세기 세종계획 전자사전 개발분과 연구보고서」, 문화관광부.

홍재성(1974), 「Etude sur le Suffix -적(的) in Coréen Contemporain」, Revue de Corée, 6-1.

홍재성(2001ㄱ), 「한국어의 명사 Ⅰ」, 『새국어생활』 11 : 3, 129-44.

홍재성(2001ㄴ), 「한국어의 명사 Ⅱ」, 『새국어생활』 11 : 4, 119-32.

홍종선(1986), 「국어 체언화구문의 연구」, 고려대학교 박사학위논문.

홍종선(1999), 「생성문법과 국어의 격」, 『국어의 격과 조사』, 월인, 83~112.

황문환(2001), 「국어 관형사의 어휘사」, 한국어 의미학회 전국 학술대회 발표지.

Abney, S.P.(1987), *The English Noun Phrase in its Sentential Aspect*, Ph. D. dissertation, MIT.

Allan, K.(1977), Classifier, *Language* 53-2, 285-311.

Allen, K.(1976), Collectivising, *Archivum Linguisticum* 7, 99-117.

Anderson, John M(1971), *The Grammar of case ; towards a localistic theory*, Cambridge University Press.

Bauer, L.(1983), *English Word-Formation*, Cambridge : Cambridge University Press.

Bloomfield, L.(1935), *Language*, London : G. Allen & Unwin, ltd.

Bybee, J. L. & Östen Dahl(1989), The creation of tense and aspect systems in the language of the world, *Studies in Language* 13 : 1, 51-103.

Bybee, J. L., William Pagliuca, & Revere D.Perkins(1994), *The Evolution of Grammar; Tense, Aspect and Modality in the Languages of the World*, Chicago : Chicago Press.

Cabrera, J.C.M.(1998), On the relationships between grammaticalization and lexicalization, In Anna Giacalone Ramat & Paul J. Hopper(ed), *The Limits of Grammaticalization*, John Benjamins, 211-227.

Chafe, W.L.(1973), *Meaning and the Structure of Language*, Chicago : University of Chicago Press.

Chales, N. Li & Sandra A. Thompson(1981), *Mandarin Chinease -A Functional Reference Grammar*, 박종한 외 공역(1992), 표준 중국어 문법, 한울 아카데미.

Chomsky, N.(1981), *Lectures on Government and Binding*, Foris Publications.

Chomsky, N.(1986), *Knowledge of Language*, Praiger.

Company, C.C.(2002), Grammaticalization and category weakness, In Ilse Wischer & Gabriele Diewald(ed), *New Reflection on Grammaticalization*, John Benjamins, 201-215.

Cruse, D.A.(1986), *Lexical Semantics*, Cambridge Univ Press.

Fillmore, C.J.(1968), The case for case, in *Universals in Linguistic Theory*, ed, by Bach & R. Harms, Holt Rinehart and Winston, Inc.

Francis, N.(1963), *The English Language*, Norton and Company Inc.

Fukui, N.(1986), *A Theory of Category Projection and its Application*, Ph. D. dissertation, MIT.

Givon, T.(2001). *Syntax*. John Benjamins Publishing Company.

Gleason, H.A.(1963), *Linguistics and English Grammar*, Holt, Rinehart and Winston, Inc.

Grimshaw, J.B.(1990), *Argument structure*, The MIT Press.

Harris, J.(1988), The 'Past Simple' and 'Present Perfect' in Romance, *The Romance Languages*, 42-70.

Hockett, C.F.(1958), *A course in Modern Linguistics*, The Macmillan.

Hopper, P.J. & E.C. Traugott(1993), *Grammaticalization*, Cambridge.

Jespersen, O.(1963), *The Philosophy of Grammar*, George Allen & Unwin LTD.

Lamb, S.M.(1969), *Lexicology and Semantics : Linguistics*, Voice of American Forum Lectures.

Lambrecht, K.(1994), *Information structure and sentence form : topic, focus, and the mental representations of discourse referents*, Cambridge University Press.

Leech(1974), *Semantics*, Harmondsworth : Penguin.

Lehmann, C.(2002), New reflection on grammaticalization and lexicalization, In Ilse Wischer & Gabriele Diewald(ed), *New Reflection on Grammaticalization*, John Benjamins, 1-18.

Lyons, J.(1977), *Semantics1 · 2*, Cambridge University Press.

Lyons, J.(1995), *Linguistic Semantics*, Cambridge University Press.

Martin, S.(1992), *A Reference Grammar of Korean*, Tokyo : Charles E. Tuttle Company.

Nida, E.A.(1975), *Componential Analysis of Meaning*, 조항범(1990), 의미분석론(역),

탑출판사.

Pollard, C. and Ivan Sag(1994), *Head-driven Phrase Structure Grammar*, University of chicago Press.

Poppe, N.(1955), *Introduction to Mongolian comparative studies*, Helsinki : Suomalais-ugrilainen Seura.

Ramat, T.(1992), Thoughts on degrammaticalization, *Linguistics* 30, 540-60.

Ramstedt, G. J.(1939), A *Korean Grammar*, Helsinki.

Stageberg, N.C.(1967), An Introductory *English Grammar*, Holt, Rinehart & Winston, Inc.

Sweet, Henry(1955). *A New English grammar : logical and historical, London*, Oxford Univ. Press.

[부록] 관형사의 목록

* '표준'은 〈표준국어대사전〉(1999), '연세'는 〈연세한국어사전〉(1998), '조선'은 〈조선말 큰사전〉(1949), '말본'은 〈우리말본〉(1961), '세종'은 〈21세기 세종계획 최종결과물〉(2009)의 약자이다.

	표준	연세	조선	말본	세종	판정
가(假)				○		
가공적(架空的)		○				
가변적(可變的)		○				
가상적(假想的)		○				
가설적(假說的)		○				
가시적(可視的)		○				
가정적(家庭的)		○				
가정적(假定的)		○				
가족적(家族的)		○				
각(各)	○	○	○		○	○
각반	○					
간	○					
간대엣	○					
간접적(間接的)		○				
간주관적	○					
간헐적(間歇的)		○				
감각적(感覺的)		○				
감격적(感激的)		○				
감동적(感動的)		○				
감상적(感傷的)		○				
감성적(感性的)		○				
감정적(感情的)		○				
갓					○	
강압적(强壓的)		○				

	표준	연세	조선	말본	세종	판정
강제적(强制的)		○				
갖은	○	○			○	○
개괄적(槪括的)		○				
개념적(槪念的)		○				
개략적(槪略的)		○				
개방적(開放的)		○				
개별적(個別的)		○				
개성적(個性的)		○				
개연적(蓋然的)		○				
개인적(個人的)		○		○		
객관적(客觀的)		○				
거국적(擧國的)		○				
거시적(巨視的)		○				
거족적(擧族的)		○				
건설적(建設的)		○				
걸어총	○					
격정적(激情的)		○				
결론적(結論的)		○				
결사적(決死的)		○				
결정적(決定的)		○				
경	○				○	
경이적(驚異的)		○				
경쟁적(競爭的)		○				
경제적(經濟的)		○				
경험적(經驗的)		○				
계급적(階級的)		○				
계량적(計量的)		○				

	표준	연세	조선	말본	세종	판정
계몽적(啓蒙的)		○				
계속적(繼續的)		○				
계절적(季節的)		○				
계층적(階層的)		○				
계통적(系統的)		○				
계획적(計劃的)		○				
고	○			○	○	○
고(高)				○		
고(故)	○	○	○		○	○
고고학적(考古學的)		○				
고까짓	○		○		○	○
고깟	○				○	○
고답적(高踏的)		○				
고따위	○				○	○
고런	○				○	○
고런조런	○				○	○
고립적(孤立的)		○				
고만	○				○	○
고맛맛	○					
고무적(鼓舞的)		○				
고식적(姑息的)		○				
고압적(高壓的)		○				
고얀	○		○		○	○
고의적(故意的)		○				
고전적(古典的)		○				
고정적(固定的)		○				
고질적(痼疾的)		○				

	표준	연세	조선	말본	세종	판정
고차원적(高次元的)		○				
고차적(高次的)		○				
고현	○					
공(空)	○			○	○	
공공					○	
공간적(空間的)		○				
공개적(公開的)		○				
공격적(攻擊的)		○				
공동적(共同的)		○				
공동체적(共同體的)		○				
공리적(功利的)		○				
공상적(空想的)		○				
공식적(公式的)		○				
공적(公的)		○				
공통적(共通的)		○				
과도기적(過渡的)		○				
과학적(科學的)		○		○		
관념적(觀念的)		○				
관능적(官能的)		○				
관례적(慣例的)		○				
관료적(官僚的)		○				
관습적(慣習的)		○				
관용적(慣用的)		○				
관용적(寬容的)		○				
광신적(狂信的)		○				
광적(狂的)		○				
괜한		○				○

	표준	연세	조선	말본	세종	판정
교과서적(敎科書的)		○				
교리적(敎理的)		○				
교육적(敎育的)		○				
교조적(敎條的)						
교훈적(敎訓的)						
구(舊)		○	○	○		○
구(九)	○			○	○	
구(溝)	○				○	
구십	○			○	○	
구십여					○	
구조적(構造的)		○				
구체적(具體的)		○				
국가적(國家的)		○				
국내적(國內的)		○				
국민적(國民的)		○				
국부적(局部的)		○				
국제적(國際的)		○				
국지적(局地的)		○				
군사적(軍事的)		○				
굴욕적(屈辱的)		○				
궁극적(窮極的)		○				
귀(貴)	○		○	○	○	○
귀납적(歸納的)		○				
귀족적(貴族的)		○				
규범적(規範的)		○				
규칙적(規則的)		○				
그	○	○		○	○	○

	표준	연세	조선	말본	세종	판정
그까짓	○	○	○		○	○
그깐			○			○
그깟	○	○			○	
그냥					○	
그따위	○				○	○
그딴	○				○	○
그런	○	○			○	○
그런저런	○				○	○
그만	○				○	○
극(極)	○					
극단적(極端的)		○				
극적(劇的)		○				
극한적(極限的)		○				
근(近)	○	○			○	○
근대적(近代的)		○				
근본적(根本的)		○				
근시안적(近視眼的)		○				
근원적(根源的)		○				
금(今)				○		
금욕적(禁慾的)		○				
금전적(金錢的)		○				
급(急)				○		
급진적(急進的)		○				
긍정적(肯定的)		○				
기(其)				○		
기계적(機械的)		○				
기념비적(紀念碑的)		○				

	표준	연세	조선	말본	세종	판정
기능적(機能的)		○				
기독교적(基督敎的)		○				
기만(幾萬)	○				○	
기만적(欺瞞的)		○				
기백	○				○	
기백만	○				○	
기본적(基本的)		○				
기술적(技術的)		○				
기술적(記述的)		○				
기습적(奇襲的)		○				
기십	○				○	
기십만	○				○	
기적적(奇蹟的)		○				
기질적(氣質的)		○				
기천	○				○	
기천만					○	
기초적(基礎的)		○				
기하급수적(幾何級數的)		○				
기하학적(幾何學的)		○				
기형적(畸形的)		○				
기회주의적(機會主義的)		○				
긴	○	○	○			○
긴긴					○	
까짓	○	○	○		○	○
나술	○					
나유다	○					
낙관적(樂觀的)		○				

	표준	연세	조선	말본	세종	판정
낙천적(樂天的)		○				
남성적(男性的)		○				
낭만적(浪漫的)		○				
낭비적(浪費的)		○				
내(來)				○		
내면적(內面的)		○				
내부적(內部的)		○				
내성적(內省的)		○				
내용적(內容的)		○				
내재적(內在的)						
내적(內的)		○				
내향적(內向的)		○				
냉소적(冷笑的)		○				
너(四)	○	○			○	○
너까짓						○
너나문	○					
너느	○					
너댓	○			○	○	○
너더댓	○			○	○	○
너더댓째	○				○	
너덧	○				○	○
너덧째	○				○	
넉(四)	○	○			○	○
네	○	○		○	○	○
넷째				○	○	
네(방언)	○					
네까짓	○				○	○

	표준	연세	조선	말본	세종	판정
네깐	○				○	○
네깟	○				○	○
네네	○					
네다섯	○				○	
네다섯째	○				○	
네댓	○				○	○
네댓째	○				○	
넨장	○				○	
넨장맞을	○				○	○
넨장칠	○				○	○
넷	○					
넷째	○				○	
넷잿					○	
네다섯째						
노골적(露骨的)		○				
노예적(奴隷的)		○				
논리적(論理的)		○				
능동적(能動的)		○				
능률적(能率的)		○				
능산적(能産的)	○					
다각적(多角的)		○				
다른	○			○	○	○
다면적(多面的)		○				
다목적		○				
다무적(多務的)	○					
다발적(多發的)		○				
다변적(多邊的)	○					

	표준	연세	조선	말본	세종	판정
다서여섯째					○	
다석	○					
다섯	○				○	
다수				○		
다섯째	○			○	○	
다원적(多元的)		○				
다의적(多義的)		○				
다층적(多層的)		○				
단(短)				○		
단(單)	○	○	○		○	○
단계적(段階的)		○				
단기적(短期的)		○				
단독적(單獨的)		○				
단돈		○			○	○
단말마적(斷末魔的)		○				
단면적(斷面的)		○				
단선적(單線的)		○				
단세포적(單細胞的)		○				
단속적(斷續的)		○				
단일적(單一的)		○				
단적(單的)	○	○				
단적(端的)	○	○				
단편적(斷片的)		○				
단절적(斷絶的)		○				
단정적(斷定的)		○				
단체적(團體的)		○				
닷	○	○		○	○	○

	표준	연세	조선	말본	세종	판정
당(當)	○	○		○	○	○
당위적(當爲的)		○				
당파적(黨派的)		○				
당해					○	
딴	○	○	○	○		○
대(對)	○		○	○	○	
대규모적(大規模的)		○				
대적(大的)		○				
대량적(大量的)		○				
대륙적(大陸的)		○				
대립적(對立的)		○				
대모한		○			○	○
대상적(對象的)	○					
대안적(代案的)		○				
대여섯		○		○	○	
대여섯째	○				○	
대엿	○				○	
대외적(對外的)		○				
대조적(對照的)		○				
대중적(大衆的)		○				
대체적(大體的)		○				
대칭적(對稱的)		○				
대폭적(大幅的)		○				
대표적(代表的)		○				
때아닌		○				○
댓	○			○	○	
댓째	○				○	

	표준	연세	조선	말본	세종	판정
도교적(道敎的)		○				
도구적(道具的)		○				
도덕적(道德的)		○				
도발적(挑發的)		○				
도상적(圖像的)		○				
도시적(都市的)		○				
도식적(圖式的)		○				
도의적(道義的)		○				
도전적(挑戰的)		○				
도착적(倒錯的)		○				
도피적(逃避的)		○				
도합					○	
도회적(都會的)		○				
독단적(獨斷的)		○				
독립적(獨立的)		○				
독보적(獨步的)		○				
독선적(獨善的)		○				
독자적(獨自的)		○				
독재적(獨裁的)		○				
독점적(獨占的)		○				
독창적(獨創的)		○				
돌발적(突發的)		○				
동(同)	○		○	○	○	○
동물적(動物的)		○				
동반자적(同伴者的)		○				
동시대적(同時代的)		○				
동시적(同時的)		○				

	표준	연세	조선	말본	세종	판정
동심적(童心的)		○				
동양적(東洋的)		○				
동요적(童謠的)		○				
동적(動的)		○				
동정적(同情的)		○				
동조적(同調的)						
동지적(同志的)		○				
동질적(同質的)		○				
동태적(動態的)		○				
동화적(童話的)		○				
두	○	○		○	○	○
두서너	○	○		○	○	○
두서너째	○				○	
두석	○					
두세	○	○		○	○	○
두세째	○			○	○	
두어	○	○		○	○	○
두어째	○			○	○	
두째	○			○	○	
둘째	○				○	
둘쨋					○	
둘찌	○					
둘차	○					
뒤	○				○	
뒤째					○	
딴					○	
때늦은					○	

	표준	연세	조선	말본	세종	판정
때아닌					○	
때이른					○	
떡을할	○				○	○
량	○					
륙	○					
륙십	○					
륙칠	○					
마근	○					
마술적(魔術的)		○				
마						
마흔	○			○	○	
막(漠)						
막	○					
막내				○		
만(萬)	○			○	○	
만(滿)	○	○		○	○	○
만여					○	
만성적(慢性的)		○				
말(末)				○		
말기적(末期的)		○				
말초적(末梢的)		○				
망국적(亡國的)		○				
맞은						○
매(每)	○	○	○		○	○
맨	○	○	○		○	○
맨탕	○		○			
맹목적(盲目的)		○				

	표준	연세	조선	말본	세종	판정
먼먼	○		○		○	○
메	○					
명(名)				○		
명(明)				○		
명령적(命令的)		○				
명상적(冥想的)		○				
명시적(明示的)		○				
몇	○			○	○	○
몇대					○	
몇몇	○				○	○
몇십					○	
몇억만					○	
몇째				○	○	
몇천몇만					○	
모(某)	○	○		○	○	○
모든	○	○	○	○	○	○
모모(某某)	○				○	
모모한	○				○	○
모범적(模範的)		○				
모순적(矛盾的)		○				
모욕적(侮辱的)		○				
모험적(冒險的)		○				
모호	○					
목가적(牧歌的)		○				
목적론적(目的論的)		○				
몬쓸	○					
몯						

	표준	연세	조선	말본	세종	판정
몰개성적(沒個性的)		○				
몹쓸	○	○	○		○	○
몽환적(夢幻的)		○				
묘	○					
무계획적(無計劃的)		○				
무량대수	○					
무량수	○					
무벌적(無罰的)	○					
무비판적(無批判的)		○				
무슨	○	○	○	○	○	○
무슨무슨					○	
무신론적(無信論的)		○				
무의식적(無意識的)		○				
무제한적(無制限的)		○				
무조건적(無條件的)		○				
무차별적(無差別的)		○				
무형적(無形的)		○				
묵시적(默示的)		○				
문명적(文明的)		○				
문법적(文法的)		○				
문학적(文學的)		○				
문화적(文化的)		○				
물경					○	
물리적(物理的)		○				
물적(物的)		○				
물질적(物質的)		○				
물질주의적	○					

	표준	연세	조선	말본	세종	판정
뭇	○	○			○	
미(微)	○					
미시적(微視的)		○				
미신	○					
미신적(迷信的)		○				
미온적(微溫的)		○				
미적(美的)		○				
미학적(美學的)		○				
민속적(民俗的)		○				
민족적(民族的)		○				
민주주의적(民主主義的)		○				
민중적(民衆的)		○				
바른	○	○	○			○
반				○	○	
반국가적(反國家的)		○				
반동적(反動的)		○				
반문화적(反文化的)	○					
반민주적(反民主的)		○				
반민족적(反民族的)		○				
반민중적(反民衆的)		○				
반복적(反復的)		○				
반봉건적(半封建的)		○				
반봉건적(反封建的)		○				
반사적(反射的)		○				
반사회적(反社會的)	○	○				
반성적(反省的)		○				
반어적(反語的)		○				

	표준	연세	조선	말본	세종	판정
반역사적(反歷史的)		○				
반영구적(半永久的)		○				
반직업적	○					
반체제적(反體制的)		○				
반항적(反抗的)		○				
반혁명적(反革命的)		○				
발생적(發生的)		○				
발작적(發作的)		○				
발전적(發展的)		○				
방법론적(方法論的)		○				
방어적(防禦的)		○				
배라먹을					○	○
비생산적(非生產的)		○				
배타적(排他的)		○				
백	○			○	○	
백대					○	
백여					○	
범국민적(汎國民的)		○				
범세계적(汎世界的)	○	○				
범시민적	○					
범신론적(汎神論的)		○				
범종교적	○					
범죄적(犯罪的)		○				
법률적(法律的)		○				
법적(法的)		○				
법칙적(法則的)		○				
벼라별	○				○	

	표준	연세	조선	말본	세종	판정
변별적(辨別的)		○				
변증법적(辨證法的)		○				
변증적(辨證的)		○				
변칙적(變則的)		○				
변태적(變態的)		○				
변혁적(變革的)		○				
별(別)	○	○	○		○	○
별별(別別)	○	○	○		○	○
별의별(別──別)	○	○	○		○	○
병적(病的)		○				
보수적(保守的)		○				
보완적(補完的)		○				
보조적(補助的)		○				
보편적(普遍的)		○				
복고적(復古的)		○				
복합적(複合的)		○				
본(本)	○	○		○	○	○
본격적(本格的)		○				
본능적(本能的)		○				
본래적(本來的)		○				
본원적(本源的)		○				
본질적(本質的)		○				
봉건적(封建的)		○				
부(副)				○		
부분적(部分的)		○				
부수적(附隨的)		○				
부정적(否定的)		○				

	표준	연세	조선	말본	세종	판정
부차적(副次的)		○				
분	○					
분산적(分散的)		○				
분석석(分析的)		○				
분업적(分業的)		○				
분절적(分節的)		○				
불가사의	○					
불가항력적(不可抗力的)		○				
불교적(佛敎的)		○				
불규칙적(不規則的)		○				
불법적(不法的)		○				
불변적(不變的)		○				
불연속적(不連續的)		○				
비경구적	○					
비경제적(非經濟的)	○	○				
비공식적(非公式的)		○				
비과학적(非科學的)	○	○				
비관적(悲觀的)		○				
비교육적(非敎育的)		○				
비군사적	○					
비규범적	○					
비극적(悲劇的)		○				
비논리적(非論理的)	○	○				
비능률적(非能率的)		○				
비대칭적(非對稱的)		○				
비도덕적(非道德的)	○	○				
비로동계급적	○					

	표준	연세	조선	말본	세종	판정
비문화적(非文化的)	○	○				
비민주적(非民主的)	○	○				
비본래적(非本來的)		○				
비본질적(非本質的)	○	○				
비상식적(非常識的)		○				
비약적(飛躍的)		○				
비위생적(非衛生的)		○				
비유적(比喩的)		○				
비윤리적(非倫理的)		○				
비이성적(非理性的)		○				
비인간적(非人間的)		○				
비인격적(非人格的)		○				
비정기적(非定期的)		○				
비정상적(非正常的)		○				
비타협적	○					
비판적(批判的)		○				
비합법적(非合法的)		○				
비합리적(非合理的)		○				
비항구적	○					
비현실적(非現實的)	○	○				
비효율적(非效率的)		○				
빌어먹을	○	○			○	
뻘	○					
사(私)				○		
사(四)	○			○	○	
사(沙/砂)	○				○	
사(絲)	○				○	

	표준	연세	조선	말본	세종	판정
사대					○	
사교적(社交的)		○				
사무적(事務的)		○				
사변적(思辨的)		○				
사상적(思想的)		○				
사색적(思索的)		○				
사실적(寫實的)		○				
사십	○			○	○	
사십여					○	
사오(四五)	○			○	○	○
사유적(思惟的)		○				
사적(私的)		○				
사적(史的)		○				
사회적(社會的)		○		○		
산문적(散文的)		○				
산발적(散發的)		○				
산술적(算術的)		○				
살인적(殺人的)		○				
삼	○			○	○	
삼대					○	
삼사(三四)	○			○	○	○
삼십	○			○	○	
삼십여					○	
상(上)				○		
상대적(相對的)		○				
상보적(相補的)		○				
상습적(常習的)		○				

	표준	연세	조선	말본	세종	판정
상식적(常識的)		○				
상업적(商業的)		○				
상징적(象徵的)		○				
상투적(常套的)		○				
새	○	○	○	○	○	○
새라새	○		○			
생(生)				○		
생득적(生得的)		○				
생래적(生來的)		○				
생리적(生理的)		○				
생산적(生產的)		○				
생태론적(生態論的)		○				
생태적(生態的)		○				
서(三)	○	○			○	○
서구적(西歐的)		○				
서너	○	○			○	○
서너댓				○		○
서너째	○			○	○	
서른	○			○	○	
서민적(庶民的)		○				
서사적(敍事的)		○				
서술적(敍述的)		○				
서양적(西洋的)		○				
서정적(抒情的)		○				
석(三)	○	○			○	○
선구적(先驅的)		○				
선도적(先導的)		○				

	표준	연세	조선	말본	세종	판정
선동적(煽動的)		○				
선별적(選別的)		○				
선정적(煽情的)		○				
선진적(先進的)		○				
선천적(先天的)		○				
선택적(選擇的)		○				
선풍적(旋風的)		○				
선험적(先驗的)		○				
설흔					○	
썩을					○	○
섬	○					
성(聖)	○				○	○
성공적(成功的)		○				
성적(性的)		○				
세	○	○		○	○	○
세계사적(世界史的)		○				
세계적(世界的)		○				
세기말적(世紀末的)		○				
세기적(世紀的)		○				
세네					○	
세네째					○	
세부적(細部的)		○				
세속적(世俗的)		○				
세습적(世襲的)		○				
세(셋)째				○	○	
셋째	○				○	
셋쨋					○	

	표준	연세	조선	말본	세종	판정
소(小)				○	○	○
소수				○		
소극적(消極的)		○				
소설적(小說的)		○				
소시민적(小市民的)		○				
소아병적(小兒病的)		○				
속					○	
속물적(俗物的)		○				
수(數)	○				○	
수구적(守舊的)		○				
수동적(受動的)		○				
수량적(數量的)		○				
수만	○				○	
수백	○				○	
수백만	○				○	
수백억					○	
수사적(修辭的)		○				
수삼(數三)	○	○			○	
수십	○				○	
수십만	○				○	
수십억					○	
수십조					○	
수억	○				○	
수억만	○				○	
수유	○				○	
수적(數的)		○				
수조	○				○	

	표준	연세	조선	말본	세종	판정
수직적(垂直的)		○				
수천	○				○	
수천만	○				○	
수천수만	○				○	
수천억					○	
수평적(水平的)		○				
수학적(數學的)		○				
숙(熟)				○		
숙명적(宿命的)		○				
순(純)	○	○	○	○	○	○
순간적(瞬間的)		○				
순식	○					
순차적(順次的)		○				
순환적(循環的)		○				
숫적(數的)		○				
숱한				○		
쉰	○			○	○	
스무	○	○		○	○	○
스무남은					○	
스무째	○				○	
스물둘째	○					
스물째	○				○	
스믈	○					
시	○					
시각적(視覺的)		○				
시간적(時間的)		○				
시공적(時空的)		○				

	표준	연세	조선	말본	세종	판정
시대적(時代的)		○				
시사적(時事的)		○				
시적(詩的)		○				
시채	○					
시험적(試驗的)		○				
신(新)				○	○	○
신경질적(神經質的)		○				
신분적(身分的)		○				
신비적(神秘的)		○				
신앙적(信仰的)		○				
신적(神的)		○				
신체적(身體的)		○				
신축적(伸縮的)		○				
신학적(神學的)		○				
신화적(神話的)		○				
실리적(實利的)		○				
실무적(實務的)		○				
실용적(實用的)		○				
실재적(實在的)		○				
실적	○					
실전적(實戰的)		○				
실제적(實際的)		○				
실존적(實存的)		○				
실증적(實證的)		○				
실질적(實質的)		○		○		
실천적(實踐的)		○				
실체적(實體的)		○				

	표준	연세	조선	말본	세종	판정
실험적(實驗的)		○				
심리적(心理的)		○				
심리학적(心理學的)		○				
심미적(審美的)		○				
심적(心的)	○	○				
심정적(心情的)		○				
심층적(深層的)		○				
십	○			○	○	
십만	○					
십여(十餘)		○				
아모	○					
아무	○	○	○	○	○	○
아무런	○				○	○
아무아무	○				○	
아승기	○					
아홉	○			○	○	
아홉째	○				○	
아흔	○			○	○	
악(惡)				○		
악의적(惡意的)		○				
악질적(惡質的)		○				
안정적(安定的)		○				
암묵적(暗默的)		○				
암시적(暗示的)		○				
압도적(壓倒的)		○				
애(埃)	○					
애국적(愛國的)		○				

	표준	연세	조선	말본	세종	판정
애먼	○				○	○
야뜨					○	
야만적(野蠻的)		○				
야섯	○					
야성적(野性的)		○				
야심적(野心的)		○				
약(約)	○	○	○		○	○
약간				○		
얄	○					
양(穰)	○				○	
양(兩)	○	○			○	○
양대(兩大)	○	○			○	
양성적(陽性的)		○				
양심적(良心的)		○				
양적(量的)		○				
어나	○				○	
어느	○	○	○	○	○	○
어느어느					○	
어든	○					
어떤	○	○			○	○
어만	○					
어먼	○					
어원적(語源的)		○				
어인	○	○	○		○	○
어쩐		○			○	○
어쩔					○	
억	○			○	○	

	표준	연세	조선	말본	세종	판정
억만	○				○	
억압적(抑壓的)		○				
억조	○				○	
억천만	○				○	
언어적(言語的)		○				
엇던	○					
에문	○				○	
여	○					
여남	○				○	
여남은	○				○	○
여남은째	○				○	
여남째	○				○	
여느	○	○	○		○	
여늬	○	○	○		○	
여닐곱				○		
여닐굽	○					
여덜아홉					○	
여덟	○			○	○	
여덟아홉	○				○	
여덟아홉째					○	
여덟째	○			○	○	
여든	○			○	○	
여듧	○					
여라문					○	
여러	○	○		○	○	○
여러째				○		
여삿	○					

	표준	연세	조선	말본	세종	판정
여서일곱					○	
여서일곱째					○	
여섯	○				○	
여섯째	○				○	
여성적(女性的)		○				
여순	○				○	
여	○					
여슬	○					
여슷	○					
여신	○					
여싯	○					
여쑤	○					
여어	○					
역동적(力動的)		○				
역사적(歷史的)		○		○		
역설적(逆說的)		○				
역학적(力學的)		○				
역학적(易學的)		○				
연(年)		○				
연(延)	○	○	○		○	○
연극적(演劇的)		○				
연대적(連帶的)		○				
연속적(連續的)		○				
연쇄적(連鎖的)		○				
연역적(演繹的)		○				
연아홉				○	○	
연아홉째					○	

	표준	연세	조선	말본	세종	판정
열	○			○	○	
열광적(熱狂的)		○				
열두째	○				○	
열둘째	○				○	
열성적(熱誠的)		○				
열아문	○				○	
열정적(熱情的)		○				
열째	○				○	
열차	○					
열차히	○					
열한째	○				○	
염병할	○				○	○
염세적(厭世的)		○				
엽기적(獵奇的)		○				
엿	○	○			○	
영					○	
영구적(永久的)		○				
영속적(永續的)		○				
영웅적(英雄的)		○				
영적(靈的)		○				
예	○				○	
예닐곱	○				○	○
예닐곱째	○				○	
예비적(豫備的)		○				
예수나문	○					
예수남은	○				○	
예순	○			○	○	

	표준	연세	조선	말본	세종	판정
예술적(藝術的)		○				
예슬곱	○					
예외적(例外的)		○				
예일곱	○				○	
옛	○	○	○		○	○
오	○			○	○	
오는					○	
오대					○	
오랜	○	○			○	○
오륙	○				○	○
오른	○					○
오만	○				○	
오분	○					
오십	○			○	○	
오십여					○	
오여	○					
오요	○					
오육				○		
오인	○					
오인	○					
오인	○					
온(全)	○			○		
온	○	○	○	○	○	○
온가지	○		○			○
온갓	○				○	
온갖	○	○	○			○
온정적(溫情的)		○				

	표준	연세	조선	말본	세종	판정
올	○				○	
올흔	○					
완(緩)				○		
왠	○	○			○	.
외	○			○		
외교적(外交的)		○				
외딴	○	○	○		○	○
외래적(外來的)		○				
외면적(外面的)		○				
외별적	○					
외부적(外部的)		○				
외약	○					
외적(外的)		○				
외향적(外向的)		○				
외형적(外形的)		○				
왼	○					○
왼딴	○					
욉	○					
요	○	○		○	○	○
요까짓	○				○	○
요깟	○				○	○
요따우	○					
요따위	○				○	○
요딴					○	
요런	○				○	○
요런조런	○				○	○
요만	○				○	

	표준	연세	조선	말본	세종	판정
요맛	○					
우발적(偶發的)		○				
우선적(優先的)		○				
·우연적(偶然的)		○				
우운	○					
우주적(宇宙的)		○				
우호적(友好的)		○				
우회적(迂廻的)		○				
운명적(運命的)		○				
원					○	
원론적(原論的)		○				
원리적(原理的)		○				
원색적(原色的)		○				
원시적(原始的)		○				
원천적(源泉的)		○				
원초적(原初的)		○				
원칙적(原則的)		○				
원형적(原型的)		○				
웬	○	○	○	○	○	○
위력적(威力的)		○				
위생적(衛生的)		○				
위선적(僞善的)		○				
위압적(威壓的)		○				
위협적(威脅的)		○				
유교적(儒敎的)		○				
유기적(有機的)		○				
유동적(流動的)		○				

	표준	연세	조선	말본	세종	판정
유물론적(唯物論的)		○				
유전적(遺傳的)		○				
유한적(有限的)		○				
유형적(類型的)		○				
유형적(有形的)		○				
유혹적(誘惑的)		○				
유희적(遊戲的)		○				
육	○			○	○	
육감적(肉感的)		○				
육덕	○					
육시랄					○	○
육십	○			○	○	
육십여					○	
육체적(肉體的)		○				
육칠(六七)	○			○	○	○
윤리적(倫理的)		○				
율동적(律動的)		○				
음성적(陰性的)		○				
음성적(音聲的)		○				
음악적(音樂的)		○				
의도적(意圖的)		○				
의례적(儀禮的)		○				
의무적(義務的)		○				
의식적(意識的)		○				
의욕적(意欲的)		○				
의존적(依存的)		○				
의지적(意志的)		○				

	표준	연세	조선	말본	세종	판정
의학적(醫學的)		○				
이	○	○		○	○	○
이(二)	○			○	○	
이(異)	○			○	○	
이국적(異國的)		○				
이기적(利己的)		○				
이기주의적(利己主義的)		○				
이까짓	○	○	○		○	○
이깟	○				○	○
이내	○		○		○	
이념적(理念的)		○				
이단적(異端的)		○				
이대					○	
이듬						
이따위	○				○	○
이딴	○				○	○
이런	○	○			○	○
이런저런	○		○		○	○
이례적(異例的)		○				
이론적(理論的)		○				
이만	○	○			○	
이삼(二三)	○			○	○	○
이상적(理想的)		○				
이상주의적(理想主義的)		○				
이색적(異色的)		○				
이성적(理性的)		○				
이십	○			○	○	

	표준	연세	조선	말본	세종	판정
이십여					○	
이원적(二元的)		○				
이율배반적(二律背反的)		○				
이중적(二重的)		○				
이지적(理智的)		○				
이질적(異質的)		○				
이차적(二次的)		○				
인간적(人間的)		○				
인공적(人工的)		○				
인과적(因果的)		○				
인도적(人道的)		○				
인문적(人文的)		○				
인상적(印象的)		○				
인습적(因襲的)		○				
인위적(人爲的)		○		○		
인적(人的)		○				
인종적(人種的)		○				
일	○			○	○	
일고여덟					○	
일고여덟째	○				○	
일곱	○			○	○	
일곱여덟째					○	
일곱째	○				○	
일관적(一貫的)		○				
일괄적(一括的)		○				
일대(一大)	○	○	○		○	
일률적(一律的)		○				

	표준	연세	조선	말본	세종	판정
일면적(一面的)		○				
일반적(一般的)		○				
일략적(一方的)		○				
일백	○				○	
일백여					○	
일상적(日常的)		○				
일시적(一時的)		○				
일여덟	○			○	○	
일여덟째	○				○	
일원적(一元的)		○				
일의적(一義的)		○				
일이(一二)	○			○	○	○
일차적(一次的)		○				
일천	○				○	
일천여					○	
일회적(一回的)		○				
일흔	○			○	○	
임상적(臨床的)		○				
임시적(臨時的)		○				
임의적(任意的)		○				
입체적(立體的)		○				
자	○					
자각적(自覺的)		○				
자극적(刺戟的)		○				
자동적(自動的)		○				
자립적(自立的)		○				
자명적(自明的)		○				

	표준	연세	조선	말본	세종	판정
자무	○					
자발적(自發的)		○				
자벌적(自罰的)	○					
자생적(自生的)		○				
자아론적	○					
자연발생적(自然發生的)		○				
자연적(自然的)		○		○		
자유주의적(自由主義的)		○				
자율적(自律的)		○				
자의적(恣意的)		○				
자조적(自助的)		○				
자조적(自嘲的)		○				
자족적(自足的)		○				
자주적(自主的)		○				
자체적(自體的)		○				
자치적(自治的)		○				
자학적(自虐的)		○				
작(昨)	○		○	○	○	○
작위적(作爲的)		○				
잡(雜)				○		
잠재적(潛在的)		○				
잠정적(暫定的)		○				
장(長)				○		
장기적(長期的)		○				
장식적(裝飾的)		○				
장장(長長)	○	○	○		○	
재	○					

	표준	연세	조선	말본	세종	판정
재래적(在來的)		○				
재정적(財政的)		○				
저	○	○		○	○	○
저(底)				○		
저까짓	○		○		○	○
저깟	○				○	○
저돌적(猪突的)		○				
저따위	○				○	○
저딴	○				○	○
저런	○	○			○	○
저만	○				○	○
저지난	○		○		○	
적극적(積極的)		○				
적대적(敵對的)		○				
전(前)	○	○	○	○	○	○
전(全)	○	○	○	○	○	○
전격적(電擊的)		○				
전국적(全國的)		○				
전기적(傳奇的)		○				
전기적(電氣的)		○				
전기적(傳記的)		○				
전래적(傳來的)		○				
전략적(戰略的)		○				
전면적(全面的)		○				
전문적(專門的)		○				
전반적(全般的)		○				
전설적(傳說的)		○				

	표준	연세	조선	말본	세종	판정
전술적(戰術的)		○				
전위적(前衛的)		○				
전적	○					
전전	○				○	
전제적(專制的)		○				
전진적(前進的)		○				
전체적(全體的)		○				
전통적(傳統的)		○				
전투적(戰鬪的)		○				
전폭적(全幅的)		○				
전형적(典型的)		○				
절대적(絶對的)		○				
절망적(絶望的)		○				
절충적(折衷的)		○				
점진적(漸進的)		○				
점차적(漸次的)		○				
정(正)	○			○		
정규적(正規的)		○				
정기적(定期的)		○				
정략적(政略的)		○				
정량적(定量的)		○				
정력적(精力的)		○				
정상적(正常的)		○				
정서적(情緒的)		○				
정신적(精神的)		○				
정열적(情熱的)		○				
정의적(定義的)		○				

	표준	연세	조선	말본	세종	판정
정의적(情意的)		○				
정적(靜的)	○	○				
정책적(政策的)		○				
정체적(停滯的)		○				
정치적(政治的)		○				
정태적(靜態的)		○				
정통적(正統的)		○				
제(諸)	○	○	○		○	○
제까짓	○	○	○		○	○
제깟	○				○	○
제도적(制度的)		○				
제미붙을	○				○	○
제밀할	○				○	○
제반(諸般)		○				
제사(諸四)				○		
제삼(諸三)				○		
제오(諸五)				○		
제이(諸二)				○		
제일(諸一)				○		
제팔(諸八)				○		
제한적(制限的)		○				
젠장맞을	○				○	○
젠장칠	○				○	○
조	○	○			○	○
조(兆)	○			○	○	
조까짓	○		○		○	○
조깟	○				○	○

	표준	연세	조선	말본	세종	판정
조따위	○				○	○
조딴					○	
조런	○				○	○
조만	○				○	○
조직적(組織的)		○				
조화적(調和的)		○				
존재론적(存在論的)		○				
존재적(存在的)		○				
종교적(宗敎的)		○				
종국적(終局的)		○				
종속적(從屬的)		○				
종적(縱的)		○				
종족적(種族的)		○				
종합적(綜合的)		○				
죠	○					
주(主)				○	○	○
주관적(主觀的)		○				
주기적(週期的)		○				
주도적(主導的)		○				
주동적(主動的)		○				
주된					○	
주변적(周邊的)		○				
주체적(主體的)		○				
준(準)				○		○
준순	○					
준정적(準靜的)	○					
중(中)				○		

	표준	연세	조선	말본	세종	판정
중간적(中間的)		○				
중립적(中立的)		○				
중세적(中世的)		○				
중심적(中心的)		○				
중점적(重點的)		○				
중추적(中樞的)		○				
즈믄	○					
즉각적(卽刻的)		○				
즉물적	○					
즉흥적(卽興的)		○				
지능적(知能的)		○				
지도적(指導的)		○				
지리적(地理的)		○		○		
지방적(地方的)		○				
지배적(支配的)		○				
지성적(知性的)		○				
지속적(持續的)		○				
지역적(地域的)		○				
지연적(地緣的)		○				
지엽적(枝葉的)		○				
지적(知的)		○				
지난	○		○		○	○
지지난					○	
지향적(指向的)		○				
직감적(直感的)		○				
직관적(直觀的)		○				
직선적(直線的)		○				

	표준	연세	조선	말본	세종	판정
직설적(直說的)		○				
직업적(職業的)		○				
직접적(直接的)		○				
진(眞)				○		
진(塵)	○					
진보적(進步的)		○				
진취적(進取的)		○				
질적(質的)		○				
집권적(集權的)		○				
집단적(集團的)		○				
집약적(集約的)		○				
집중적(集中的)		○				
차(此)				○		
차별적(差別的)		○				
찰나	○					
찰나적(刹那的)		○				
창의적(創意的)		○				
창조적(創造的)		○				
천	○			○	○	
천만	○				○	
천여					○	
천문학적(天文學的)		○				
천부적(天賦的)		○				
천성적(天性的)		○				
천연적(天然的)		○				
천재적(天才的)		○				
천편일률적(千篇一律的)		○				

	표준	연세	조선	말본	세종	판정
철학적(哲學的)		○		○		
첫	○	○	○	○	○	○
첫째	○				○	
첫잿					○	
청	○					
청교도적(淸敎徒的)		○				
청정	○					
체계적(體系的)		○				
체념적(諦念的)		○				
체질적(體質的)		○				
체험적(體驗的)		○				
쳇	○					
초(初)				○		
초시간적(超時間的)		○				
초월적(超越的)		○				
초인간적(超人間的)		○				
초인적(超人的)		○				
초자연적(超自然的)		○				
초혁명적	○					
초현대적(超現代的)	○	○				
초현실적	○					
총(總)	○	○	○		○	○
총적(總的)	○					
총체적(總體的)		○				
최종적(最終的)		○				
추가적(追加的)		○				
추상적(抽象的)		○				

	표준	연세	조선	말본	세종	판정
충격적(衝擊的)		○				
충동적(衝動的)		○				
치명적(致命的)		○				
치욕적(恥辱的)		○				
친일적(親日的)		○				
칠(七)				○	○	
칠십	○			○	○	
칠십여					○	
칠팔(七八)	○			○	○	○
쾌락적(快樂的)		○				
타(他)	○			○	○	○
타율적(他律的)		○				
타협적(妥協的)		○				
탄력적(彈力的)		○				
탄지(彈指)	○					
토속적(土俗的)		○				
토착적(土着的)		○				
통계적(統計的)		○				
통상적(通常的)		○				
통속적(通俗的)		○				
통일적(統一的)		○				
통합적(統合的)		○				
퇴영적(退嬰的)		○				
퇴폐적(頹廢的)		○				
투쟁적(鬪爭的)		○				
특권적(特權的)		○				
특수적(特殊的)		○				

	표준	연세	조선	말본	세종	판정
특정한					○	
특징적(特徵的)		○				
파격적(破格的)		○				
파괴적(破壞的)		○				
파상적(波狀的)		○				
파생적(派生的)		○				
파행적(跛行的)		○				
팔(八)	○			○	○	
팔구(八九)	○			○	○	○
팔십 (八十)	○			○	○	
팔십여					○	
평(平)				○		
평균적(平均的)		○				
평면적(平面的)		○				
평화적(平和的)		○				
폐(弊)				○		○
폐쇄적(閉鎖的)		○				
포괄적(包括的)		○				
폭력적(暴力的)		○				
폭발적(爆發的)		○				
표면적(表面的)		○				
표준적(標準的)		○				
표피적(表皮的)		○				
푼	○					
풍자적(諷刺的)		○				
피(彼)				○		
피동적(被動的)		○				

	표준	연세	조선	말본	세종	판정
피상적(皮相的)		○				
필사적(必死的)		○				
필수적(必須的)		○				
필연적(必然的)		○				
하(下)				○		
학구적(學究的)		○				
학문적(學問的)		○				
학술적(學術的)		○				
학적(學的)		○				
한	○	○		○	○	
한갓					○	
한개					○	
한낱					○	
한국적(韓國的)		○				
한다는	○				○	○
한다하는	○				○	○
한다고하는						
한다한						○
한두	○	○		○	○	○
한두째	○			○	○	
한시적	○					
한정적(限定的)		○				
한째					○	
함축적(含蓄的)		○				
합리적(合理的)		○				
합법적(合法的)		○				
항구적(恒久的)		○				

	표준	연세	조선	말본	세종	판정
항하사(恒河沙)	○				○	
해(垓)	○			○	○	
해학적(諧謔的)		○				
핵심적(核心的)		○				
행정적(行政的)		○				
향년(享年)		○				
향락적(享樂的)		○				
향토적(鄕土的)		○				
허(虛)	○					
허공						
허구적(虛構的)		○				
허다한				○		
허무적(虛無的)		○				
허튼	○		○		○	○
헌	○	○		○	○	○
헌신적(獻身的)		○				
헛튼	○					
헷	○					
혀나믄	○					
혁명적(革命的)		○				
혁신적(革新的)		○				
현	○					
현(現)	○	○	○	○	○	○
현대적(現代的)		○				
현세적(現世的)		○				
현실적(現實的)		○				
현학적(衒學的)		○				

	표준	연세	조선	말본	세종	판정
협동적(協同的)	○	○				
협조적(協調的)		○				
형식적(形式的)		○		○		
형이상학적(形而上學的)		○				
형이하학적(形而下學的)		○				
호(好)				○		
호(毫)	○					
호의적(好意的)		○				
호전적(好戰的)		○				
홀(忽)	○					
화학적(化學的)		○				
확정적(確定的)		○				
환상적(幻想的)		○				
활동적(活動的)		○				
회고적(回顧的)		○				
회의적(懷疑的)		○				
획기적(劃期的)	○	○				
획시기적(劃時期的)	○					
획시대적	○					
획일적(劃一的)		○				
횡적(橫的)		○				
효과적(效果的)		○				
효율적(效率的)		○				
후(後)				○		
후진적(後進的)		○				
후천적(後天的)		○				
희망적(希望的)		○				
희생적(犧牲的)		○				

찾아보기

저자 김선효(金善孝)

경남 진해 출생
창원대학교 국어국문학과 및 동 대학원 졸업
서울대학교 국어국문학과 대학원 졸업
서울대학교, 가톨릭대학교, 숙명여자대학교 등 강사 역임
서강대학교 박사후 연구원 역임
일본 오사카대학교 초빙교수 역임
현 서울대학교 전임대우강의교수

주요 논문

「어휘화한 관형사의 특성과 그 유형」(2004)
「의사관형구조 '에의'의 형성 과정과 요인」(2009)
「관형격 조사구에서의 조사 결합 양상과 변천」(2009)
「일본어 모어 화자의 정도부사 사용과 오류 양상」(2009)
「일본어권 한국어 학습자를 위한 어휘적 연어 학습방안」(2010)
「근대국어의 조사 '의'의 분포와 기능」(2011)
「朝鮮語の助辭結合と通時通語論」(2011)

한국어 관형어 연구

초판인쇄 2011년 5월 20일
초판발행 2011년 5월 30일
지은이 김선효
펴낸이 이대현
편 집 박선주
디자인 이홍주
펴낸곳 도서출판 역락
　　　　서울 서초구 반포4동 577-25 문창빌딩 2층
　　　　전화 02-3409-2058(영업부), 2060(편집부) | FAX 3409-2059
　　　　이메일 youkrack@hanmail.net
　　　　등록 1999년 4월 19일 제303-2002-000014호
ISBN 978-89-5556-916-2 93710

정 가 20,000원
* 잘못된 책은 교환해 드립니다.